Alan Burgess:
Die Herberge zur Sechsten Glückseligkeit
Eine unbegabte Frau in China

Deutsch von Ursula Löffler

Deutscher
Taschenbuch
Verlag

dtv

Ungekürzte Ausgabe
November 1991
2. Auflage April 1992
Deutscher Taschenbuch Verlag GmbH & Co. KG,
München
Titel der englischen Originalausgabe:
›The Small Woman‹ (1957)

ISBN 3-87203-021-3
Umschlaggestaltung: Celestino Piatti unter Verwendung
eines Filmfotos mit Ingrid Bergman (Interfoto Pressebild
Agentur, München)
Gesamtherstellung: C. H. Beck'sche Buchdruckerei,
Nördlingen
Printed in Germany · ISBN 3-423-11463-0

Das Buch

Gladys Aylward, eine junge Engländerin, Tochter eines Postboten, hat nur einen Berufswunsch: Missionarin in China zu werden. Allen Widerständen zum Trotz und ohne Unterstützung der Missionsgesellschaft tritt sie im Oktober 1930 die beschwerliche und abenteuerliche Reise nach Osten an. Wie durch ein Wunder gelangt die mittellose Gladys zu der in den Bergen gelegenen Missionsstation Yang Cheng in der Provinz Schansi. Die Chinesen begegnen der Europäerin mit Mißtrauen und offener Feindschaft. Doch Gladys läßt sich durch nichts in ihrem Glauben beirren. Gemeinsam mit einer schottischen Missionarin, von der sie bereits in London gehört und die sie in Yang Cheng angetroffen hat, baut sie die verfallene Missionsstation zur »Herberge zur Sechsten Glückseligkeit« um, die bald ein begehrtes Gasthaus der Maultierkarawanen wird. Mühsam lernt Gladys Chinesisch und den Umgang mit den Menschen, als ihr eines Tages der Mandarin die Ehre seines Besuches gibt... Alan Burgess beschreibt den Lebensweg dieser »unbegabten Frau« und ihre segensreiche Missionstätigkeit in einem Land, das durch die Ereignisse in Europa und den Krieg mit Japan durchgreifende Veränderungen erfährt.

Der Autor

Alan Burgess, geboren 1915 in Birmingham, studierte Geschichte in London und wurde Schriftsteller. Bei seiner Arbeit für eine Serie wahrer Geschichten in dramatisierter Form, welche die BBC unter dem Titel ›Die Unbesiegten‹ als Hörspielreihe sendete, wurde er auf die Erlebnisse von Gladys Aylward als evangelische Missionarin in China aufmerksam. Er schrieb ihre Biographie, die 1957 unter dem Titel ›The Small Woman‹ erschien und noch im gleichen Jahr ins Deutsche übersetzt wurde.

[illegible]

Der Autor

[illegible]

1

Die Sache mit der kleinen Frau interessierte den Oberarzt und bekümmerte ihn zugleich. Ihre Todesnähe rührte ihn. Konnte er diesem ausgemergelten Körper, diesem flatternden Herzen gar nicht mehr helfen, dieser hinfälligen menschlichen Hülse, die der ungeheure chinesische Kontinent an seine Tür geschwemmt hatte? Sollte ihr Abschied so rätselhaft bleiben wie ihre Ankunft? Der Fall beschäftigte ihn über die berufliche Anteilnahme hinaus und nahm sein Denken gefangen.

Der Tod war nahe; der Arzt zweifelte nicht daran. Wer diese Frau war? Niemand wußte es. In dem China von 1941, in das der japanische Eroberer an vielen Fronten hereindrückte, während die eine Hälfte der Welt in wütendem Gemetzel mit Panzern und Flugzeugen, Kanonen und Schiffen die andere zu zerstören suchte, war der gewaltsame Tod jedem so nachbarlich vertraut, daß kein Mensch das Erlöschen einer kleinen, unbekannten Frau wichtig nahm.

Die wenigen Europäer der Skandinavisch-Amerikanischen Mission von Hsing Ping weit draußen in Nordwestchina kannten weder ihren Namen, noch wußten sie, woher sie gekommen war. Zwei chinesische Bauern hatten am Eingangstor die kleine Frau ohne viel Federlesens aus ihrem Ochsenkarren hervorgezogen und wie ein Bündel Lumpen auf die Schwelle gelegt.

»Wenn sie eine Chinesin wäre, hätten wir sie sterben lassen, wo sie war«, erklärten sie mit fatalistischem Achselzucken dem Pförtner. Aber sie war eine Fremde, das hatten die Männer trotz ihrer chinesischen Kleidung und der chinesischen Bibel, die sie bei sich trug, bemerkt. Darum fanden sie es schicklicher, wenn sie bei ihren Freunden starb und ihre Seele zu ihren eigenen Göttern gehen konnte.

Den Pförtner interessierte weder die Philosophie der

beiden Bauern noch die Leiche, denn den Körper, den sie ablieferten, konnte man dafür halten. Er hatte sich also weder erkundigt, wo sie die Frau gefunden hatten, noch wo sie selbst herkamen. So verschwanden die Bauern wieder mit ihrem Karren im Unbekannten, und der Pförtner ging ins Haus, um zu melden, daß eine Tote vor der Türe liege.

Die Mission fragte sofort telegraphisch bei dem Baptistischen Missionskrankenhaus in Sian an, ob man einen Arzt schicken könne. Und mit der selbstverständlichen Hilfsbereitschaft, die für dieses Haus so charakteristisch war, nahm der Oberarzt den nächsten Zug.

Er untersuchte den mageren, unterernährten Körper der kleinen Frau. Über ihren Rücken zog sich die frische Narbe einer Schußwunde; sichtlich litt die Patientin an inneren Verletzungen, mit denen sie sich seit Monaten herumgequält haben mußte und die, wie sich später erst herausstellte, von brutalen Schlägen herrührten. Leiden und äußerste Erschöpfung hatten tiefe dunkle Furchen in ihr Gesicht gegraben. Sie hatte hohes Fieber und war nicht davon abzubringen, daß der Oberarzt ein japanischer Offizier sei.

Der Arzt vermutete schwere Malaria. Eine Blutprobe, mit der ein Bote zu seinem Krankenhaus in Sian geschickt wurde, bestätigte die Diagnose. Er gab der Kranken eine Injektion, die das Fieber innerhalb von zwei Tagen senken würde. Inzwischen war eine Pflegerin eingetroffen, deren Händen er die Patientin anvertraute, denn nur die Zeit und eine sorgsame Pflege konnten hier helfen. Er kehrte nach Sian zurück mit dem Gefühl, daß er getan hatte, was in seinen Kräften stand.

Fünf Tage später jedoch schrieb man ihm, daß die Unbekannte wieder heftig fiebere. Ihre Temperatur sei plötzlich auf zweiundvierzig Grad geschnellt, und sie sei in höchster Gefahr.

Er fuhr sofort wieder nach Hsing Ping. Die Haut der

Patientin zeigte die kleinen roten Flecken, die für Typhus bezeichnend sind! Sie mußte sich schon infiziert haben, als sie noch vom Fieber der Malaria geschüttelt wurde. Drei Ärzte seines Krankenhauses waren in den letzten Jahren an Typhus gestorben. Die Widerstandskraft dieser Frau aber war durch Hunger, Not und Erschöpfung gleich Null. Der Arzt wagte kaum zu hoffen – besonders, als er bei der Untersuchung auch noch eine Lungenentzündung feststellte.

Es war ein gesegneter Zufall, daß einer der Missionare, der soeben vom Urlaub in den USA zurückgekehrt war, in seinem persönlichen Gepäck zwanzig Tabletten des neuen Medikaments Sulfopyridin mitgebracht hatte; er bot es dem Oberarzt ohne zu zögern an. Mit Hilfe des Medikaments gelang es, der Lungenentzündung Herr zu werden. Doch wollte man die vergehende Flamme dieses Lebens zu retten versuchen, so war die rasche Überführung in das Krankenhaus nach Sian unvermeidlich.

Der Oberarzt lebte seit nahezu zwanzig Jahren in China. Er war bei der Belagerung von Sian mit eingeschlossen gewesen, während zwei feindliche Armeen um die Stadt kämpften und zwanzigtausend Menschen Hungers starben. Deshalb hatte er hier viele Verbindungen und einigen Einfluß; er telephonierte mit einem Freund, der den Eisenbahndistrikt verwaltete.

»Lokvogel«, sagte er zu dem Herrn der Lokomotiven und gebrauchte dessen Spitznamen, »morgen brauche ich einen Sonderwagen, der an den ersten Zug angehängt werden muß, der abfährt. Wir haben hier eine Schwerkranke, die wir im Feldbett zum Bahnhof tragen werden. Vier Helfer kommen mit und halten das Bett während der Fahrt. Kannst du mir den Gefallen tun? Es ist dringend.«

Lokvogel versprach es. Wenn die kleine Frau, die im Delirium lag, das geahnt hätte – ein Sonderwagen für sie allein, nach allem, was sie durchlitten hatte –, sie hätte wohl gelacht, bis ihr die Tränen gekommen wären...

Träger erwarteten den Zug in Sian und brachten die bewußtlose Frau ins Krankenhaus. Eine der Ärztinnen hatte ihr eigenes Zimmer geräumt, um der todkranken Frau die Wohltat eines größeren, luftigen Raumes zu gewähren. Miß Nelson und die Oberin, Miß Major, pflegten sie.

Vierzehn Tage später ließ das Typhusfieber langsam nach, aber die kleine Frau fand noch nicht zu völliger geistiger Klarheit zurück.

Nach wochenlanger Ruhe bombardierten die Japaner plötzlich wieder Sian. Der Oberarzt blieb bei seiner Patientin, als die Bomben fielen. Ihr leichter, ausgemergelter Körper zuckte und warf sich empor vor Angst bei dem pfeifenden Stürzen jeder Bombe. Das Dröhnen und Krachen schüttelte den Raum, kalter Schweiß lief ihr über das Gesicht und die Glieder. Der Arzt, der in seiner langen Praxis noch nie einen solchen Durchbruch aufgestauten Schreckens bei einem Patienten erlebt hatte, hielt ihre beiden Hände und versuchte, sie zu beruhigen. Ihm wurde klar, daß er die kleine Frau, die er mit so viel Mühe in das Krankenhaus von Sian geholt hatte, nun mit noch viel größerer Mühe wieder hinausbringen mußte – an einen ruhigeren Ort. Denn die Luftangriffe dauerten sicher an, und ebenso sicher war es, daß die kleine Frau an ihnen zugrunde gehen würde. Ohnehin schien sie nur im Vorraum des Todes zu warten, bis die letzte Tür sich vor ihr öffnete.

Noch immer war sie allen ein Rätsel. Einmal sah die Pflegerin, wie ein krampfhafter Schmerz ihr Gesicht verzerrte, und hörte sie flüstern: »Meine Kinder?« Sie stöhnte. »Wo sind meine Kinder? Die Japaner sind da. Sie werden uns töten. Sie werden uns töten!«

Das Flüstern ging in einen Schrei über, und plötzlich phantasierte sie in einem eigentümlichen Chinesisch, das niemand verstand; später erwies es sich als einer der Dialekte der wilden Bergländer weit oben im Norden. Das

Rasen des Deliriums ließ nach. Ein schwaches Lächeln breitete sich auf dem Gesicht der Leidenden aus. Schmerzliche Sehnsucht klang aus den mühselig geformten Worten: »Denkst du noch an den ersten Abend, als der Flieder blühte? Wie ging das Liedchen? Dang – dang – dang, dideldang – dang – dang...«

Seltsam klangen diese Töne aus der beengten Kehle in dem heißen Raum, wo die Ventilatoren sich in hypnotisierender Monotonie drehten und die Fliegen faul unter der weißgetünchten Zimmerdecke surrten. Kurze, ungewisse Töne eines Liedes, das vor zehn Jahren – oder war es vor einem Menschenalter? – die jungen Burschen zu wahren Pfeifkünstlern hatte werden lassen.

Langsam, unglaublich langsam nahm endlich das verstörte Bewußtsein der Kranken ihre Umgebung wahr; zunächst aber griff ihr Geist sprunghaft das eine auf und wich dem andern aus. Fliegen – die saßen auf den Gesichtern der Toten in Yang Cheng. Was wollte nur dieser Herr mit dem Klinikgeruch, der sich mit sanfter Energie Tag für Tag über sie beugte und in ihrer Vergangenheit herumstöberte? Aber es war angenehm, hier zu liegen, in einer verdämmernden Welt mit huschenden Farben und Fieberphantasien, und den Geist durch die Jahre zurücktreiben zu lassen, wohin er wollte.

Erfüllte Jahre waren es, niemand konnte sie ihr nehmen. »Ihr Name?« fragte der Arzt. Ihr Name? Aber den kannte doch jeder. In einer Provinz, so groß wie England, kannte doch jeder ihren Namen. Ai-weh-deh, Schale der Tugend! Doch den chinesischen Namen wollten sie nicht, sie wollten ihren englischen Namen. – Ja, den würde sie ihnen nicht so ohne weiteres verraten... nicht so ohne weiteres verraten... Solche Geheimnisse behielt man in Kriegszeiten besser für sich: Wer man war oder woher man kam, das ging niemanden etwas an.

Dabei fiel ihr der neblige Abend in einem Bergdorf ein und ihr Gespräch mit dem General Ley. Sie sah ihn noch, wie er fortging, hinaus in die Finsternis; der lange schwarze Rock schwang um seine Beine, er warf sich das Gewehr über die Schulter und kehrte zu seinem Trupp gutbewaffneter Partisanen zurück. Sie wußte, daß er katholischer Priester war, aber seinen Namen hatte sie nie erfahren; vielleicht kam er aus Holland, doch das war nur eine Vermutung. Er war ihr am Tisch gegenübergesessen, und das gelbe Licht der flackernden Öllampe warf schwarze Schatten über sein Gesicht; viele Stunden hatten sie über die große Frage gesprochen, die ihre Herzen bedrückte; dann war er fortgegangen über die Berge, um zu... töten!

Ai-weh-deh, ihr chinesischer Name, genügte doch selbst für den Mandarin, diesen imposanten Mann im scharlachroten gestickten Seidengewand, der in seinem Yamen dort oben zwischen den wilden Bergen von Schansi residierte. Er hatte überhaupt nie nach ihrem Taufnamen gefragt, genausowenig wie Sualan, die Hübsche, mit ihrer hellen Haut und den feinen Händen, die ruhelos wie Schmetterlinge waren; sie, die von Geburt an dazu bestimmt war, eine lächelnde Sklavin der Gefolgsleute des Mandarins zu sein. Chang fiel ihr ein, der buddhistische Priester mit dem kahlgeschorenen Kopf, der noch viele Jahre in dem schmutzigen Gefängnis absitzen mußte, oder der Maultiertreiber, dessen Frau und Kinder sie verbrannt hatten: Niemand hatte sie je nach dem Namen aus der alten Heimat gefragt.

Und Linnan, der Mann, den sie liebte? Nein, auch er hatte sie niemals bei dem Namen genannt, den sie aus England mitgebracht hatte.

Freundlich überredend drang wieder die Stimme an ihr Ohr. »Sagen Sie uns doch Ihren Namen.« Der sanfte Ton erreichte durch den Strudel der wirren Bilder ihr Bewußtsein. »Haben Sie keine Angst. Sie brauchen keine Angst mehr zu haben.«

Angst! Sie hätte ihnen gerne gesagt, wie weit alle Angst

hinter ihr lag. Ja, Angst hatte sie gehabt, als sie im Schnee unter den dunklen russischen Fichten schlief. Angst hatte sie gehabt, als der Mann in Wladiwostok versuchte, sich mit ihr in dem Hotelzimmer einzuschließen. Oder damals in dem furchtbaren chinesischen Gefängnis, als der Irre sich mit der Axt gegen sie wandte. Angst, ja – in der Berghöhle, als die Wölfe heulten und in der Dunkelheit ihre grünen Augenlichter sich bewegten. Angst – als die Japaner »halt!« riefen und die Kugeln von den Grabsteinen ringsum abprallten...

»Wie heißen Sie?« fragte die leise, eindringliche Stimme an ihrem Ohr. »Wie heißen Sie? Wo kommen Sie her?«

Was für eine dumme Frage! Sicherlich wußten sie, daß sie Gladys Aylward hieß. Daß sie in Edmonton geboren war. Bestimmt hatten sie schon von Edmonton gehört, es gehörte ja zu Nordlondon, damals lag es noch am Rande der Felder; erst später hatten der graue Zement, die roten Häuserwände, der Ruß der Londoner City es verschlungen. Die Aylwards waren in die Cheddingtonstraße gezogen, als Gladys noch ganz klein war. Eine Häuserreihe aus rotem Backstein, weißen Gardinen, Ligusterhecken, Geranien in den Fenstern. Graues Pflaster. Jeden Morgen die Scherze der vergnügten Milchmänner, Bäcker und Gemüsehändler, die mit ihren kleinen Pferdewagen durch die Straßen klapperten. Eine glückliche Kindheit! Wenn sie des Vaters feste Postbotenschuhe auf der Straße hörte, dann lief sie ihm entgegen: Er gefiel ihr in seiner dunklen Uniform mit den roten Schnüren. Mutter machte Tee in der Küche, und sie und Violet tobten um das Haus mit den anderen Kindern.

Als im Ersten Weltkrieg die Zeppeline über den Kanal kamen und Bomben auf London warfen, hatte sie zum erstenmal das Mittel gegen die Angst erprobt. Sie rief alle Kinder von der Straße in die Diele herein und setzte sie an der Wand entlang. Dann klappte sie das alte Harmonium mit dem Fußantrieb auf, bearbeitete wie wild die

Pedale und sang dazu, so laut sie nur konnte, einen Choral.

Alle sangen mit – je höher, desto besser! Es schien fast, als steige mit der Tonlage auch ihre kindliche Zuversicht, daß nun das unheimliche Brummen der Silberzigarren über sie hinwegziehen würde, ohne ihnen ein Leid anzutun. Ein gutes rüstiges Kirchenlied stärkte die Moral – dieser Glaube hat sie nie verlassen, auch wenn die Begleitung viermotorige Düsenjägermusik war. Wie sehr sich diese Erfahrung, dieser Glaube einmal in China bewähren sollte – das konnte sie damals in Edmonton noch nicht ahnen. Hatten sie nicht gesungen, als sie über die wilden Berge marschierten, all diese müden Kinder, die mit wundgelaufenen Füßen nicht etwa ins Gelobte Land strebten, sondern hinab zum ungeheuren, uralt-ungezähmten, mörderischen Gelben Fluß? Und dort wartete die Enttäuschung! Hatte sie schon jemals eine solche Enttäuschung erlebt? Doch – vielleicht damals in London bei der China-Inland-Mission.

Sie konnte sich noch gut an die schwarzen Winteräste erinnern, die ihre Kurven vor den Fenstern des Lehrerzimmers in den blassen Londoner Himmel zeichneten. Der Vorsteher, ein großer, magerer, gelehrter Mann mit hochgewölbter Stirn, hatte sie über den Tisch hinweg prüfend angesehen.

Von den Winkeln seiner graublauen Augen ging ein ganzes Netzwerk tiefer, feiner Linien aus, überschattet von einem Paar mächtiger buschiger Augenbrauen. Wie ernst war sein Blick gewesen! Sie fühlte ihn noch, wie er nachdenklich ihre sechsundzwanzig Jahre, ihre ganze winzige, schlanke Person zu erfassen versuchte, ihr offenes, schmales Gesicht mit dem dunklen, in der Mitte gescheitelten Haar, das in einem kleinen, soliden Knoten endete. Wenn er die energisch geschlossenen Lippen ansah, ahnte er wohl etwas von der Hartnäckigkeit, der inneren Kraft dieses Menschenkindes, und er mußte die

Spannung spüren, eine Spannung, die sehr bald einer tiefen Entmutigung Platz machen würde – wußte er doch, daß sie mit zähem Willen an einer Hoffnung festhielt, die er nun endgültig zerstören mußte.

Er breitete ihre Zeugnisse vor sich aus und sog seine Lippen ein.

»Sie sind nun seit drei Monaten bei uns, Miß Aylward, wie ich sehe.«

»Ja, Herr Vorsteher.«

»Na – und wie steht's mit der Theologie?«

»In Theologie war ich, glaube ich, nicht sehr gut«, sagte sie ruhig.

Er hatte unter seinen Augenbrauen aufgeblickt: »Nein, gar nicht gut!«

Oh, sie erinnerte sich, wie sie dagesessen war, die Finger krampfhaft auf dem Schoß zusammengepreßt, und kaum mehr die Stimme vernahm, welche die Liste ihrer Fehlleistungen aufzählte. Er verstand nicht, auf was es ihr ankam; und ihr fehlte es einerseits an Gewandtheit, ihm das klarzumachen, andererseits an Vorbildung, um seine Examen zu bestehen. Sie wußte, sie hatte nicht die »Grundlagen«, sie wußte, hier war wenig Hoffnung mehr. Aber unerschütterlich stand für sie fest, daß sie nach China gehen *mußte* – ganz klar lag dieser Weg vor ihr.

»Sehen Sie, Miß Aylward, alle diese Wissenslücken sind leider ziemlich ausschlaggebend«, sagte er mitleidig, »aber am wichtigsten ist wohl Ihr Alter. Wenn Sie nun wirklich noch drei volle Jahre der Ausbildung bei der China-Inland-Mission widmen könnten und wir würden Sie dann hinausschicken, dann wären Sie beinahe dreißig, ehe Sie in den Fernen Osten kämen.« Er wiegte bedenklich den Kopf. »Unsere Erfahrung zeigt, daß die Schüler – mit Ausnahme von ganz wenigen, weit über den Durchschnitt begabten – von dreißig Jahren ab die allergrößten Schwierigkeiten mit der chinesischen Sprache haben.

Wenn Sie sich das alles richtig überlegen, dann werden

Sie sicher selbst verstehen«, fuhr der Lehrer fort, »daß es wenig Zweck hat, die Studien hier im Institut fortzusetzen. Wir haben Sie in gutem Glauben zur Probe aufgenommen. Falls Sie weiterlernen wollen, hieße das viel Zeit und Geld aufs Spiel setzen, um ...« Er beendete den Satz nicht.

»Ich verstehe«, sagte sie ruhig. »Und vielen Dank, daß Sie den Versuch mit mir gemacht haben. Es ist ja nicht Ihre Schuld, wenn ich all das nicht lernen kann.«

Der Vorsteher versuchte, sie in ihrer Enttäuschung zu trösten. »Sie dürfen sich diese – hm – Wendung nicht so zu Herzen nehmen. Es gibt auch viel Arbeit hier in England für Menschen wie Sie.« Er dachte nach. »Haben Sie schon Pläne für die nächste Zeit?«

»Nein«, sagte sie.

Er warf einen Blick in ihre Papiere. »Wie ich sehe, waren Sie in – hm – Stellung, bevor Sie ...«

Ihre Augen hoben sich sehr plötzlich und trafen die seinen. »Ich werde auf keinen Fall wieder Stubenmädchen, solange es noch irgendeinen anderen Weg gibt«, erwiderte sie schnell.

»Nun, das verstehe ich.« Er überlegte einen Augenblick. »Es gibt noch einen anderen Weg. Sie könnten uns helfen, Miß Aylward.«

»Wirklich? Wie?«

»Es sind gerade zwei Missionarinnen aus China zurückgekommen, zwei sehr alte Damen, die dringend jemanden brauchen, der für sie da ist. Sie haben ein Haus in Bristol gemietet. Hätten Sie Lust, den Posten anzunehmen?«

Wie eisig hatte dieser Vorschlag sie getroffen! Noch in der Erinnerung schmerzte er wie ein Peitschenhieb. Sie hatte die Finger im Schoß gelöst und starrte auf ihre Handflächen. Was für ein trauriges, demütigendes Angebot! Haushälterin für zwei pensionierte Missionarinnen, die zu alt waren, um sich selbst zu versorgen! Sollte ihre

Arbeit für China in einem Haus in Bristol enden? Dann war es wirklich besser, sie wurde gleich wieder Stubenmädchen hier in London. Das war für sie kein verlockender Blick in die Zukunft. Sie war eine Frau, und die Welt erwies sich eben doch als eine Welt der Männer. Ein Mädchen von sechsundzwanzig Jahren konnte nichts anderes als schlichte Arbeit erwarten, und wenn es sie nach Arbeit für Gott verlangte, mochte sie in der Sonntagsschule helfen: Dieser Dienst käme ihr dann einmal zugute wie eine bescheidene Versicherungspolice, die sie an den Türen des himmlischen Reiches vorweisen konnte. Aber Gladys wußte mit großer Sicherheit, daß der Gott, dem sie Gehorsam schuldete, von ihr mehr verlangte als diese Milch-und-Wasser-Antwort. In jenen harten Jahren damals hielt jeder seine Arbeit fest, wenn er eine gefunden hatte. Gleich von der Schulbank aus war Gladys Hausmädchen geworden; sie hatte dann ein paarmal die Stellung gewechselt, aber die Arbeitslosigkeit drohte noch immer im Hintergrund. Trotzdem war sie fest entschlossen, etwas aus ihrem Leben zu machen.

Wann ihr der Gedanke zum erstenmal gekommen war, in China ihrem Gott zu dienen, das wußte sie selbst nicht mehr. Vielleicht rührte alles von jenem Abend her, der so langweilig begann. Weil sie sonst nichts Rechtes anzufangen wußte, war sie dem Banner gefolgt, das vor dem Portal der benachbarten Kirche zu einem Abend religiöser Erneuerung einlud. Drinnen hatte ein junger Geistlicher kraftvoll seine kleine Zuhörerschaft aufgerufen, Gott zu dienen. Er hatte auf sie einen starken Eindruck gemacht.

Als die anderen Mädchen merkten, wohin Gladys' Neigung ging, hatten sie sie ganz unverblümt für »leicht angeknackt« erklärt. »Sei doch nicht so fad, Glad«, protestierten sie, »komm mit ins Kino oder zum Tanzen oder ins Kabarett! Oder wir gehen heute einmal zu den netten Jungens, die wir neulich im Park getroffen haben und die uns auf der Serpentine rumrudern wollten.«

Aber Gladys wußte, daß sie mehr vom Leben verlangte als das. Sie war einer evangelischen Vereinigung beigetreten; ganz allmählich hatte sich der innere Drang, nach China zu gehen, stärker herausgebildet. Schließlich war sie von der China-Inland-Mission auf Probe angenommen worden.

Wie schwer war nun die Enttäuschung über ihr Versagen zu ertragen! Sie hatte es damals niemanden merken lassen; aber jetzt, in ihrer Schwäche, liefen ihr bei der bloßen Erinnerung an jenen Tag die Tränen übers Gesicht. Die junge chinesische Pflegerin versuchte sie zu trösten, doch fast so schnell, wie die Tränen gekommen waren, brach sie nun in Lachen aus. Es war auch zu witzig, wie alles weitergegangen war. Schon ein paar Monate später arbeitete sie für die »Mitternachtsmission« auf den Swansea-Docks in Südwales. (Ihr Lachen klang bis in den Hof hinaus, und die chinesische Pflegerin sah sie ganz verdutzt an.) Sie hatte diese Aufgabe übernommen, nachdem sie die Stellung bei den beiden alten Missionarinnen in Bristol angetreten hatte. Jetzt war sie Missionsschwester für gefallene Frauen! – obwohl sie mit ihren sechsundzwanzig Jahren kaum wußte, wie sie »fielen« oder wovor sie errettet werden sollten. Nacht für Nacht machte sie ihre Runden durch das Dockrevier und bemühte sich, junge Frauen von jenem Wege abzuhalten, den man im Viktorianischen England für verderblicher hielt als den Tod – worüber aber offensichtlich die Mädchen anderer Meinung waren. Daß sie nur ganze hundertzweiundfünfzig Zentimeter groß war und höchstens fünfundvierzig Kilo wog, konnte ihren Mut nicht erschüttern. Betrunkene Matrosen, denen das Bier, die Lieder und der Landurlaub in den Köpfen sausten, hielten sie unter den fleckigen gelben Straßenlaternen häufig für eine Prostituierte und behandelten sie entsprechend. Auch das betrübte sie nie ernstlich, jeder Beruf hat seine Schattenseiten.

Junge Mädchen, die mit der Bahn aus ihren dunklen Dörfern in den Tälern von Wales gekommen waren, um einmal eine recht ausgelassene Nacht in der großen Stadt Swansea zu erleben, waren ihr häufig sogar dankbar. Draußen vor dem Lokal übergaben sie sich nicht selten, wobei Gladys' Rock sein Teil abbekam – und greinten ein bißchen von ihrer »Angst vor Mutti« oder schwatzten unzusammenhängende Intimitäten über ihre Seemannsliebsten aus. Meist aber waren sie froh, daß sich jemand ihrer annahm, wenn Gladys ihren mageren Arm um sie legte und sie zu einem Bett im Missionsheim führte. Am nächsten Morgen stotterten sie dann mit weißen Lippen ein leises Danke, wenn Gladys ihnen ein paar Münzen zusteckte und sie in den Zug setzte, der sie den kleinen Hütten zwischen den Bergen und einem waschechten, alttestamentlichen Elternzorn entgegentrug. Die älteren Dirnen aber, gehärtet von der Zeit und wirtschaftlichen Not, waren ganz anders. Sie betrachteten die junge Wohlfahrtspflegerin, die sich so eifrig und so voll von Gott fremdem Seelenheil widmete, mit nachsichtigem Vergnügen. Manchmal kapitulierten sie sogar vor diesem inständigen Bemühen, und ab und zu durfte sie triumphierend am Sonntagabend eine kleine Gruppe von ihnen zu einer Andacht der Bibelmission führen. Eine nachhaltige Wirkung konnte man von diesem Kirchenbesuch natürlich nicht erhoffen, aber für einen flüchtigen Augenblick ließen sie sich durchströmen und erschüttern von dem Brausen und Beben, mit dem die Choräle aus den gewaltigen Kehlen der Waliser gegen das Ziegeldach schwollen – sie wurden hinweggehoben aus ihrer brutalirdischen Welt voller Bieratem, voll gieriger Hände und der kurzen Leidenschaft argentinischer, griechischer, indonesischer Matrosen, Stewards und Heizer und was alles sonst noch in den Bäuchen der Schiffe schuftete, die den Hafen von Swansea anliefen.

Gladys sah aber, daß diese Erfahrungen, so sehr sie

ihren Geist und ihren Mut stärkten, leider keinen Einfluß auf ihr Bankkonto hatten. Und doch erkannte sie eines immer klarer: Wenn sie je nach China wollte – und sie war fest entschlossen, hinzugelangen, in welchem Beruf auch immer –, dann mußte sie ihre Fahrkarte selber bezahlen.

Der einzige Weg, Geld zu verdienen, den sie kannte, war wiederum ihre alte Arbeit als Hausangestellte. Sie konnte sich nur sehr schwer dazu entschließen, aber als »Mitternachtsschwester« verbrauchte oder verschenkte sie das wenige, das sie bekam. Sie nahm also Abschied von ihren Freunden und fuhr zurück nach London.

Durch ein Vermittlungsbüro fand sie eine Stelle im Hause von Sir Francis Younghusband, dem hervorragenden Soldaten, Schriftsteller und Forschungsreisenden. Er war es, der als erster über den Muztagh gezogen war, den gewaltigen Bergriegel zwischen Kaschmir und China, das Herz Asiens. Es lag immerhin eine gewisse Ironie darin, daß er nichts von dem Menschen wußte, der in diesem Augenblick in seiner stattlichen Bibliothek die Bücher abstaubte, in denen von seinen Taten die Rede war. Und doch sollte dieses sonderbare Mädchen ein nicht weniger schreckensvolles Gebiet – in geographischer wie in menschlicher Hinsicht – zu bestehen haben als er.

Lebhaft erinnerte sie sich an ihren Eintritt in diesen Haushalt. Nach der langen Fahrt von Edmonton hierher war sie ziemlich niedergeschlagen angekommen, hatte am Eingang des Hauses geläutet und wurde vom Diener zu ihrem Zimmer geführt. Es war klein, sauber und gemütlich – aber eben doch ein Dienstmädchenzimmer. Es war nicht China. Sie setzte sich auf den Bettrand, entnahm ihrem kleinen Koffer die schwarze, abgegriffene Bibel und gab ihr den gewohnten Platz auf dem Nachttisch. Daneben legte sie ihr Portemonnaie, das alles Geld enthielt, das sie besaß. Es waren zwei Pennies und ein halber. Sie schob die Geldstücke auf den Deckel der Bibel und konnte kaum die Tränen zurückhalten. Nun war sie wieder dort, wo sie einst angefangen hatte... ein Hausmädchen... und China schien so weit fort wie je.

Plötzlich überkam sie das ganze Bewußtsein ihrer großen Not, und unwillkürlich rief sie laut: »O Gott – hier ist meine Bibel! Hier ist mein Geld! Hier bin ich! Kannst Du mich denn nicht brauchen, Gott?«

Die Tür wurde geöffnet. Ein junges Stubenmädchen streckte ziemlich verdutzt den Kopf herein – sie hatte noch das heftige Gebet gehört. »Bist du Gladys?« fragte sie. Als Gladys nickte, fuhr sie fort: »Die gnä' Frau möchte dich im Wohnzimmer sprechen. Sie will immer sofort die Neuen vom Personal kennenlernen, kaum, daß sie angekommen sind.«

»Danke«, sagte Gladys. Sie ging langsam die Treppen hinunter. Die Dame betrachtete mit leichter Neugier die kleine Person, der man ihre Mutlosigkeit ansah. »Miß Aylward... nicht wahr? Ich hoffe, Sie werden gern bei uns sein. Aber zuerst: Wieviel hat die Fahrt von daheim gekostet?«

»Zwei Shilling neun Pence«, antwortete Gladys. Sie hatte den Sinn der Frage nicht erfaßt. Die Dame nahm ihr Portemonnaie heraus. »Ich bezahle meinen Mädchen immer die Fahrkarte, wenn sie die Stellung angetreten haben«, sagte sie. »Hier sind drei Shilling. Die Haushälterin wird Sie später in Ihre Pflichten einweisen...«

Wie von kleinen Düsenstößen fühlte sich Gladys vorwärts getrieben, als sie nun wieder die Treppen hinauflief. Fast übermütig legte sie die drei Münzen zu den anderen auf die Bibel. Das helle Silber hob sich hübsch von dem dunklen Ledereinband ab. Drei Shilling und zweieinhalb Pence! Das wurde alles zurückgelegt für ihr Fahrgeld nach China. Im Geist war sie schon halb drüben! Jetzt kicherte sie leise in ihrem Krankenhausbett, denn ihr fiel ihr erster Besuch im Reisebüro ein. Der ältliche Angestellte in »Millers Reisedienst« am Haymarket war völlig überzeugt, daß es bei ihr nicht ganz stimmte. Seit langen Jahren hatte er die Leute über die Vorzüge weiter Reisen ins Ausland beraten, aber offenbar noch nie ein derart unsinniges Verlangen gehört. Hatte er ihr nicht geduldig erklärt, daß die billigste Schiffsreise, gleichgültig wohin in China, neunzig Pfund kostete? Hatte er nicht nebenbei mit aller Deutlichkeit bemerkt, daß zwar die billigste und schnellste Route der Landweg durch Europa, Rußland, Sibirien nach Tientsin mit der Transsibirischen Eisenbahn war (der Fahrpreis für diese Reise betrug nur siebenundvierzig Pfund und zehn Shilling), daß dieser Weg jedoch bei der augenblicklichen politischen Lage nicht in Frage kam? Und trotzdem hatte es sich das junge Ding, das ihn über den Ladentisch hinweg so energisch anblickte, einfallen lassen, seine Worte absichtlich mißzuverstehen! Sie streckte ihm drei Pfundnoten entgegen, erwiderte, daß sie eine Fahrkarte für die Eisenbahn nehmen werde, und ob er, bitte, diese Summe als Anzahlung kassieren würde. Er hatte mit seinen langen dünnen Fingern auf den Tisch getrommelt und seinen Kneifer geradegesetzt, um sie besser sehen zu können. Eine Reise um die Welt, eine Safari in Afrika, ein diskretes Wochenende in Le Touquet – das konnte er alles besorgen. Aber das ... das!

»Wie ich Ihnen schon sagte, meine Dame«, hatte er streng erwidert, »die Reise mit der Transsibirischen Eisenbahn ist absolut unmöglich, weil an ihrem östlichen Ende ein Krieg zwischen Rußland und China im Gange ist!«

»Ich kann wirklich nicht wegen so einem alten dummen Krieg zu Hause bleiben«, hatte sie ihm geantwortet. »Es ist doch der billigste Weg? Also, dann ist es genau, was ich brauche. Wenn Sie mich also bitte für eine Passage vormerken wollen, gebe ich Ihnen hier drei Pfund als Anzahlung, und jede Woche bringe ich Ihnen, soviel ich kann.«

»Wir sind nicht geneigt«, hatte der Buchhalter entgegnet – und er wählte die Worte mit der pedantischen Sorgfalt, die ein Zeichen höchster Wut ist –, »unsere Kunden am Zielort tot abzuliefern!«

Sie blickte zu ihm auf. Seine schlechte Laune machte ihr überhaupt nichts aus, sie blieb bei ihrer weiblichen Logik. »Oh, mir tun sie nichts«, sagte sie. »Ich bin ja eine Frau. Um mich wird sich keiner kümmern.«

Es war drei Uhr nachmittags. Im Reisebüro Miller war es fast leer, so hatte er Zeit genug, sie nunmehr sanft und ohne Aufregung darüber zu belehren, von welcher Wichtigkeit für beide Heere, das russische und chinesische, diese Eisenbahnstrecke war. Die Chinesen wollten diese mandschurische Strecke bis zur Transsibirischen Eisenbahn in eigene Regie nehmen; ein Krieg ohne Kriegserklärung war um dieses Gebiet entbrannt. Niemand konnte die Verantwortung für die Sicherheit einer einzelnen jungen Frau übernehmen, selbst wenn sie mit jenem Zauberpapier bewaffnet war, das ein englischer Paß damals noch bedeutete.

Als er seine Rede beendet hatte, sah sie ihn immer noch mit dunklen braunen Augen ruhig an. Die kleine Hand im abgetragenen Handschuh schob die drei Pfundnoten ihm zu. »Das ist sicher alles längst vorbei, bis ich das Geld beisammenhabe«, sagte sie. »Bestellen Sie mir bitte die Fahrkarte, und ich werde Ihnen jede Woche mein Geld bringen, bis alles bezahlt ist. Nicht wahr?«

Der ältliche Angestellte sah sie etwas seltsam an. Dann seufzte er, nahm die drei Pfundnoten und griff, in die Flucht geschlagen, nach seinem Quittungsbuch. »Wie Sie wünschen, meine Dame«, sagte er resigniert. »Was die Geschäftsleitung dazu sagen wird, das weiß ich nicht. Hoffen wir, daß alles in Ordnung geht.«

Was sie eigentlich, genaugenommen, in China mit sich anfangen wollte, wenn sie dort ohne einen Pfennig in der Tasche ankam und kein Wort Chinesisch verstand – das war ihr noch nicht recht klar. Aber sie war überzeugt –

wenn sie auch nicht durch das theologische Nadelöhr der China-Inland-Mission gekommen war –, daß sie vorerst ihre Bibel gründlich studieren und sich zur Evangelistin ausbilden konnte. »Ich muß predigen lernen«, sagte sie zu sich selbst. »Ich muß lernen, zu den Leuten zu reden.«

Und mit der Geradlinigkeit, die so charakteristisch für sie war, verwendete sie jeden Augenblick ihrer Freizeit dazu, sich am Hydepark oder an irgendeiner anderen Straßenecke zu postieren. Sie stieg auf eine Seifenkiste und sprach zu ihrem Publikum, unbeirrt davon, daß die meisten abweisend vorbeigingen oder sich auch offen über sie lustig machten. Müde Londoner, angetan mit ihren Stammesabzeichen, als da sind Gehrock, Melonenhut, zusammengefaltete Zeitung und eingerollter Regenschirm, schoben sich abends in Richtung Untergrundbahn dahin und stutzten einen Augenblick, wenn sie sich plötzlich an der Kreuzung von einem schmächtigen Mädchen in schwarzem Kleid aufgerufen hörten, nicht heimwärts, sondern zu Gott zu streben. Im Wettkampf mit Londons Verkehrslärm redete ihre dünne, tapfere, kleine Stimme unermüdlich den Menschen zu, versuchte auf sie einzuwirken, und wenn auch von ihrem Starengezwitscher nicht viel mehr Notiz genommen wurde als von den kleinen schwärzlichen Steinvögeln, die Nelsons Säule zierten, so gab sie den Mut darum nicht auf.

Zeigte sich vielleicht doch noch ein Weg zu ihrem Glück? Eines Tages schien es so. Durch Bekannte hatte sie von Mrs. Lawson gehört. »Eine prachtvolle alte Seele, weißt du. Dreiundsiebzig ist sie jetzt und arbeitet immer noch als Missionarin in China. Im letzten Jahr kam sie nach England, um sich zur Ruhe zu setzen; aber sie hielt es einfach nicht aus, und sie ging wieder nach China zurück. Sie meinte, dort könne sie besser ihre Tage beschließen. Neulich hat sie geschrieben, nur eines wünsche sie sich noch: eine Jüngere, die ihre Arbeit weiterführen könne.«

Gladys Aylward erinnerte sich, wie es ihr damals die Sprache verschlug in freudigem Schrecken und wie sie endlich nichts anderes hervorbrachte, als ein geflüstertes »Das bin ich! Das bin ich!«

Sicher konnte sie Mrs. Lawson helfen. Sie schrieb sofort. Durfte sie zu ihr kommen? Sollte sie nach China fahren?

Nun wurde es dringend, daß das Geld für die Eisenbahnfahrt zusammenkam. Im Hause Younghusband fand sie sich zu jedem Extradienst bereit. Nichts schien ihr zuviel, nichts zu anstrengend. Sie belagerte die Stellenvermittlungen, ihr für die freien Nachmittage oder über das Wochenende Stundenarbeit zu beschaffen. Sie bot sich an, bei großen Essen zu servieren, in der Küche zu helfen, wenn nötig, den ganzen Tag zu arbeiten und die Nacht dazu. Der Angestellte von »Millers Reisedienst« war inzwischen ihr guter Freund geworden; er wartete schon auf die eifrige junge Frau, die jeden Freitag an seinem Schreibtisch erschien und Summen brachte, die in Shillingen und Pennies ausgezählt und dann aufgerechnet wurden gegen die große, magische Summe – siebenundvierzig Pfund zehn Shilling.

Und dann dieser unvergeßliche Morgen, als der Brief mit den bunten, bizarren chinesischen Postmarken durch den Schlitz auf den Dielenboden fiel. Wenn sie es möglich machen könne, nach Tientsin zu kommen, schrieb Mrs. Lawson, würde ein Bote sie dort treffen und in die Provinz begleiten, wo sie selbst arbeitete.

Das war eine Aufregung! Sie mußte sich sofort ihren Paß beschaffen! Sie mußte ihre Fahrkarte ganz bezahlen! Sie mußte überlegen, was einzupacken war! »Ich gehe nach China!« sagte sie zu allen Bekannten. »Ich gehe nach China!«

Oh, was waren das für Tage! Sie lachte laut in der Erinnerung daran. Erregt versuchte sie, sich in ihrem Krankenhausbett aufzurichten.

Die junge chinesische Pflegerin wandte sich zu einem Wärter, der eben hereingekommen war. »Sie ist verrückt im Kopf«, sagte sie ruhig. »Sie ist verrückt im Kopf, die kleine sterbende Frau hier.«

2

Die »Expedition Gladys Aylward« versammelte sich auf dem Bahnhof Liverpoolstraße in London am Samstag, dem 15. Oktober 1930. Sie muß leider zu den am schlechtesten ausgestatteten Expeditionen gerechnet werden, die je Englands Küsten verlassen haben. An Barmitteln verfügte sie über genau neun Pennies in Münzen und zwei Reiseschecks von Cook über je ein englisches Pfund. Die beiden Reiseschecks waren sorgfältig in einen alten Hüfthalter eingenäht, den Mutter Aylward zu dem Unternehmen beigesteuert hatte. Man glaubte in London unerschütterlich daran, daß auch wildeste Ausländer es niemals wagen würden, ein solch intimes und einschüchterndes weibliches Kleidungsstück allzu nahe zu betrachten. So wurde der Hüfthalter zu einer wahren Schatzkammer. Er enthielt außer den Reiseschecks noch Gladys' Bibel, ihren Füllhalter, die Fahrkarten und den Paß.

Sie küßte Mutter, Vater und Schwester zum Abschied und setzte sich energisch auf ihren Eckplatz III. Klasse zurück. Die Pfeife ertönte, der Zug fauchte und puffte. Sie winkte aus dem Fenster, bis die Familie ihrem Blick entschwunden war. Dann trocknete sie sich die Augen, lehnte sich wieder in ihre Ecke und breitete auf dem Sitz neben sich den alten Pelzmantel aus, den ihr eine Freundin geschenkt und den ihr die Mutter auseinandergeschnitten und zu einer Pelzdecke verarbeitet hatte. Ihre beiden Koffer lagen im Netz. Der eine enthielt ihre Kleider, der andere eine seltsame Sammlung von Cornedbeef-, Fisch- und Bohnenbüchsen, Keksen, Zwieback, Fleischwürfeln, Kaffee-Extrakt, Tee und hartgekochten Eiern. Außerdem besaß sie eine Bratpfanne, einen Wasserkessel und einen Spirituskocher. Der Kessel und die Pfanne waren mit einer Schnur fröhlich und unbefangen an einem der Koffergriffe angebunden.

Die Stadt, die Vororte lagen bald hinter ihr. Noch einmal flog die englische Landschaft an ihr vorbei, aber sie sah sie mit anderen Augen an als sonst: die Kirchen mit ihren viereckigen Türmen inmitten hoher Herbstbäume, die Häuser mit ihrem Fachwerk in Schwarz und Weiß und die braunen Felder, vom Pflug in bogige Arabesken gelegt oder mit Winterweizen eingesät. Sie sah das grasende Vieh auf den blaßgrünen Weiden, die dünnen Fäden blauen Rauchs, die von den Laubfeuern aufstiegen, die schwarzen Krähen, die vor einem mattblauen Himmel über den hohen kahlen Rüstern kreisten. Ob sie je die Heimat wiedersehen würde? Sie konnte nicht ahnen – und sie hätte es auch gar nicht wissen wollen –, daß zwanzig lange Jahre vergehen würden bis zu diesem Wiedersehen.

In Den Haag stieg sie aus, gab dem Gepäckträger ihre neun Pennies in Kupfermünzen und belegte im Anschlußzug einen Eckplatz. Nach einer nächtlichen Fahrt durch Deutschland und Polen ging es schließlich ratternd hinaus in die weiten Steppen Rußlands. Sie hatte sich in ihre Pelzdecke gewickelt und ließ den Kontinent an sich vorbeiziehen. In Rußland erschreckte sie manches, was sie sah: die Gruppen apathischer Menschen, die auf den kahlen, unfreundlichen Bahnhöfen warteten, von ihren Bündeln umgeben; Frauen, die in Trupps Bauarbeiten verrichteten; Armut und Primitivität in einem Ausmaß, das sie nie geahnt hatte.

Der Hauptbahnhof von Moskau war voll von Soldaten. Sie trugen ihre Brotration unter dem Arm und brachen sich, wenn sie hungrig waren, ein Stück davon ab. Der säuberlichen Miß Aylward, die soeben ein Ei gekocht und einige Grahamkekse, mit etwas Butter bestrichen, zum Frühstück zu sich genommen hatte, erschienen die rauhen, bündelförmigen, bärtigen Männer, die auf den Boden spuckten und die Nase durch die Finger schneuzten, fremd und einigermaßen schrecklich. Ihrer Mutter schrieb sie, sie könne sich nicht denken, daß dieses Rußland glücklich sei. Ihr kamen die Menschen unterdrückt und elend vor, und der Anblick von Kindern, die auf der Straße arbeiteten, machte sie traurig. Ein- oder zweimal am Tage gönnte sie sich ein wenig Bewegung in den Gängen des Zuges, und gelegentlich, wenn die Maschine anhielt, um Holz zu laden, stieg sie mit den anderen Fahrgästen aus, um die Beine zu strecken und ihren Wasservorrat aufzufüllen.

Acht Tage, nachdem sie England verlassen hatte, fuhren sie nach Sibirien hinein; die Großartigkeit der Landschaft bezauberte sie: die mächtigen Berge, die dunklen Gürtel hoher Kiefern, die unendlichen Schneeweiten und die überwältigende Einsamkeit. An einer Station stieg ein Reisender in ihr Abteil, der ein wenig Englisch sprach; nun endlich konnten die anderen Mitfahrenden, die es längst aufgegeben hatten, ihr in Zeichensprache Fragen zu stellen, ihre Neugier stillen. Der neue Fahrgast war ein freundlicher Mann. Er übersetzte für Gladys, was ihr der Zugführer, der die Fahrkarten kontrolliert hatte, sagen wollte: daß keine Züge nach Charbin weitergingen, so daß sie wahrscheinlich an der sibirisch-mandschurischen Grenze hängenbleiben würde. Wenn dies sich so verhielt – aber sie konzentrierte ihren ganzen Willen darauf, es nicht zu glauben –, dann gab es keine Möglichkeit mehr, über Charbin nach Dairen weiterzukommen und mit dem Dampfer nach Tientsin zu gelangen.

Diese Befürchtungen verdichteten sich aber, da an jeder Station mehr Militär in den bereits überfüllten Zug drängte. Zwei Offiziere nahmen jetzt in ihrem Abteil

Platz; wenn sie sich auch nur durch Zeichensprache mit ihr verständigen konnten, so waren sie doch angenehme Fahrtgenossen. In Tschita verließen sämtliche Zivilisten den Zug, außer Gladys. Der Zugführer kam herein und versuchte mit phantasievollen Verrenkungen, Gladys zum Aussteigen zu bewegen. Aber Gladys, als ob sie festgewachsen wäre in ihrem Abteil, wollte nichts hören, nichts sehen, nichts verstehen. Sie blieb dabei, daß jeder Kilometer vorwärts sie eben einen Kilometer näher an China heranbrachte. Sie blieb sitzen.

Der Zug nahm nochmals Soldaten auf und rumpelte weiter. Später in der Nacht hielt er auf einem kleinen Bahnhof. Die Soldaten stiegen aus, traten auf dem Bahnsteig in Reih und Glied an und marschierten ab, an den Gleisen entlang in die Dunkelheit. Ohne Licht ging jetzt die Fahrt weiter. Bei einem kurzen Gang durch die dunklen Wagen stellte Gladys fest, daß sie der einzige Fahrgast war. Mit dem leichten Frostwind drang jetzt ein neues Geräusch zu ihr. Sie erkannte es sofort, obgleich sie es noch nie gehört hatte. Artilleriefeuer! Rollend, unheimlich, beängstigend! Durch das geöffnete Fenster sah sie in der Ferne vor dem schwarzen Nachthimmel das Mündungsfeuer der Geschütze blitzen. Hastig packte sie ihre Habe zusammen. Der ältliche Angestellte bei »Millers« hatte wohl doch recht gehabt, stellte sie etwas betreten fest. Einen Augenblick lang sah sie ihn deutlich vor sich, wie er sie über den Tisch hinweg streng anblickte und kopfschüttelnd sagte. »Aber ich erklärte Ihnen doch eben, meine Dame, daß wir unsere Kunden nicht gern tot ans Ziel befördern ...«

Plötzlich hielt der Zug. Gladys zögerte nicht lange. Schwer beladen mit Koffern und Pelzdecke ging sie den Bahnsteig entlang bis zu einer kleinen Hütte, in der schon vier Personen um den prasselnden Ofen kauerten: Lokführer, Heizer, Bahnhofsvorsteher und jener Zugführer, der ohne Erfolg versucht hatte, sie in Tschita zum Aussteigen zu bewegen. Sie schenkten ihr eine Tasse starken Kaffee ein und machten ihr in fließendem Russisch, unterstützt durch ausgiebige gymnastische Bemühungen, klar, daß sie nun am Ende der Bahnlinie angekommen sei. Dahinter lag nur noch das Schlachtfeld.

Dieser Krieg ohne Kriegserklärung, der zwischen Rußland und China um den Besitz der Ostchinesischen Eisenbahn entbrannt war, wurde von der westlichen Presse kaum beachtet. Er dauerte einige Monate und brachte schwere Verluste; schließlich zogen die Chinesen ihre Streitkräfte zurück.

Der Zug aber – das erklärten die vier Männer Gladys – blieb wahrscheinlich tagelang, wenn nicht wochenlang, hier stehen, um dann zur Stelle zu sein, wenn Verwundete in die Lazarette hinter der Front transportiert werden mußten. Sie zeigten mit dem Daumen über die Schulter in die Richtung der Gleise, aus der sie gekommen waren: »Gehen Sie zurück.«

Die Schienen wanden sich verlassen zwischen den schneebedeckten Tannen. Manchmal verschwanden sie in einem dunklen Tunnel, dann wieder kletterten sie langgestreckte Hügel hinauf. Der Schnee zwischen den Bahnschwellen lag dick und weich. Eiszapfen hingen von den Tannen herab. Trotzdem war der Weg nach Tschita (dabei blieben die Männer) für Gladys die einzige Hoffnung. So hatte sie sich also auf den Weg gemacht, eine schmale, an Charlie Chaplin erinnernde Figur: über den Schultern die alte Pelzdecke und in jeder Hand einen Koffer – an denen noch immer unternehmungslustig der Wasserkessel und die Bratpfanne klapperten. Der sibirische Wind wirbelte den Pulverschnee um ihre Füße, als sie winzig und in tiefster Seele einsam unter den hohen, düsteren Bäumen dahinmarschierte. Sie hörte nichts als das Knirschen ihrer eigenen Schritte. Kalt glitzernde Sterne am schwarzen Himmel ließen die Gipfel der unnahbaren Berge schwach leuchten.

Vier Stunden später, als Kälte und Erschöpfung sie übermannten, setzte sie sich auf die Schienen und machte sich auf dem Spirituskocher etwas Schneewasser heiß für ihren Kaffee-Extrakt. Dazu aß sie zwei Stückchen Zwieback. Ihr war elend zumute. Schlafen mußte sie, eine oder zwei Stunden – schlafen... Ein bißchen zusammengescharrten Schnee und ihre Koffer benutzte sie als Windschutz; sie wickelte sich fest in ihre Pelzdecke und legte sich auf den eisigen Boden. Ein fernes Heulen ließ sie aufhorchen, und im Einschlafen dachte sie: Wo kommen denn bloß die Hunde her? So ein lautes Gesindel! Erst Jahre später in China wurde ihr klar, daß sie ein jagendes Wolfsrudel gehört hatte.

Leicht dämmerte es über den Bergen, als sie aufwachte, steif, aber doch erfrischt. Sie kochte sich wieder Kaffee, aß nochmals einen Zwieback, ergriff ihr Gepäck und schritt entschlossen in den neuen Morgen hinein, immer weiter dem endlosen Schienenstrang folgend. »Das wird ein langer Weg nach China«, sagte sie beklommen zu sich selbst. Spät am Abend, während sie vor Kälte und Müdigkeit fast besinnungslos dahintaumelte, tauchten die Lichter von Tschita auf. Das gab ihr neue Kraft. Sie kämpfte sich vorwärts, erstieg schließlich mühsam den Bahnsteig, ließ ihre Gepäckstücke auf einen Haufen fallen und setzte sich kurzerhand obendrauf. Weiter war offenbar nichts zu machen.

Niemand kümmerte sich während der Nacht um sie, und so schlief sie ein wenig unter ihrer Pelzdecke. Am nächsten Morgen kamen einige Bahnbeamte zu ihr, beredeten sich untereinander, nickten und gingen wieder.

Was sie sagten, blieb ihr unverständlich. In der eisigen Kälte harrte sie auf ihrem Freiluftlager aus. Gelegentlich schlief sie wieder kurz ein, spürte aber deutlich, wie sie langsam immer kälter und steifer wurde. Es war doch unmöglich, daß sie hier auf einem russischen Bahnsteig erfrieren sollte, nachdem sie eben die Schrecken der sibirischen Wälder überwunden hatte! Der Vormittag war fast vergangen. Sie durfte den Dingen nicht weiter ihren Lauf lassen. Wie konnte sie erreichen, daß sich irgend jemand um sie kümmerte? Lärm schlagen, einen Skandal inszenieren, das war das Richtige.

Sie hielt Ausschau. Da – ein Beamter mit roter Mütze kam den Bahnsteig entlang gerade auf sie zu. Sollte sie ihm irgend etwas ins Gesicht schreien oder ihm seine imposante Kopfbedeckung herunterreißen? Aber das schien ihr auch nicht sehr erfolgversprechend. Außerdem begleiteten den Mann drei Soldaten, und sein Ziel war Miß Aylward! Kurz, aber höflich machte er ihr begreiflich, daß sie verhaftet sei und mit ihm kommen müsse. Nie wieder im Leben sollte sie so glücklich über eine Verhaftung sein! Sie nahm ihr Gepäck und folgte ihm in einen Nebenraum des Dienstgebäudes. Hier war es so schmutzig und stank es so fürchterlich, daß sie mit einer Übelkeit zu kämpfen hatte. Die Tür war hinter ihr abgeschlossen worden; also hatte sie da zu bleiben. Jetzt sehnte sie sich nach der sibirischen Kälte auf ihrem Bahnsteig zurück. Stunden vergingen. Dann wurde die Tür geöffnet, und man führte sie zu einem Beamten der Geheimpolizei. Diesem gelang es nach heftigen Bemühungen, ihr klarzumachen, daß er englisch spreche. Gladys freute sich, daß sie wenigstens dies verstanden hatte, aber weiter kamen sie nicht. Aus allem, was er ihr zu sagen versuchte, konnte sie fast gar nichts entnehmen. Schließlich verließ er sie. Gladys holte ihren Schlafsack heraus – dieses Zimmer roch weniger penetrant – und schlief unter den gleichgültigen Augen des Wachsoldaten sofort ein.

Am nächsten Tag wurde das Verhör fortgesetzt. Die Beamten prüften ihren Paß und diskutierten lange über die Eintragung: »Beruf Missionarin«.

Sie waren offenbar der Überzeugung, daß dies etwas mit »Maschinistka«, also Maschinistin, zu tun habe. Anscheinend wollten sie wissen, ob es ihr in Rußland gefalle; sie solle doch hierbleiben, Leute wie sie würden dringend gebraucht.

In diesen Jahren strömten, wie man weiß, viele junge Kommunisten aus aller Herren Ländern nach Sowjetrußland, um teilzuhaben am Aufbau des proletarischen Paradieses. Daß man Gladys Aylward zu ihnen rechnete, war nicht erstaunlich – aber dieser Irrtum versetzte sie in Schrecken. Wie konnte sie den Russen ihren Beruf klarmachen? Sie blätterte erregt ihre bebilderte Bibel auf und zeigte ihnen Szenen aus biblischen Zeiten. Das schien Erfolg zu haben, denn nach einigem weiteren Hin und Her übergaben sie ihr ein Papier mit Amtsstempeln, das wie ein neues Visum aussah, außerdem erhielt sie Scheine, die Fahrkarten für die Weiterreise sein mochten.

Ihr »Dolmetscher« begleitete sie nachmittags zu dem Zug. Es gelang ihm, ihr zu erklären, daß sie an einem Ort namens Nikolshissur umsteigen und dort den Anschluß nach Pogranilchnai nehmen müsse. Von Pogranilchnai würde es dann nach Charbin weitergehen.

Schon nach einigen Stunden war sie in Nikolshissur. Der Zug nach Pogranilchnai? Niemand verstand auch nur ein Wort ihrer Frage, keiner der Bahnbeamten, auch nicht der Mann mit der roten Mütze. Es war schon spät geworden; sie ließ sich also wieder auf dem Bahnsteig nieder, um dort eine weitere Nacht zu verbringen. Es war so schneidend kalt, daß sie glaubte, diesmal bestimmt zu erfrieren. Aber der nächste Morgen kam, sie braute sich ihren Kaffee auf dem Spirituskocher, aß wieder zwei Stück von dem unvermeidlichen Zwieback, gab ihre Siebensachen im Gepäckraum ab und ging auf die Suche nach irgendeinem Amtsgebäude. Dort mußte doch jemand sein, mit dem man reden könnte. Sie fand das Rathaus – aber keinen Menschen, der englisch sprach. Schließlich wies man sie in ein Schreibzimmer, wo ein Beamter ein kleines Verhör mit ihr anzustellen versuchte. Gladys wußte nun schon, daß sie ihre Bibel zu Hilfe nehmen konnte, und sie tat es. Plötzlich aber kam ihr eine neue Idee: Sie zog ein Photo ihres Bruders Laurie hervor, das ihn in voller Uniform als Trommler der britischen Armee zeigte. Sah er nicht – für russische Begriffe – wie ein Generalmajor aus? Vielleicht glaubten die Russen, sie habe Verbindung zu hohen Heeresstellen? Sie hat es nie feststellen können. Jedenfalls zeitigte das Photo sofortige, ja elektrisierende Ergebnisse: Sie konnte dem Mann begreiflich machen, was sie eigentlich wollte. Nun sorgte man vor allem dafür, daß sie für die Nacht ein Quartier im Hotel erhielt. Am nächsten Tag brachte ein Beamter sie an den Zug, ihre Fahrkarten wurden geändert, ihre Reiseroute ging nun wieder über Wladiwostok. Die rollenden Räder gaben Gladys ihre Zuversicht zurück, und sie schickte ein kleines Dankeschön an ihren Bruder Laurie.

Auf dem Bahnhof von Wladiwostok nahm kaum jemand Notiz von ihr. Wohin sollte sie sich wenden? Ihr Blick fiel auf ein einladendes Plakat vom Intourist-Hotel. Es war nicht ganz leicht, den Weg dorthin zu finden; sie sprach Vorübergehende an und versuchte es mit immer neuen Betonungen und Veränderungen der Aussprache, bis sie schließlich doch vor dem Hotel landete, das ganz in der Nähe des Bahnhofs lag. Der Hotelsekretär machte die Eintragungen. Ein blasser, mongolisch aussehender Mann in zerknittertem Anzug und ohne Kragen prüfte ihren Paß und steckte ihn dann in seine Tasche. Er murmelte dabei etwas von NKWD; aber Gladys, der diese Buchstaben nichts bedeuteten, achtete kaum darauf.

Dieser Mann widmete sich ihr mit einer Freundlichkeit, die Gladys peinlich empfand. Er bestand darauf, ihr die Sehenswürdigkeiten von Wladiwostok zu zeigen; aber was sie da sah, erschreckte sie: der Schmutz in den ungepflasterten Straßen, die Schlaglöcher voller Wasser; die langen Schlangen vor den Läden; die böse quietschenden Straßenbahnen, mit ungewaschenen, in Lumpen gehüllten Fahrgästen vollgestopft; die schäbigen, rohen Fassaden ohne jeden Anstrich; die Frauen in kimonoartigen Jacken, mit ihrem Jüngsten auf dem Rücken und mit Augen, die von Hunger und Erschöpfung sprachen.

Der kalte Wind, der durch die Straßen pfiff, schien ihr die ganze Trostlosigkeit Sibiriens mit sich zu bringen, ja er schien wie ein Gleichnis für ganz Rußland. Sie fühlte bis ins Innerste, wie verdüstert und gelähmt diese Menschen waren. Sie konnte ihr Gefühl nicht in einem kritischen Urteil zusammenfassen, dazu war sie nicht geschult genug – sie sehnte sich nur aufs äußerste, aus diesem Land zu fliehen.

Am nächsten Morgen erwartete sie der bleiche Geheimpolizist bereits vor der Tür ihres Hotelzimmers.

Während sie die Treppen hinuntergingen, fragte sie ihn: »Werde ich bald die Verbindung nach Charbin bekommen?«

Er sah sie von der Seite an: »Warum wollen Sie denn in das barbarische China fahren? Hier, bei uns, erwartet Sie eine glänzende Zukunft. Sie sind jung, Sie können hier arbeiten. Wir brauchen solche geschulten Leute wie Sie.«

Sie zwang sich, unbewegt geradeaus zu sehen, jede Bewegung ihrer Glieder unter Kontrolle zu halten, um unbefangen zu erscheinen. Auf keinen Fall durfte er die plötzliche, steigende Angst merken, die seine Worte in ihr hervorriefen. »Aber ich bin gar nicht geschult! Ich will doch nur Missionarin werden!« Und dann fügte sie mit der ihr eigenen Offenheit, die sie nicht ablegen konnte, hinzu: »Und ich fühle mich auch nicht wohl in Rußland; all diese Armut, die gedrückten, unterernährten Menschen, der Schmutz ...«

Seine dunklen Augen wandten sich ihr zu. »Aber wie wollen Sie nach China kommen? Sie haben kein Geld, um die Fahrkarten zu bezahlen.«

»Ich habe meine Fahrkarte bis nach Tientsin bezahlt«,

entgegnete Gladys wütend. »Wenn Ihre Beamten ehrlich wären, würden sie dafür sorgen, daß ich hinkomme.«

»Aber was haben Sie davon, wenn Sie weiterfahren? Sie können doch ebensogut hier arbeiten. Leute wie Sie, die mit Maschinen umzugehen verstehen, haben es gut bei uns.«

»Maschinen! Nie im Leben habe ich etwas mit Maschinen zu tun gehabt!«

»Bleiben Sie doch hier«, sagte er. »China ist noch so weit. Wir werden uns darum kümmern, daß es Ihnen an nichts fehlt.«

Gladys sah kaum, was um sie her vorging, als er sie an diesem Vormittag durch die Straßen Wladiwostoks führte. Seit dem Beginn ihrer Reise war sie noch nie so verzweifelt gewesen. Es war klar, daß dieser Mann Instruktionen empfangen hatte, sie zurückzuhalten. Warum nur? Es gab Millionen Menschen in Rußland. Was wollten sie von ihr?

Zum Intourist-Hotel zurückgekehrt, begab sich der NKWD-Mann wieder hinter sein Pult, und Gladys war froh, daß sie allein die Hotelhalle durchqueren konnte. In diesem Augenblick hatte sie das Gefühl, als ob jemand dicht hinter ihr ginge. Vorsichtig blickte sie über die Schulter zurück. Ein Mädchen folgte ihr, dunkel, einfach gekleidet, aber sympathisch. Jetzt trat das Mädchen neben sie. Ohne den Kopf zu drehen, flüsterte sie in gutem, wenn auch stark akzentuiertem Englisch: »Ich muß Sie sofort sprechen. Es ist wichtig. Folgen Sie mir.«

Wie unter einem Zwang ließ Gladys die Unbekannte vorangehen und folgte ihr in den Gang vor den Zimmern. Das Mädchen ergriff ihren Arm und zog sie in eine dunkle Ecke. »Ich habe gewartet, bis ich Sie ungestört sprechen konnte«, sagte sie.

»Aber ich verstehe nicht. Wer sind Sie?«

»Das ist jetzt nicht wichtig. Wichtig ist, daß Sie in Gefahr sind!«

Die unbestimmte Angst, die Gladys seit diesem Morgen erfüllte, schlug wie eine Flut über ihr zusammen. »Aber was kann ich tun?« fragte sie mit belegter Stimme.

»Sie wollen doch fort, nicht wahr?« Die Worte überstürzten sich in drängender Hilfsbereitschaft. »Wenn Sie jetzt nicht hinauskommen, gelingt es nie mehr.«

Gladys' Lippen preßten sich fester aufeinander. Wieder überlief sie eine Welle von Angst.

»Ich bin Engländerin. Ich habe meinen Paß.«

»Wo ist er?«

»Hier in meiner Handtasche.«

»Zeigen Sie ihn mir.«

Gladys kramte in ihrer Tasche. Dann plötzlich erinnerte sie sich. Der Mann hinter dem Pult! Er hatte ihn eingesteckt und behalten.

Das Mädchen sah sie fest an. Sie las ihre Gedanken. »Haben Sie den Paß nicht? Sie müssen ihn unbedingt zurückbekommen! Hier werden dringend geschulte Fabrikarbeiter gesucht. Hat der NKWD erst seine Entscheidung gefällt, dann schickt man Sie irgendwohin in das Innere Rußlands, und niemand hört mehr etwas von Ihnen. Sehen Sie sich Ihren Paß genau an, wenn Sie ihn zurückerhalten!«

In Gladys' Stimme zitterte das Entsetzen. »Aber was soll ich tun?«

»Ich kann Ihnen helfen.«

»Mir helfen? Wie können Sie mir helfen?«

»Hören Sie zu. Heute, gleich nach Mitternacht, ziehen Sie sich fertig an und halten Ihr Gepäck bereit. Es wird jemand an Ihre Tür klopfen. Machen Sie auf und folgen Sie dem Mann, der draußen steht. Sprechen Sie nicht mit ihm. Folgen Sie ihm einfach. Haben Sie verstanden? Und verlangen Sie Ihren Paß zurück!«

Gladys nickte matt mit dem Kopf. Sie brachte kein Wort heraus. Wie benommen blieb sie, nachdem das Mädchen gegangen war, in dem dämmerigen Gang stehen und versuchte, einen Plan zu machen. Vor allen Dingen mußte sie ihren Paß wiederhaben, unbedingt. Ohne Papiere gab es keinen Ausweg. Sie ging hinunter in die Halle zum Pult des NKWD-Mannes. Er wippte spielerisch auf seinem Stuhl, rauchte dabei eine Zigarette und sah unverschämt zu Gladys auf.

»Meinen Paß!« sagte sie. »Ich möchte gern meinen Paß zurückhaben.«

Er ließ seinen Stuhl auf den Fußboden zurückfallen, nahm die Zigarette aus dem Mund und stieß den Rauch aus. »Er wird noch geprüft. Ich werde Ihnen den Paß – heute abend bringen.«

»Danke«, sagte Gladys und verließ schnell die Halle, obgleich sie nicht wußte, was sie als nächstes tun sollte. Sie mußte sich zusammennehmen und scharf nachdenken. Sollte das Mädchen recht haben? Der Gedanke schien phantastisch, fast wie eine Episode aus einem schlecht geschriebenen Kriminalroman.

Am Abend saß sie in ihrem kalten Hotelzimmer; Keks und Büchsenfisch hatten ihr heute nicht recht geschmeckt. Ein Klopfen an der Tür – sie stand auf und öffnete. Es war der NKWD-Mann; breit grinsend schwenkte er in einer Hand den Paß. Er stellte den Fuß zwischen Tür und Schwelle. Instinktiv witterte Gladys die Gefahr, schnappte ihm den Paß aus der Hand und warf ihn über sich nach hinten ins Zimmer. Das merkwürdige Lächeln auf seinem Gesicht erschreckte sie. Er drückte die Tür weit auf und trat ins Zimmer.

»Sie dürfen hier nicht herein! Gehen Sie raus! Raus!« rief Gladys entschlossen.

»Sie werden mich wohl kaum davon abhalten können«, gab er kurz zurück. Der Blick seiner leicht geschlitzten Augen fliegt über das Bett und wieder zu ihr.

Sie starrt ihn an. Sie ahnt, daß sie hier dem letzten, dem tiefsten Schrecken, den es für sie gibt, gegenübersteht. Zeilen aus Frauenmagazinen schwirren ihr durch den

Kopf: die Bestie Mann, der sich in tiefer Nacht Zugang zum Schlafzimmer einer Frau erzwingt, brennend von Begierde und Wollust! Von allen Filmen, die sie je gesehen hatte, zeigte jeder zweite die Flucht der schönen Heldin – aus D-Zügen, von schwimmenden Eisinseln oder aus dem Dschungel –, die Flucht vor dem verdächtigen Gentleman mit dem schwarzglänzenden Lippenbärtchen. Diese Romanzen saßen im Bewußtsein des Volkes fest. Auch Gladys war reichlich mit diesem Schauermotiv in ihrer Jugend gefüttert worden. Sie weiß, daß dem Zuschauer bei der nächsten Wendung des Films, im folgenden Kapitel des Buches, die Heldin weinend in einer Ecke gezeigt wird, oder auch in Eis und Schnee hinausgestoßen mit einem wimmernden Bündel auf dem Arm.

Und das soll jetzt ihr widerfahren. Es ist unvorstellbar. Sie ist so versteinert vor Entsetzen, daß sie ihn nicht hindert, drei Schritte auf sie zuzukommen; dann aber springt sie wie eine versengte Katze zurück.

Halb feierlich, halb wild stößt sie hervor. »Gott wird mich beschützen! Gott wird mich beschützen!«

Der Mann hält inne. Er sieht sie verdutzt an. Dieses zitternde Häufchen Tugend! Er grinst. Das Grinsen geht in Lachen über, schließlich in schallendes Gelächter. Erstaunt und feindselig beobachtet Gladys ihn. Plötzlich wechselt seine Stimmung. Er stößt Flüche gegen sie aus, beschimpft sie wild auf russisch und englisch. Drohend erhebt er die Hand, besinnt sich dann aber doch und geht rückwärts, immer noch schimpfend, die wenigen Schritte zur Tür hinaus. Gladys ist mit einem Sprung an der Tür, wirft sie zu und stößt hastig den Riegel vor. Sie kann kaum mehr atmen, so furchtbar waren Schrecken und Angst. Mit dem Rücken lehnt sie sich gegen die Tür, preßt die Handflächen gegen das Holz und fühlt ihr Herz schmerzen in einem übermächtigen Gefühl der Befreiung. Noch diese Nacht muß sie das Hotel verlassen! Sofort!

Sie stürzt auf ihren Paß zu und hebt ihn auf. Was hatte das Mädchen gesagt – sie solle sich den Paß genau ansehen? Gladys öffnet ihn und durchfliegt die Seiten. Ihre Finger zittern vor Furcht, als sie sieht, was geschehen ist. Das Wort »Missionarin« ist geändert worden in »Maschinistin«! Sie stopft den Paß hastig wieder in die Handtasche, zerrt ihre Koffer unter dem Bett hervor und wirft ihre Sachen hinein. Sie muß fliehen heute nacht, sie muß fliehen, ganz gleich, auf welche Weise! Sie schließt ihre Koffer ab und setzt sich auf den Bettrand; zitternd wartet sie auf die Nacht und betet, Gott möge sie erretten. – Sagte das Mädchen die Wahrheit? Oder wollten sie ihr vielleicht nur eine Falle stellen. Es ist ihr gleich. Sie muß noch die geringste Möglichkeit nützen. Sie muß fliehen.

Da – hat es nicht geklopft, kaum hörbar? Sie zögert, ehe sie den Riegel zurückzieht. Aber es muß sein. Das Risiko ist groß – vielleicht aber ist es die Rettung.

Ein fremder Mann in mausgrauem Regenmantel steht draußen. Sein Gesicht ist im Dunkeln kaum zu erkennen. Er winkt ihr und hält die Tür offen, während sie sich mit ihren Koffern schnell hindurchzwängt. Dann geht er voraus, und sie folgt ihm den Korridor entlang, die Treppe hinunter und vorbei an dem Empfangspult. Der Sekretär ist in seinem Stuhl beim Ofen eingenickt, von dem NKWD-Mann ist nichts zu sehen. Die Drehtür knarrt ein wenig, als sie hindurchgehen, und Gladys hat Schwierigkeiten mit ihrem Gepäck. Dann sind sie draußen in der kalten Nacht, und sie wandert tapfer hinter dem Fremden her. Die Straßen sind nicht beleuchtet, oft fallen sie fast über die Schlaglöcher. Als sie durch die dunklen Seitenstraßen hasten, glaubt sie die Nähe des Meeres zu spüren. Nun kann sie auch die Schatten der Dockanlagen erkennen. Dann wieder stolpern sie über Eisenbahnschienen, über die Aufschüttung der Gleise aus groben Steinen. Aus einem Winkel, in dem Fässer und Kisten gestapelt sind, taucht plötzlich eine menschliche Gestalt auf. Gladys erkennt das Mädchen und eilt ihr mit einem dankbaren Seufzer der Erleichterung entgegen.

»Gut, daß Sie gekommen sind«, sagt die andere.

»Was mache ich jetzt?« flüstert Gladys ängstlich.

»Sehen Sie das Schiff dort drüben?« Das Mädchen zeigt auf den schwarzen Rumpf eines Dampfers, der sich hinter den nächtlichen Schuppen und Kränen undeutlich abhebt.

»Ja.«

»Es ist ein japanisches Schiff. Morgen ganz früh geht es in See. Sie müssen mit.«

»Aber Japan! Ich habe kein Geld ...«, entgegnet Gladys unglücklich.

»Sie finden den Kapitän in dem kleinen Häuschen dort drüben. Sie müssen zu ihm gehen. Bestürmen Sie ihn mit Bitten. Sagen Sie ihm, daß Sie in größter Not sind. Sie *müssen* mit diesem Schiff fort ...«

»Gut. Ich will's versuchen.« Zweifel klingt in Gladys' Stimme. Die Unbekannte hat das Dunkel zwischen den Lagerschuppen nicht verlassen. Gladys legt ihr die Hand auf den Arm: »Aber was wird mit Ihnen? Ich habe Ihnen noch nicht einmal gedankt für alles, was Sie getan haben. Warum helfen Sie mir, einer ganz Fremden? Es ist gefährlich für Sie.«

»Sie brauchen Hilfe.« Leise und traurig kamen die Worte.

»Aber Sie?«

»Ich gehöre hierher. Es wird schon alles gut gehen.«

»Wie kann ich Ihnen danken? Ich möchte Ihnen etwas schenken. Aber ich habe kein Geld ...«

»Macht nichts.«

Gladys spürt ein Zögern in der Stimme des Mädchens. »Wünschen Sie sich nicht doch etwas?« fragt sie.

»Haben Sie vielleicht ... Kleider?«

Alles, was Gladys besitzt, trägt sie am Körper gegen die bittere Kälte. Sie hat nichts weiter, aber sie will irgendwie ihre Dankbarkeit zeigen. Schnell entschlossen zieht sie ihre Handschuhe ab.

»Hier, bitte. Und die Strümpfe.« Sie wühlt in ihrer Manteltasche und bringt ein Paar Strümpfe hervor, die sie in der Eile dort hineingeknüllt hatte.

»Sie sind alt und gestopft, aber bitte, nehmen Sie.«

Das Mädchen nimmt sie.

»Danke sehr«, sagt sie ruhig. »Viel Glück!« Ihre Hände hatten sich einen Augenblick in der Dunkelheit berührt. Dann hatte die Fremde sich auf dem Absatz herumgedreht und war verschwunden. Ihre schnellen Schritte verklangen auf dem Pflaster.

Gladys nahm ihre Koffer auf und ging nachdenklich auf das Häuschen zu. Während sie durch das matschige Hafengelände tappte, wurde ihr klar, daß sie in der Dunkelheit niemals den Weg zurück zum Intourist-Hotel finden würde. Sie stieß die Tür der Hütte auf. Eine nackte elektrische Birne hing von der Decke herab, der kahle Holztisch war überhäuft mit Papieren. Ein junger Japaner in der Uniform der Handelsmarine saß in dem grellen Lichtkreis und schrieb. Sein ernstes Gesicht wandte sich ihr zu, als sie eintrat.

Sie stellte ihre Koffer ab und sah ihn an.

»Bitte«, sagte sie, »sind Sie der Kapitän des Schiffes? Ich bin Engländerin, und ich muß fort von hier. Ich *muß* mit Ihnen fort!«

Mit leichter Ungeduld – übrigens in ausgezeichnetem Englisch – antwortete er: »Guten Morgen. Bitte sprechen Sie langsam. Was wünschen Sie?«

»Ich muß nach Japan mit Ihrem Schiff.«

»So. Haben Sie das Geld, um die Fahrt zu bezahlen?«

»Nein. Nichts!«

Unverwandt, doch ohne Neugier blickten seine schwarzen Augen sie an. »Keinerlei Wertsachen?«

»Nein, überhaupt nichts. Aber ich muß weg hier. Ich muß!«

»Sie sagen, Sie sind britischer Nationalität? Sie haben einen Paß?«

Gladys zog den Paß aus ihrer Handtasche und reichte ihn dem Kapitän. Er blätterte ihn sorgfältig durch.

»Eine Engländerin in Not. Da muß etwas getan werden, nicht wahr? Nun gut, Sie können mitfahren. Hier sind ein paar Papiere, die Sie unterzeichnen müssen – das ist alles. Kommen Sie mit mir, wir werden eine Kabine für Sie suchen.«

Sechs Stunden später – die Morgendämmerung glitt über die kahlen roten Berghänge des Goldenen Horns – steuerte der japanische Dampfer langsam dem offenen Ozean zu. Wladiwostok, eingehüllt in rauchigen Dunst, ließ er hinter sich. Gladys stand an der Reling. Müde, aber erleichtert sah sie zurück. Ihr war, als habe sie ein Menschenleben gebraucht, um dieses unendliche Rußland zu durchqueren. Aber jetzt sprang in ihr das Gefühl des Befreitseins auf wie ein Springbrunnen von klarem Wasser. Wer mochte nur das Mädchen gewesen sein, das ihr geholfen hatte? Und der Mann, der an ihre Türe klopfte? Beide würde sie nie mehr wiedersehen, das wußte sie; ihre Hilfe gehörte fortan als ungelöstes Rätsel zu ihrem Leben. Auch in Rußland waren die Menschen gut und böse wie überall auf der Welt. Gladys wünschte den beiden Unbekannten von Herzen Glück. Glück – ein reichliches Maß dieses schillernden, fragwürdigen Gutes war ihr zuteil geworden, sie fühlte es mit tiefer Dankbarkeit.

3

Drei Tage später drehten sie bei, um in den kleinen Hafen Tsurugoaka an der japanischen Ostküste einzufahren: ihren Bestimmungsort. Weiter südlich lag Kobe, und dort, so erklärte ihr der Kapitän, könne sie ein Schiff nach China bekommen. Zunächst solle sie aber noch an Bord bleiben, bis er Verbindung mit dem britischen Konsul oder dessen Vertreter aufgenommen habe.

So erschien denn also, bald nachdem sie angelegt hatten, ein ziemlich fassungsloser, aber außerordentlich höflicher junger Engländer vom Konsulat. Nachdem Gladys seine Fragen beantwortet hatte, fand er »alles überaus schwierig«.

»Und was kann ich nun für Sie tun?« fragte er schließlich; man sah ihm an, daß er sich recht unbehaglich fühlte.

»Mir genügt es, wenn ich erst einmal bis Kobe komme«, sagte Gladys fest. Seit ihren Abenteuern in der Sowjetrepublik hatte sie zu der Taktik Vertrauen gefaßt, ihre Erklärungen ohne viel Zutaten, aber oft und energisch zu wiederholen. Es hatte sich gezeigt, daß dann auch immer etwas geschah, das sie weiterbrachte.

Dem jungen Mann war die Überraschung auf dem Gesicht abzulesen. »Dann werde ich Ihnen sofort eine Fahrkarte nach Kobe besorgen und Sie an den Zug bringen«, sagte er schnell.

Und beide waren, wenn auch aus verschiedenen Gründen, voller Freude über die schnelle Lösung der »äußerst schwierigen Angelegenheit«.

Als Gladys sich aus dem Abteilfenster lehnte, um sich bis zur Abfahrt mit ihm zu unterhalten, spürte sie noch immer, wie groß seine Erleichterung war. Sie wunderte sich fast, daß er ihr zum Abschied nicht um den Hals fiel.

Und wieder ratterten unter ihr die Räder. Von ihrem Fensterplatz aus sah sie die Landschaft vorübergleiten. Sie schien ihr schön und zart im Vergleich zu der großartigen, wilden Unordnung des Kontinents, den sie eben verlassen hatte.

In der Ferne schimmerten hohe, schneebedeckte Berge, die an ihren Flanken in grüne Hänge und fruchtbare Felder übergingen. Gladys zur Linken schienen duftige Inseln auf dem blauen besonnten Meer zu schwimmen. Segelboote hoben sich als zierliche Silhouetten vom Glanz des Meeres und des Himmels ab. Sie kamen an schattigen Dörfern vorbei, deren Häuser mit Ziegeldächern gedeckt und mit Bannern und Flaggen geschmückt waren; in den Gärten blühten die Bäume purpurrot, Kinder spielten und schrien am Strand. Auf den Feldern stand der Reis in goldener Reife, jeder Halm tiefgebeugt unter der Last seiner Körner. An den Stationen stiegen schwatzende Japaner in hellen, sauberen Hemden und Kimonos eilig ein und aus.

Es wollte ihr später nie gelingen, dieses liebenswürdige, glückliche Volk in ihrer Vorstellung zu vereinen mit der gewalttätigen Soldateska, mit der sie noch allzu nahe, grauenhafte Bekanntschaft machen sollte.

Im Missionshaus von Kobe wurde sie natürlich mit offenen Armen aufgenommen, und sie mußte erzählen, bis ihr die Augen zufielen, was allerdings schon sehr bald geschah! Nachdem sie in einer großen Holzwanne gebadet hatte – im japanischen Stil, sie wurde fast zu Tode gekocht –, durfte sie dann zum erstenmal seit ihrem Aufbruch von England eine Nacht ruhig und bequem durchschlafen.

Drei Tage später stand sie an Deck eines kleinen japanischen Dampfers und blickte über einen breiten Streifen trüben gelben Meerwassers hinweg auf eine lange Dunstbank am Horizont, hinter der die Sonne soeben in flammendem Triumph unterging.

China lag vor ihr – das ersehnte Ziel ihrer Reise! Man konnte diesen Landstreifen zuerst für eine Wolkenbildung halten; und obgleich der Anblick weder besonders schön noch interessant war, starrte Gladys doch wie gebannt durch das Fernglas, bis alle Farbe am Himmel gewichen und alles von der Nacht verschlungen war.

In Tientsin traf sie auf eine große Missionsstation, wo viele chinesische Christen unterrichtet wurden. Ja, sie hatten von Mrs. Lawson gehört. Soweit man wußte, war sie in der Provinz Schansi in Nordchina, wo sie in einer alten, von Mauern umgebenen Stadt namens Tsechow ein Missionshaus leitete. Das Gebiet lag nördlich des Gelben Flusses und war außerordentlich wild und bergig. Um dorthin zu gelangen, brauchte man mehrere Wochen. Nun, sie würden herumschicken und überall fragen lassen, ob jemand in dieser Richtung ins Hinterland zu fahren gedenke und Gladys mitnehmen könne. Inzwischen fand sie im Missionshaus freundliche Aufnahme.

Nur sieben Tage brauchte sie zu warten. Dann saß Gladys im Zug, der rasch Tientsin mit seinem Kranz europäisierter Vororte hinter sich ließ. Der Puls der Wagenräder nahm ihre eigene Erregung auf. Sie war also wirklich in China, und nun ging es Tag für Tag ein Stück tiefer hinein in das geheimnisvolle Land. Mr. Lu, ein ernsthafter junger Mann in dunklem chinesischem Gewand und Trilbyhut, sollte sie noch ein Stück auf der Weiterreise begleiten; er hatte in Schansi zu tun. Auch er war Christ. Gladys hatte ihren letzten Reisescheck eingewechselt, um einen chinesischen Paß zu kaufen, der für die Reise ins Inland gebraucht wurde. Sechs Shilling waren alles, was sie noch besaß. Aber das störte sie nicht, während der Zug durch die flache, langweilige Landschaft dahinholperte, an deren westlichem Horizont sich aber schon im gewaltigen Halbkreis bläulich-violette Berge gegen den Himmel wölbten. Das Land war fruchtbar. Bauernhöfe und Dörfer, von Lehmmauern geschützt, lagen mit ihren schattigen Baumgruppen zwischen den Feldern. An jede Siedlung schloß sich der Friedhof an, umgeben von steinernen Mauern mit schön gearbeiteten Toren; hier ruhten seit Generationen die geliebten und heilig gehaltenen Ahnen. Bauern im blauen Kittel, auf den der dünne schwarze Zopf herabfiel, trieben auf den Straßen ihre zottigen Mongolenponys an. Diese Ponys, die die schweren zweirädrigen Karren zogen, waren fast ebenso berühmt wie die andächtig verehrten, längst dahingegangenen Ahnen.

Auf diesen Ponys hatten die Horden Tschingis-Khans das Land überrannt, um ihr Reich nach Süden auszubreiten. Und gegen die immer wieder heranbrausenden Wellen von Angreifern war endlich die Große Chinesische Mauer gebaut worden, zweitausendfünfhundert Kilometer lang. Menschen konnten diese Befestigung vielleicht erklettern, aber Pferde nie. Auf ihren Ponys waren die Tataren so flink und so verheerend wie Heuschrecken. Mußten sie zu Fuß kämpfen, waren sie nichts als kleine, krummbeinige Männer, denen man Einhalt gebieten konnte.

Gladys Aylward beglückte diese Fahrt. Wie fremdartig war alles; das in der Ferne drohende wilde Gebirge; zuweilen eine schaukelnde, lehmfarbene Karawane von Gobi-Kamelen, schließlich die aufragenden Mauern von Peking mit ihren viereckigen Wachttürmen – und dann die Stadt selbst, eine Stadt der Tempel und Pagoden, der Statuen und kleinen Teiche, in denen sich die Lotosblüten spiegelten: China!

Sie übernachteten in Peking; am nächsten Morgen ging die Fahrt weiter. Drei Tage lang, dann hielt der Zug zum letztenmal. Der Schienenweg war zu Ende. Jetzt gab es nur noch wackelige alte Omnibusse. Nachts stiegen sie in den überaus primitiven chinesischen Herbergen ab. Es gab da keinen Winkel, den Gladys für sich hätte in Beschlag nehmen können; alle schliefen auf dem K'ang, dem gemeinschaftlichen Backsteinbett. Heiße Luft vom Ofen erwärmte von unten her das steinerne Lager, und niemand zog sich aus. Mit philosophischer Ruhe versuchte man, wenigstens ein paar Stellen seines Körpers vor den hungrigen Flöhen und Läusen zu retten. Gladys war für diese Feinschmecker offenbar eine ganz besondere Delikatesse, von weit her importiert.

Die Provinz Schansi wird im Süden und Westen vom mächtigen Hoang-ho begrenzt, dem Gelben Fluß. Er entspringt in der fernen Provinz Kansu und windet sich als gewaltige Schlange durch viertausendachthundert Kilometer chinesischen Bodens. Schließlich stürzt er mit solcher Macht bei Schantung in das Meer, daß die Seeleute schon hundert Kilometer vor der Küste an der gelben Färbung des Wassers den Mächtigen erraten.

Schansi ist die Heimat des chinesischen Ackerbaus, ja der chinesischen Kultur überhaupt. Hier wurde die Töpferkunst erfunden, die ihre höchste Verfeinerung im köstlichen chinesischen Porzellan fand. Von diesen wasserarmen Tälern ging auch der Getreidebau aus; Reis wurde erst zur Hauptnahrung der Chinesen, als sie sich bis in das Tal des Yangtse ausgebreitet hatten und nun lernten, mit seinen Fluten ihre Felder zu bewässern. In Nordchina aber nähren sich die Menschen noch heute von Korn, wie Gladys unterwegs in den Gasthäusern feststellte. Hier bilden gekochte Teigschnüre die Grundlage jeder Mahlzeit. Aber weder Flöhe noch unappetitliche Teigschnüre konnten Gladys von der Weiterreise abhalten. Einen Monat nach dem Aufbruch von Tientsin kam sie in Tsechow an, der Stadt, in der sie nach Ansicht der Tientsiner Mission Mrs. Lawson antreffen sollte.

Die Mission wurde von Mrs. Smith und ihrer Freundin betreut. Beide Damen waren etwa siebzig Jahre alt. Mrs. Smiths Mann hatte lange Jahre als Missionar hier gewirkt, und nach seinem Tod hatte sie beschlossen, seine Aufgabe weiterzuführen; sie arbeitete nun gemeinsam mit ihrer Freundin, die Krankenschwester war. Gladys erfuhr, daß Mrs. Lawson mehrere Wochen bei ihnen gewohnt hatte. Dann war sie in das wilde Berggebiet westlich von Tsechow gezogen, eine Gegend, in die noch niemals das Christentum getragen worden war. Die Dörfer lagen einsam. Die kleinen Städte waren von Mauern umgeben, jede eine Festung. Es war ein abschreckendes Land. Mrs.

Lawson hatte ihnen geschrieben, daß sie jetzt in Yang Cheng lebe, einer befestigten Stadt, an einer uralten Maultierstraße gelegen, zwei Tagereisen von hier.

»Wie komme ich denn dorthin?« fragte Gladys müde. Die wochenlange Reise, die unerwarteten Schwierigkeiten hatten ihre Kraft verbraucht.

Mrs. Smith sah wie eine jener feinen Damen aus, die man häufig mit ihren Freundinnen in gepflegten Konditoreien antrifft, aber sicherlich selten in Mittelchina, Hunderte von Kilometern von jeglicher Zivilisation entfernt. Ihr zartes Gesicht verriet kaum etwas von ihrer außerordentlichen Tüchtigkeit. Eine besondere Begabung für die Schwierigkeiten der chinesischen Sprache und ihrer Dialekte erleichterte ihre Missionsarbeit. Sie sah Gladys durch ihre Brillengläser lachend an.

»Der einzige Weg, meine Liebe, führt durch die Berge – mit dem Maulesel«, sagte sie, »die Straße hört hier in Tsechow auf, dann gibt es nur noch Saumpfade, und die sind oft recht unwegsam und führen weit durch einsame Gebiete. Einen Tag braucht man bis Chauchun, das ist das erste Dorf, und dann nochmals einen Tag bis Yang Cheng.«

»Ich möchte morgen aufbrechen, wenn es geht«, sagte Gladys.

Mrs. Smith musterte sie prüfend. »Und dann würde ich an Ihrer Stelle nicht in europäischen Kleidern reisen«, wandte sie freundlich ein. Gladys sah an ihrem Mantel und dem verschmutzten roten Rock hinunter. »Aber etwas anderes habe ich nicht.«

»Wir werden schon ein paar Sachen für Sie finden«, meinte Mrs. Smith. »Sie müssen wissen, in den Bergen gibt es Räuber; die würden sofort meinen: ›Aha, eine reiche Fremde.‹ Wir werden Ihnen eine blaue Jacke und Hose geben, wie sie hier jeder trägt. In dem Gebiet, wohin Sie gehen, haben die Leute noch nie eine europäische Frau gesehen, ehe Mrs. Lawson kam. Es ist ein sehr einfaches, ein primitives Volk. Sie halten jeden Fremden für einen Dämon. Darum ist es klüger, nicht unnötig aufzufallen.«

Schon am nächsten Morgen saß Gladys auf ihrem Maultier. Sie war alles andere als bequem, diese »Maultiersänfte«, die lediglich eine überdachte kleine Holzfläche war, mit Schnüren und Riemen auf dem Rücken des Tieres befestigt. Immerhin kamen Gladys und ihr Treiber damit bis Chauchun, wo sie bis zum Morgen blieben. Denn nachts ist im Hochland niemand gerne unterwegs. Zu steil und zu nahe an den Abgründen sind die Wege, und auch den Räubern und Wölfen begegnet kein Reisender gerne bei Nacht.

Schon im grauenden Morgen waren sie wieder unterwegs. Das Klippklapp der Maultierhufe hallte in der klaren Bergluft. Gewaltig und einsam wie eine Mondlandschaft starrten die Gipfel. Hoch oben segelten langsam im ersten Licht zwei Adler.

Sieben Stunden ritten sie schon; da zog der Treiber nach einer Wegbiegung die Zügel der Tiere an und deutete mit seinem schmutzigen Zeigefinger nach vorn: »Yang Cheng.«

Die kleine Stadt lag auf ihrer Bergspitze gleich dem Schloß aus einem Märchen; ihre hohen Wälle wuchsen aus dem Felsen wie Zähne in einem Kiefer. Pagoden und Tempel überragten die Mauern, jetzt nur als zarte Umrisse erkennbar, aber durch die Entfernung nur noch geheimnisvoller. Die Schönheit des Anblicks ergriff Gladys tief, so daß sie alle Müdigkeit vergaß. Ein wenig später entdeckte sie zwei Hügel vor der Stadt, die inmitten dieser kahlen Bergwelt mit Bäumen und dichtem grünem Buschwerk bedeckt waren. Ihr Weg führte durch einen dieser schattigen Wälder wie durch einen Tunnel, dann ging's eine kurze Strecke steil durch das harte Mittagslicht zum Osttor hinauf. Hier bot sich ihren entzückten Augen ein zauberhaftes Bild; in unendlicher Folge schoben sich Berge und Täler bis in fernste Fernen in- und übereinander.

Gladys konnte sich kaum lösen von dieser Pracht und Herrlichkeit.

Seit Urzeiten thront Yang Cheng auf diesem Felsensattel, ein winziger Ableger konfuzianischer Kultur an dem alten Maultierweg zwischen Honan und Horbay. Die Straße führt zum Osttor hinein und zum Westtor wieder hinaus. Auf der Südseite stürzt der Hang fast tausend Meter senkrecht in die Tiefe, und ins Unendliche schweift der Blick von der Stadtmauer über die entlegensten Bergketten. Abends werden alle Tore geschlossen; Maultierzüge, die zu spät kommen, finden keinen Einlaß mehr. Sie rasten dann für die Nacht in einer der Herbergen unter den Wällen oder an den Abhängen des Felsmassivs.

Am Osttor hielt Gladys' Maultiertreiber an und ließ sich von einem der Alten, die dort in der Sonne saßen, den Weg zeigen. Der Alte wies auf eine schmale Gasse, die vor dem Tor außerhalb der Mauern nach links abbog. Dorthin lenkte der Treiber seine Tiere. Hundert Meter weiter deutete er auf ein Haus, das aussah wie alle anderen Häuser dieser Straße unter dem Stadtwall. Die müden Muli drängten ungeduldig durch die enge Einfahrt in den Hof; nervös klapperten ihre Hufe auf den Steinen.

Eine kleine Frau mit schlohweißem Haar und den blauesten Augen, die Gladys je gesehen hatte, trat aus der Tür, um sie zu empfangen. Auch sie trug den blauen Anzug aus Jacke und Hose, die Tracht des Landes. In der Sonne kniff sie die Augen zusammen und sah ruhig zu Gladys in ihrem Maultiersattel hinauf.

»Nun, und wer sind Sie?« fragte sie mit etwas spröder Stimme.

»Ich bin Gladys Aylward. Sind Sie Mrs. Lawson?«

»Ja. Also kommen Sie herein.«

Den schroffen Empfang nahm Gladys nicht übel – dazu hatte sie zuviel unterwegs erlebt! Der Maultiertreiber half ihr aus dem Sattel, und Gladys folgte Mrs. Lawson, die ihr voranging.

Die wenig ansprechende Behausung war nach chinesischem Brauch quadratisch angelegt und von hohen Mauern umschlossen. An der Straßenseite war in die Umwallung eine viereckige Nische eingelassen, von der aus man durch eine kleine Pforte in den geräumigen Innenhof trat. Alle Zimmer des ersten Stockes öffneten sich auf eine Galerie, die den Hof umgab. Das Ganze war höchst baufällig – keine Tür ließ sich richtig schließen, viele Steinplatten im Hof waren zerbrochen, Löcher klafften im Ziegeldach, überall lag Schmutz und Unrat.

»Ich habe es gerade erst gemietet«, erklärte die Missionarin. »Kriegte es billig, weil's spukt – wenigstens glauben das die Leute. Schön ist's nicht, aber wenn erst einmal aufgeräumt ist, wird es ganz brauchbar.«

Wie ein zwitschernder Vogel hüpfte sie von einem Zimmer in das andere, um Gladys alles zu zeigen. Doch nur ein einziger Raum war leidlich bewohnbar; hier lud Mrs. Lawson ihren Gast zum Sitzen ein. Ein Tisch stand darin, ein paar Stühle, sonst nichts – wollte man mehrere Kisten mit Mrs. Lawsons Habe nicht als Einrichtung gelten lassen.

»Haben Sie Hunger?« fragte Hanna Lawson.

»O ja!« antwortete Gladys leise.

Mrs. Lawson rief ein chinesisches Wort, und ein alter Mann kam herein. Er wurde Gladys als »Chang, der Koch« vorgestellt.

Chang lächelte sie mit zahnlosem Mund freundlich an und hatte sofort Gladys' Zuneigung gewonnen. Er brachte schnell eine Schüssel mit den unvermeidlichen Teigschnüren, die mit etwas kleingeschnittenem Gemüse gemischt waren, über die sie sich gierig hermachte. Nach der Mahlzeit packte sie aus und trat dann vor das Haus, um ihre nächste Umgebung ein wenig kennenzulernen. Kinder flüchteten heulend vor ihrem Anblick, andere verhöhnten sie kühn über eine Mauer hinweg. Gladys ging trotzdem mutig weiter, doch da lasen zwei Frauen

Lehmklumpen von der Straße auf und warfen sie nach ihr. Nun kehrte sie doch schnell um und erzählte Mrs. Lawson, was geschehen war.

»Das ist immer so, wenn ich ausgehe«, sagte Mrs. Lawson ungerührt. »Wenn ich nach Hause komme, bin ich meistens von Kopf bis Fuß verdreckt von dem Schmutz und Lehm, mit dem sie mich bombardieren. Steine haben sie bis jetzt noch nicht genommen, Gott sei Dank. Sie hassen uns. Sie nennen uns Laoyang-kwei, ›fremde Teufel‹. Daran müssen Sie sich gewöhnen.«

4

Johanna Lawson war nicht viel größer als Gladys, vierundsiebzig Jahre alt und zart von Gestalt. Aber ihr Äußeres täuschte. Ihr schlohweißes Wuschelhaar war für die Chinesen etwas ganz Ungewöhnliches, und jedermann in Yang Cheng war überzeugt, daß sie nicht nur ein »fremder Teufel«, sondern ein böser Geist sein mußte, was noch sehr viel schlimmer war. Dieses Haar ließ die Leute vor Angst erstarren, wohin sie auch ging. Aber das machte Mrs. Lawson nicht das geringste aus. Sie war schon als ganz junges Mädchen nach China gekommen und hatte hier einen Missionar geheiratet. Den ältesten Sohn hatte ihr das schwarze Fieber genommen; ihre anderen Kinder hatte sie sorgfältig erzogen, dann waren sie in die Welt hinausgegangen; ihr Mann war schon vor vielen Jahren gestorben.

Sie war Schottin. Ihre Ahnen hatten jahrhundertelang ihre Berge gegen die englischen Eroberer verteidigt. Von diesem Kampfgeist lebte noch viel in ihrem Blut. Sie hätte am liebsten das Wort Gottes, wie John Knox, der Reformator – ihr fanatischer Landsmann –, allen Ungläubigen ins Gesicht geschleudert. Leidenschaftlich schlug ihr

Herz für den Herrn. Ach was, das zahme Christentum in den Ebenen! Das war nichts für sie! Bibelkreise, Handarbeiten und Verteilung von Aspirin!

Viel dringender war es, hier in den Bergen den Heiden das Licht Gottes zu bringen! Und sie widmete sich dieser Aufgabe mit der ganzen Kraft ihrer starken Seele. Sie stöberte die Menschen auf in ihren Felsennestern und Berglöchern; und die, bei denen sie Gehör fand, lehrte sie das Evangelium mit aller Inbrunst, deren sie fähig war; die hartnäckigen aber, die zögernden, hätte sie am liebsten an ihren langen schwarzen Zöpfen in die Kirche gezerrt und ihnen das Wort Gottes in die Ohren gedonnert. So war Johanna Lawson. – Liefen ihr auch höhnend die frechen chinesischen Rangen in Scharen nach, sobald sie sich auf die Straße wagte, spuckten auch die Frauen aus und verriegelten ihre Türen, warfen die Männer Schmutz nach ihr – nun, so war das auf die rechte, christliche Weise zu ertragen. Einmal würde sich trotzdem der Kontakt zwischen ihnen und ihr schließen. Eine Christin, die den Kampf noch freudiger bejahte als Hanna Lawson aus den Bergen von Schansi, war wohl kaum zu finden. Die arme Gladys brauchte in den ersten Wochen ihre ganze Kraft, um den Mut nicht zu verlieren. Mit nur fünf Shilling in der Tasche, durch Kontinente von der Heimat getrennt, in einem Land, wo sie kein Wort verstand, angespuckt und geschmäht, wenn sie nur das Haus verließ – sie kam oft in Tränen zurück, um sich den Schmutz aus den Kleidern zu waschen! Sehnsüchtig erinnerte sie sich an die kleinen japanischen Christen in Kobe; die waren reinlich, freundlich und artig und sangen ihre Psalmen und Lieder so nett und vertrauensvoll, als ob sie alle eine direkte Verbindung zum lieben Gott besäßen.

In Yang Cheng war alles ganz anders. Ein Erlebnis, bald nach ihrer Ankunft, zeigte Gladys das besonders deutlich. Sie ging durch die Stadt. Die Einwohner hatten sich nun an den Anblick der »fremden Teufel« etwas gewöhnt, und wenn sie auch noch geflissentlich einen Bogen um die beiden Missionarinnen schlugen, so machten sie sich doch nicht mehr die Mühe, sie dauernd mit Lehm zu bewerfen. Als Gladys sich dem Marktplatz näherte, bemerkte sie, daß sich dort die Menschen sammelten. In diesem Augenblick begegnete ihr die Chinesin, die im Nachbarhaus wohnte. Gladys lächelte ihr zu. Die Frau winkte ihr aufgeregt, und Gladys, froh über diese unerwartete Freundlichkeit, ging zu ihr hinüber. Sie wurde am Handgelenk gefaßt, und miteinander eilten sie durch die Menge. Gaukler werden gekommen sein, dachte Gladys, oder ein Mann mit einem dressierten Bären. Hanna Lawson hatte ihr schon erzählt, daß solche wandernde Schausteller sich dann und wann auf dem Marktplatz sehen ließen.

Die beiden Frauen waren so schnell gelaufen, daß sie in den vorderen Reihen der Neugierigen Platz fanden. Gladys begriff nicht recht, was da vorging. Ein Mann stand dort, sein Schädel war kahlgeschoren bis auf den Zopf, der ihm um die Stirn geschlungen war. Er hielt sich nach vorn gebeugt, und seine Schultern schienen seltsam, ja rührend gekrümmt. Ein Soldat stand, mit dem Rücken zu Gladys, dicht neben ihm. Verwirrt und etwas Schlimmes ahnend, blickte Gladys auf die beiden Männer. Mit weit aufgerissenen Augen sah sie plötzlich das helle Blitzen eines Stahls, sah ein krummes Hinrichtungsschwert einen Augenblick lang hoch geschwungen in der Sonne funkeln. Dann sauste es nieder, ein Strahl roten Blutes sprang auf, senkte sich im Bogen herab und verspritzte mit leisem Geräusch auf den Steinplatten. Ein kurzes Aufstöhnen unterdrückter Erregung quoll aus der Menge, als der Kopf dumpf auf das Pflaster fiel und ein Stück weiterrollte. Gladys schloß krampfhaft die Augen, um dieses entsetzliche Bild auszulöschen. Dann schüttelte sie die Hand der Chinesin ab, die völlig besessen war von dem Geschehenen, drehte sich um und drängte sich mit verzweifelter Kraft durch die quirlenden, schwatzenden Zuschauer. Sie rannte immer schneller durch die menschenleeren Gassen. Alle waren auf dem Marktplatz, um die Hinrichtung nicht zu versäumen. Die Tränen strömten ihr über das Gesicht, während sie durch das Osttor hinauf und die Straße zu ihrem Hause hinunter hastete.

Mrs. Lawson saß am Tisch und schrieb ihren Tagesbericht, als Gladys hereinstürzte, gänzlich außer Fassung vor Schreck und Schmerz.

»Was ist denn los?« fragte Hanna Lawson überrascht.

»Ich habe etwas Furchtbares gesehen, etwas Entsetzliches«, schluchzte Gladys. »Auf dem Marktplatz haben sie einen Mann vor aller Augen hingerichtet!«

Bedächtig legte Hanna ihren Bleistift nieder.

»Nun, und?« fragte sie kurz.

Gladys' Gesicht war von Tränen verschmiert. Sie blinzelte vor Erstaunen.

»Sie haben ihm den Kopf mit einem Schwert abgehauen, Mrs. Lawson!« Die Veteranin mit ihren rund fünfzig Jahren Chinaerfahrung sah sie ruhig an: »Das ist die gesetzliche Strafe für bestimmte Verbrechen. Vermutlich war es ein Räuber, ein Dieb oder ein Mörder, der vor dem Mandarin im Yamen verklagt worden ist. Wer schuldig befunden wird, dessen Kopf wird sofort abgeschlagen, das ist nichts Neues.«

»Aber es ist doch grauenhaft!«

»Haben Sie denn gedacht, hier gehe es so sanft zu wie in England?«

»Nein, aber...«

»Jetzt hören Sie einmal auf mich, Gladys Aylward. Sie sind nicht nach China gekommen, um sich hier über die Gesetze zu ereifern. Man wird die Leiche den Berg hinunterwerfen, und dort unten fressen sie die Wölfe oder die Raubvögel. Eine christliche Beerdigung gibt's da allerdings nicht, mein Kind, machen Sie sich das klar«, fuhr sie schonungslos fort. »Der Kopf wird auf der Stadtmauer aufgespießt – eine Warnung für alle.«

»Wie barbarisch ist das alles!«

»Ja, barbarisch scheint es uns. Manchmal gibt es monatelang keine Hinrichtung; dann stecken wieder die Köpfe reihenweise auf der Mauer. Es wäre gut, wenn Sie sich daran gewöhnten. Man muß sich in China an mancherlei gewöhnen. Wir wollen versuchen, dies alles durch die Liebe und Weisheit Jesu Christi zu ändern; wir wollen Verständnis wecken für Wahrheit und Gerechtigkeit; aber wir werden wenig erreichen, wenn wir nach Hause laufen und uns die Augen ausheulen.« Bestimmt hatte Hanna recht. Aber trotz ihrer Ermahnung vergaß Gladys nie das Grauen, das sie auf dem Marktplatz gepackt hatte.

In dieser Zeit der »Eingewöhnung« erklärte Mrs. Lawson ihrer Gehilfin auch die finanzielle Lage ihrer Mission: Sie hatte ein eigenes kleines Vermögen. Die Miete für das Haus belief sich, da es baufällig war und nach dem Glauben der Leute von Geistern und bösen Dämonen heimgesucht wurde, auf zweieinhalb Shilling im Jahr! Hirse, Weizen und Gemüse kosteten nur wenige Käsch. Man trug diese kleinen Kupfermünzen mit dem Loch in der Mitte in Bündeln auf eine Schnur gereiht bei sich. Ein Käsch war gut einen halben Pfennig wert. So war ihnen eine bescheidene Existenz gesichert; aber was nutzte diese Sicherheit, wenn sie keine Gelegenheit zu der Arbeit fanden, um derentwillen sie beide nach China gegangen waren! Eines Tages kam ihnen eine glänzende Idee. Sie waren eben auf dem Rückweg von einem kleinen Ausflug in die Umgebung, erstiegen die Anhöhe, die zum Westtor hinaufführte, und gingen durch die enge Hauptstraße, vorbei am Yamen, wo der Mandarin residierte und das offizielle Leben sich abspielte. Schmale Gassen zweigten nach allen Richtungen von der Hauptstraße ab, in denen das geräuschvolle Leben der Stadt pulsierte.

Immer war Gladys von dem bunten Straßenbild gefesselt. Jetzt, in dieser späten Nachmittagsstunde, dröhnten die Gassen, über die sich Schriftbänder mit prangenden roten, blauen und goldenen Zeichen spannten, vom lauten, geschäftigen Getriebe. Durch die Menge schritten würdig die Priester: Buddhisten im hellen Gelb; die rasierten Köpfe mit dem blauschwarzen Schimmer der Haarstoppeln glänzten von Öl. Am roten Gewand erkannte man die Taoisten. Sie alle wohnten in den vielen dunklen Steintempeln am Wege: Heiligtümer der Sonnen- und Mondgötter, der Feen, Dämonen und Geister, die seit viertausend Jahren chinesische Menschen geplagt oder getröstet haben mochten. Frauen standen schwatzend in kleinen Gruppen und ließen die Seide und Baumwolle, die in Ballen in den Basars auslagen, begehrlich durch die Finger gleiten. Die geliebten und glücklichen unter ihnen waren an dem zartrosigen Blühen ihrer matten Porzellanhaut zu erkennen und an den schönen Zierkämmen, die ihr glänzendes schwarzes Haar schmückten. In den dunklen Gassen drückten sich die alten Weiber, den jüngsten Enkel auf den Rücken gebunden, bei den Lebensmittelständen herum und sogen hungrig am zahnlosen Oberkiefer. Die Verkäufer an diesen Ständen waren meist alte Männer mit dünnen weißen Bärten; sie kauerten wie Zauberer zwischen ihren flachen schwarzen Schüsseln, bliesen die Holzkohlen, die darunter glühten, zu helleren Flammen an und mischten in kleinen Eßschalen Gemüse mit Hühnerfleisch, Mais und Öl. Der Kunde schaufelte sich dann seine Mahlzeit mit Hilfe der Eßstäbchen in erstaunlichem Tempo in den Mund.

Überall traf man auf Bettler; sie gehörten nicht in die Stadt; sie waren ewig unterwegs auf der uralten Straße von Ost nach West und konnten niemals den amtlich festgesetzten Preis von zwei Käsch für das warme K'ang-Lager der Herberge aufbringen. Alt und Jung, Frauen und Kinder, alles schlief nachts unter den zugigen Torwegen und streckte bei Tage bittende Hände nach den Vorübergehenden aus.

Schon kamen die ersten Maultierkarawanen zu den Toren herein, um Nachtquartier in einem der Gasthäuser innerhalb der Stadtmauer zu finden. Yang Cheng lebte durch die Jahrhunderte von seiner Lage an der wichtigsten Handelsstraße! Als sicherer, befestigter Platz war es der ersehnte Stützpunkt für einzelne Reisende und ganze Maultierkarawanen. Der Verkehr war so groß, daß auch außerhalb der Stadtwälle Herbergen sich aufgetan hatten. Yang Cheng war jede Nacht von Treibern und Trägern überfüllt, denn nach allen Himmelsrichtungen war es eine Tagesreise bis zum nächsten Dorf.

Ein Maultierzug bestand meist aus sieben Tieren mit zwei Treibern; oft schlossen sich noch bis zu zwanzig Trägerkulis an, von deren Schulterstangen rechts und links die Lasten baumelten.

Während die Maultiere an den beiden heimkehrenden Missionarinnen vorbeizogen, sagte Gladys nachdenklich: »Wenn wir nur zu diesen Männern sprechen könnten – die würden unsere Botschaft durch die ganze Provinz zu Hunderten von Menschen tragen.«

Hanna Lawson ging, ohne zu antworten, ein paar Schritte weiter. Dann wandte sie sich plötzlich zu Gladys um: »Sie haben's erfaßt«, sagte sie. »Wir machen eine Herberge auf.«

Gladys starrte sie an. Sie meinte nicht recht gehört zu haben.

»Eine Herberge aufmachen?« wiederholte sie ungläubig.

»Natürlich! Warum habe ich daran nicht eher gedacht! Unser Haus war ja ursprünglich eine Herberge. Wir haben viele Zimmer. Drei K'angs sind noch vorhanden, noch dazu ziemlich große, so daß eine Menge Leute darauf schlafen können – zwei K'angs im Erdgeschoß, einer in dem großen Raum oben. Wir müssen das Dach flicken lassen. Fünfzig Mann mit ihren Tieren können wir gut unterbringen. Und einen Koch haben wir auch. Sie satt zu bekommen ist kein Kunststück.« Ihrer Stimme hörte man die Begeisterung an.

»Aber wir sind doch nicht hergekommen, um Herbergswirtinnen zu spielen«, warf Gladys zaghaft ein.

»Ja, verstehen Sie denn nicht?« sagte Mrs. Lawson ungeduldig. »Wenn wir sie erst einmal in unserem Haus haben, können wir ihnen die Heilige Geschichte erzählen. Alle Chinesen hören gern zu. Die anderen Gasthäuser bieten ewig das gleiche; wir können zwar auch nur den amtlichen Preis von zwei Käsch je Nacht nehmen, aber als Zugabe hören sie von uns die Geschichten der Bibel. Eine ausgezeichnete Idee ist das. Das Dach müssen wir sofort reparieren lassen.«

Gladys ließ sich von der Welle dieser Begeisterung tragen, eine andere Wahl hatte sie nicht. Auch Chang, der Koch, fand den Plan gut; der freundliche alte Mann mit seinem runzligen Bergsteigergesicht besaß eine gute Portion Bauernschläue, und wenn er sagte »Es geht« – dann ging es auch.

Das Dach wurde geflickt, der große Hof aufgeräumt, die Zimmer bekamen neue Türen, die Galerie des ersten Stockes eine neue Balustrade. Die Fenster wurden erneuert, was nicht allzu schwierig war, da die Scheiben nur aus undurchsichtigem Papier bestanden. Im Keller stapelte Chang einen größeren Vorrat an Hirse, Mais und Gemüse.

»Jetzt brauchen wir einen Namen«, sagte Hanna. »Wir müssen ein Schild vor das Haus hängen, wie alle hier.«

»Wir können ja schreiben ›Zum grünen Baum‹ oder ›Zur Krone‹«, schlug Gladys eifrig vor. »Was würde meine Mutter sagen, wenn sie wüßte, daß ich die ganze Reise nach China gemacht habe, um Kellnerin im ›Grünen Baum‹ zu werden!«

Mrs. Lawson dachte nach. »Ich hab's«, rief sie vergnügt, »ein wunderbarer Name: ›Herberge zur Sechsten Glückseligkeit‹. Ist das nicht gut?«

»Es klingt bestimmt östlicher als der ›Grüne Baum‹, das muß ich zugeben«, sagte Gladys.

Ein Schreiber, der in einem der schmalen Gäßchen bei der Hauptstraße wohnte, wurde mit der Arbeit beauftragt, und schon drei Tage später prangte das schmale gelbe Band mit den roten und blauen Schriftzeichen vor ihrem Hause, wie ein Wirtshausschild in England. Der Name war gut der uralten chinesischen Tradition nachempfunden, die immer das Blumige, Wohllautende gepflegt hat. Niemand in Yang Cheng wunderte sich über die »Sechste Glückseligkeit«. Weder Hanna noch Gladys machten sich Gedanken, welche Glückseligkeit gemeint sein mochte – wahrscheinlich schwebte jeder der beiden Frauen etwas anderes vor. Aber jedenfalls paßte der Name ausgezeichnet zu ihrer Herberge in Yang Cheng; er paßte in die Wildnis und Einsamkeit des östlichen Schansi.

Ihr Haus galt als offiziell geöffnet, seit die Rolle vor dem Torweg einladend im Winde knarrte. Verführerischer Essensgeruch drang aus Changs Küche, nun mußte man geduldig auf die ersten Kunden warten. Die Treiber und Träger aber stapften vorbei, warfen einen Blick auf das freundliche Schild – doch kein einziger machte Miene, im Haus der »fremden Teufel« einzukehren. Ganz offensichtlich mied man sie. Hanna Lawson hielt Kriegsrat. Man kam zu der Überzeugung, daß lockendere – oder gewaltsamere – Maßnahmen ergriffen werden mußten.

»Sie sind verantwortlich« – Hanna deutete mit ihrem energischen Zeigefinger auf Gladys –, »daß die Kunden in Zukunft in unseren Hof kommen.«

»Aber wie denn?« protestierte Gladys. »Wenn sie nicht zu uns wollen, kann ich sie ja nicht zwingen.«

»Es handelt sich hier nicht darum, ob die Leute wollen

oder nicht«, sagte Hanna entschlossen. »Sie müssen sie eben hereinziehen.«

»Hereinziehen?« Gladys' Stimme war vor Erregung mindestens um eine Oktave höher als sonst.

Mrs. Lawson wechselte einige rasche Sätze auf chinesisch mit Chang. Er nickte zustimmend mit dem kahlen Kopf. »Ai-ai«, sagte er.

In Yang Cheng gab es eine spezielle Art der Werbekunst – man konnte sie nicht anders als drastisch nennen. Manche der erfahrenen Treiber hatten sich in ihrer Herberge schon bei der letzten Durchreise vormerken lassen. Diese Gäste der Konkurrenz wegzufangen galt als unanständig. Aber es gab ja auch die »Laufkundschaft«. Kam ein Mann mit seinen Tieren die Straße herab und schaute dabei rechts und links nach den Gasthausschildern, dann war er bestimmt neu in Yang Cheng – also eine rechtmäßige Beute! Plötzlich wurde der Wirt, der mild und wohlwollend in seiner Hofeinfahrt gelehnt war, lebendig. In dem Augenblick, wenn das Leittier an ihm vorbeizog, sprang er vor, griff es beim Kopf, zwang es in Richtung des Hofeingangs und war auf diese Weise seiner Beute sicher. Die Tiere waren aneinandergeseilt, sie mußten dem Leittier folgen. Diese handgreifliche Methode der Kundenwerbung sollte in Zukunft Gladys' Aufgabe sein.

»Wenn sie mich aber beißen?« jammerte Gladys.

»Nehmen Sie doch Vernunft an«, entgegnete Hanna. »Sie sind die Jüngste und Beweglichste. Ich bin zu alt. Chang hat mit dem Essen zu tun. Also ist das Ihre Sache.«

Aber Gladys hätte sich nicht vor den großen gelben Mauleselzähnen zu fürchten brauchen. Im Gegenteil: Sie konnte sich ruhig auf die Hilfe der klugen Tiere verlassen. Wenn die armen Vierbeiner nach einem harten Tag auf den Bergpfaden das Nahen des Abends spürten, hatten sie nur noch eines im Sinn: ihre Last loszuwerden und an die Futterkrippe zu kommen. Ihr in Tausenden von

Jahren entwickelter Instinkt wußte: »Habe ich erst einmal den Kopf durch eine Einfahrt gesteckt – dann ist es mit der Schinderei vorbei.« Und wenn sie endlich die Hofmauern um sich hatten, so konnte keine Mohrrübe, kein Versprechen und Zureden sie da vor dem nächsten Morgen wieder herauslocken. Sie gaben willig jedem Ruck am Zügel nach, wenn es nur in einen Innenhof ging. Hanna Lawson war fest überzeugt, daß sie auch einem »fremden Teufel« folgten, wenn er nur zog.

Diese Überlegung sollte Gladys trösten. Außerdem hatte Chang ihr einen langen, anpreisenden Ruf beigebracht, den sie den Maultiertreibern zuschreien sollte: »Muyo bietsch – muyo gudso – hau – hau – hau – lai – lai – lai!« Zu deutsch: »Wir haben keine Wanzen, keine Flöhe, gut, gut, gut, kommt, kommt, kommt!«

Ausgestattet mit dem Trost, der sich auf das Seelenleben der Maultiere stützte, und mit diesem Ruf, stand Gladys ziemlich trübsinnig in der Hofeinfahrt ihrer Herberge und wartete auf »Arbeit«. Drei Maultierzüge waren schon an ihr vorbeigeklappert. Sie hatte es mit ihrem Lockruf probiert. Aber weder Tiere noch Treiber nahmen auch nur die geringste Notiz von ihr. Voller Schrekken stellte sie also fest, daß ohne einen gut gezielten Überfall nichts zu machen war.

Die Hände in den weiten Ärmeln ihrer Jacke verborgen – es war die angestammte Haltung aller chinesischen Herbergswirte, die je auf Gäste gewartet hatten, seit die ersten Muli über die Berge gezogen waren –, so stand Gladys im dämmerigen Torweg. Jetzt kam ein Maultierzug langsam die Straße herunter. Der Treiber war augenscheinlich müde, denn er schlurfte zwei bis drei Meter hinter seinem Leittier drein. Wie ein kleiner Tiger, sprungbereit und aufs höchste konzentriert, lauerte Gladys im Tor. Das Maultier kam heran – Gladys sprang vor und griff zu! Vor lauter Eifer hatte sie sich aber so energisch von der Mauer abgestoßen, daß ihr Schwung sie noch am Maultier vorbei in volle Sicht des Treibers trug. Im Dämmerlicht erkannte er sofort den »fremden Teufel« und schrie auf vor Entsetzen. Der Leitzügel war aber fest um sein Handgelenk geschlungen, daher konnte er also zum Glück nicht fortlaufen. Gladys hatte ihren Schwung gestoppt, warf sich nochmals auf den Mauleselkopf und fühlte sich im gleichen Augenblick, über der froh schnaubenden Samtnase des Tieres hängend, in den Torweg hineingeschoben. Hinter ihr drängten die übrigen Tiere und zogen den Treiber mitsamt seinem Seil hinein. Hufe schlugen scharf auf die Steinplatten, Dampf stieg von den schweratmenden Flanken auf, die müden Tiere sammelten sich in einer dichten Gruppe. Gladys sah sie schüchtern an. Noch nie im Leben war sie dem Kopf eines Maulesels so nahe gewesen, nicht einmal auf der Herreise von Tientsin. Sie streckte die Hand aus und streichelte eins der weichen Mäuler. Braune Augen blickten vorwurfsvoll: »Was wird mit meiner Traglast?« hieß das. »Und Futter? Wasser?« Gladys hatte ganz allein einen Maultierzug gefangen, aber leider nur einen einzigen Mann. Die anderen waren alle davongelaufen.

In diesem Augenblick kamen Hanna Lawson und Chang aus der Küche.

»Gut gemacht!« rief Mrs. Lawson, sie hüpfte vor Begeisterung. »Gut gemacht, wahrhaftig!«

Das war zuviel. Der Treiber hatte Gladys voller Scheu betrachtet; als nun aber auch noch der weißhaarige Geist auf ihn zukam, war es aus. Mit einem Schreckensruf riß er sich das Leitseil vom Handgelenk und stürzte hinaus aus dem Hof.

»Nun haben Sie alles verdorben«, jammerte Gladys. »Wenigstens einen Mann hätten wir gehabt, und nun haben Sie ihn verjagt!«

Hanna klopfte ihr auf die Schulter. »Macht gar nichts. Die Leute können ihre Maultiere nicht im Stich lassen, sie sind viel zu wertvoll. Nur abwarten, bald kommen sie wieder.«

Chang wurde mit dem Auftrag, die Treiber zu suchen, sie zu beruhigen und mitzubringen, ans Stadttor geschickt. Schon zehn Minuten später kam er zur Einfahrt herein, und hinter ihm schlich ein Chinese ängstlich in den Hof. Chang hatte ihm erklärt, daß die »fremden Teufelsdamen« saubere Räume und gutes Essen böten, zum üblichen Preis von zwei Käsch je Nacht, und obendrein würden sie als besondere Attraktion ihren Gästen Geschichten erzählen, gratis! Gab es irgendwo in der ganzen Provinz Schansi ein so günstiges Angebot? Lebte er nicht selbst, ein alter und angesehener Chinese, mit den »fremden Teufeln« zusammen? Von Zauberei keine Rede! Er solle nur einmal diese eine Nacht in der Herberge bleiben und dann selber urteilen. Chang wußte genausogut wie der Treiber, daß keine Macht der Welt die Maulesel aus dem Hof herausbrachte, bevor am Morgen die Sonne aufging. Es war das Vernünftigste, sich an die guten Seiten der Sache zu halten. Nun also – der Treiber holte seine Genossen. Sie schnallten die Traglasten ab, tränkten und fütterten die müden Tiere und stapften in den großen unteren Raum, wo der geheizte K'ang, so lang wie eine ganze Wand, auf sie wartete. Chang brachte den dampfenden Kochkessel herein und verteilte den Inhalt in ihre Schüsseln. Sie griffen hungrig zu und lobten das Essen; als aber bald darauf Hanna und Gladys hinzutraten, rückten alle schleunigst in der äußersten Ecke zusammen.

Hanna war nicht in Verlegenheit zu bringen. Sie hatte ihre Zuhörer, das war die Hauptsache. »Ihr braucht keine Angst zu haben«, sagte sie fröhlich. »Ich erzähle euch eine Geschichte, die euch sicher gefällt. Alle Geschichten, die in der ›Herberge zur Sechsten Glückseligkeit‹ erzählt werden, sind gratis.« Die Männer sahen jetzt ein bißchen zugänglicher aus, und so setzte sich Hanna auf den Schemel, den sie mitgebracht hatte, und fing an: »Heute abend handelt die Geschichte von einem Mann namens Jesus Christus. Der lebte vor langer Zeit im Lande Palästina...«

Die Herberge war eröffnet. Das Geschichtenerzählen hatte begonnen.

5

Ihr Erfolg als Wirtinnen fiel den beiden Frauen wirklich nicht in den Schoß. Abend für Abend stand Gladys im Torweg und tat ihr Bestes, um Maultierkarawanen zu »erbeuten«. Später, nachdem der Ruf der Herberge einmal begründet war, wurde alles leichter. Da füllte sich der Hof meistens in der Dämmerung mit sechs oder sieben Maultiergruppen, und die drei K'angs im Erdgeschoß und im Oberstock waren mit Männern vollgepackt. In den ersten Wochen aber mußte Gladys die Kundschaft höchstpersönlich und sehr handgreiflich in den Hof hineinzerren.

Auch das Erlernen der chinesischen Sprache war eine überaus mühselige Angelegenheit, wie sie zu ihrem Kummer feststellen mußte. Der gute Chang war ein freundlicher Lehrer: Er führte sie in der Küche herum und benannte jeden Gegenstand mit seinem chinesischen Namen, und Gladys mußte wiederholen. Tisch, Eßstäbchen, Feuer, Topf, Eier. Er war bei Mrs. Lawson als Koch eingetreten, weil er gerne mehr vom Evangelium erfahren wollte, von dem er früher schon einmal gehört hatte.

Seitdem ihre Nachbarn es aufgegeben hatten, sie mit Erdklumpen zu bewerfen, wagten sich Gladys und Hanna Lawson auch über die Stadt hinaus. Sie wanderten durch das Hinterland von Yang Cheng zu den einsam gelegenen Dörfern, wo man sie zunächst mit höhnischem

Katzengeschrei und wütenden Schmähungen begrüßte. Gladys ertrug das am Anfang schwer, aber in Johanna Lawsons eiserner Lehre gewöhnte sie sich bald an diese Empfänge. Auch zeigte die Erfahrung, daß man nur abwarten mußte; merkten die Dörfler, daß sie sich umsonst mühten, die »fremden Teufel auszutreiben«, so bekam ihre natürliche Neugierde die Oberhand. Sie umringten die beiden Fremden und hörten zu, wenn Mrs. Lawson sprach. Ja schon nach kürzester Zeit zeigten sich besonders die Frauen so interessiert, daß sie selbst Fragen stellten. Staunend und halb verlegen starrten sie die großen, nicht bandagierten Füße ihrer Besucherinnen an.

Täglich, stündlich übte Gladys Chinesisch. Es blieb ihr aber auch gar nichts anderes übrig, denn Mrs. Lawson war der einzige Mensch, der Englisch sprach. Sie konnte ohne Chinesisch nicht auskommen. Bald wußte sie ein paar biblische Geschichten auswendig und löste Mrs. Lawson abends beim Erzählen ab. Sogar Chang bestand darauf, seinen Teil im Programm zu übernehmen. Am Anfang allerdings brachte er die Personen der Heiligen Geschichte schlimm durcheinander. So hörten sie ihn begeistert beschreiben, wie Jesus alle seine Tiere in eine Arche verladen hatte und mit ihnen über die Wasserfluten ins sichere Bethlehem davonfuhr!

Gladys war glücklich, daß sie mit Hanna zurechtkam. Mit den vorrückenden Jahren war die alte Missionarin etwas rechthaberisch und diktatorisch geworden. Aber Gladys liebte Yang Cheng und ihre Arbeit und ordnete sich Hanna Lawsons Wünschen unter, um sie zufriedenzustellen – wenn sie nur bleiben durfte! Erst jetzt erkannte sie, wie eng ihr Horizont in England gewesen war, wie stumpfsinnig das Leben der Stubenmädchen im Hause der Younghusband, wie ungenügend die Gottesdienste, die das ganze religiöse Leben umfassen sollten. In Edmonton reichte ihr Interesse kaum über das Ende ihrer Straße hinaus; bei Sir Fr. Younghusband blieb sie, eingefügt in das strenge englische Kastensystem, an die »Personalräume« gebunden. Wie weit und frei war nun dagegen ihr Leben in China!

In England war Gott schon vor langen Zeiten ein Bündnis mit Bausteinen und Mörtel eingegangen. Man hatte ihn an passender Stelle in den Haushalt eingeordnet; zu angenehmer Stunde, sonntags nach dem Frühstück, konnte er auf eine maßvolle und aufrichtige Andacht rechnen: eine kirchliche Vorspeise, möchte man es nennen, vor der herzhaften Mittagsmahlzeit der Familie. Wenn man Lust hatte, konnte man vor dem Abendessen noch einmal kurz darauf zurückkommen.

Hier, im unermeßlich scheinenden China, von einsamen Weiten umgeben, die sich nach Norden, Süden, Osten und Westen über Tausende von Kilometern erstreckten – hier wurde sich Gladys des Glaubens, in dem sie lebte, klarer und kraftvoller bewußt.

Gladys gewöhnte sich daran, mit der Morgendämmerung aufzustehen, denn die Treiber machten sich früh auf den Weg. Diese erste Stunde des erwachenden Tages schenkte ihr eine Fröhlichkeit, die sie nie zuvor gefühlt hatte. Die durchsichtige Luft schien die Düfte und den Frieden der ungeheuren Bergwelt mit sich zu bringen. Im Schimmer des jungen Lichts hörte sie die Laute der Frühe: Hahnenschrei, Hundegebell, Kinderstimmen, das Scharren der Maultierhufe auf den Steinplatten im Hof. All das drang in ihre Seele wie die ersten Klänge einer geliebten Symphonie. Aus den Häusern stieg der Rauch langsam in die stille Luft und strich an der schrägen Stadtmauer hinauf, um sich dann im heller werdenden Himmel zu verlieren. Die Sonne ging auf, und immer neue, immer andere Grate und Gipfel hoben sich als scharfe Silhouetten in ihr brennendes Rot.

Es war kühl. Nebel verschleierte noch die Täler und zog in leichten Girlanden um die Hügel. Bald herrschten Hitze und Staub und weckten in den Stadtmauern den

Lärm. Aber diese frühen Stunden hatten ihre eigene Schönheit, die Gladys immer wieder bannte.

Sie lernte bald auch die Treiber, die Träger, die Kulis besser kennen und verstehen. Anfangs meinte sie überall dasselbe Gesicht zu sehen, die gleichen sehnigen Körper, untereinander zum Verwechseln ähnlich, zeitlos verwoben mit dem alten chinesischen Land.

Auf dem kiesigen Weg, der sich in zahllosen Biegungen, steigend und fallend, durch die Berge wand, führten sie ihre Tiere, an deren Packsätteln rechts und links die Lasten hingen: Kohle, Baumwolle, Geschirr, Eisenwaren. Getreide wurde nicht mit Maultieren befördert, weil es deren Geruch annahm, es mußte von den Menschen selbst über die Berge getragen werden. Gebeugt gingen die Kulis unter ihren Schulterstangen, an denen sie auf jeder Seite fünfundzwanzig Kilo Korn schleppten. Der Verkehr zwischen weit entlegenen Siedlungen war nur durch die zähe Kette menschlicher Bindeglieder möglich, von denen doch jedes seinen eigenen Charakter, sein eigenes Schicksal hatte. Dunkle, sonnengegerbte Gesichter waren es, mit engen Schlitzaugen und zottigem blauschwarzem Haar; die meisten groß wie alle Nordchinesen, dabei hager und stark. Die Berge und die Maulesel waren ihre Welt, von dem Land hinter dem Gebirge wußten sie kaum, daß es da war. Es waren zufriedene, einfache Menschen. Am Schluß des Tages eine Mahlzeit aus der Schüssel, einen Platz auf dem warmen Backsteinbett – mehr begehrten sie nicht. Sechs Wochen dauerte die Reise, oft auch drei Monate. Und an jedem Ende ihres Weges warteten auf sie ein kleines Haus, eine Frau und Kinder! Das Leben der Treiber erinnerte ein wenig an das der Seeleute – bei Beginn der Fahrt nehmen sie Abschied von der einen Frau, und am Schluß ihrer Reise werden sie liebend empfangen von der anderen. Manchmal blieb dann der Mann ein paar Wochen, um bei der Ernte zu helfen. Es kam vor, daß die Frauen einander Geschenke übersandten, etwa eine Gabe für ein neugeborenes Kind, die der Mann auf seinem langen Weg über die Berge mitnahm; aber sie sahen einander nie. Sie besorgten ihr Haus, zogen Kinder auf und warteten geduldig auf den Mann. Wenn sie alt wurden, erfreuten sie sich der Hochachtung, die China den Betagten entgegenbringt. Aber sie blieben immer durch die Berge getrennt.

In Yang Cheng schien Gladys das Dasein ein einziges, nie endendes Abenteuer. Der großartige Hintergrund der Berge war weit und voller Leben, und sie selbst war nun nicht mehr irgendeine müßige Europäerin, sondern ein tätiger Teil dieses Ganzen; sie fühlte es mit tiefer innerer Befriedigung. Bis zu dem Streit mit Hanna Lawson erfüllte ihre neue Aufgabe sie ganz.

Dieser Streit war sinnlos, nicht mehr als eine kleine Meinungsverschiedenheit, unerwartet aber waren seine Folgen. Gladys hatte sich in den acht Monaten seit der Eröffnung der »Herberge zur Sechsten Glückseligkeit« an Hannas rasche Zornausbrüche gewöhnt. Am besten war es, der alten Dame aus dem Wege zu gehen, bis ihre Wut verraucht war. Mrs. Lawson machte nachmittags gern einen kleinen Spaziergang, und Gladys leistete ihr oft Gesellschaft; doch in den letzten Wochen hatte sie sich mit verzweifelter Willensanstrengung das Studium der chinesischen Sprache vorgenommen. Mehrere Stunden täglich büffelte sie Sätze und Wörter, die sie phonetisch in ein Heft schrieb. In diese Arbeit war sie vertieft, als Hanna kam, um sie zum Spaziergang abzuholen. Gladys hätte lieber nicht bitten sollen, sie für heute zu entschuldigen! In Mrs. Lawson schoß sofort der Zorn hoch, und Gladys konnte sie nicht mehr beruhigen. Alle Versuche, ihr zu erklären, daß sie der Herberge viel mehr nützen könne, wenn sie die Sprache beherrsche, waren erfolglos.

Hanna hörte gar nicht zu. Sie war am Siedepunkt angelangt. Wie ein Hagel scharfer Eisstücke prasselten ihre

Worte auf Gladys nieder: Wenn sie sich nicht bemühen wollte, ein paar Schritte mit ihr zu gehen, dann solle sie sich auch nicht bemühen, im Hause zu bleiben. Ganz im Gegenteil, je eher sie gehe, desto besser. Jawohl, am liebsten jetzt sofort! Brauchte sie Hilfe? Die könnte sie haben. Sie stürmte hinaus und kehrte im nächsten Moment wieder, auf dem Arm einen schnell zusammengerafften Haufen von Gladys' Sachen, die sie außer sich Stück um Stück nach ihr warf. Weinend rettete Gladys sich in die Küche zu Chang. Dort kauerten beide und warteten das Ende des Wutanfalls ab, während noch immer das Hab und Gut von Gladys in den Hof hinabflog. Chang war ehrlich betrübt. Als Chinese war er erzogen, das Alter zu verehren, und Hanna Lawson hatte längst die Jahre der Würde erreicht.

»Tun Sie lieber, was sie verlangt«, riet er. »Gehen Sie auf kurze Zeit fort. Ein Besuch bei der Mission in Tsechow wäre eine hübsche Abwechslung, und die Damen werden Ihnen gern einen kleinen Ferienaufenthalt anbieten. Dort bleiben Sie ruhig eine Weile! Aber ich glaube, daß Mrs. Lawson sehr bald nach Ihnen schicken wird. Dann hat sie ihren Zorn vergessen, Sie kehren zurück, und wir werden alle wieder glücklich sein.«

»Aber wie komme ich denn hin?« schluchzte Gladys. »Es sind zwei Tagereisen. So weit kann ich nicht gehen.«

»Ich werde meinen Freund bitten, ein Maultier zu besorgen und einen Mann, der mit Ihnen geht«, tröstete Chang.

»Und wenn ich nie mehr zurückkommen darf?«

In diesem Augenblick flog einer von Gladys' abgenützten Koffern über die Balustrade auf die Steinfliesen und rutschte noch ein paar Meter über den Hof.

Chang schüttelte beruhigend den Kopf. »Wir kennen beide die verehrte alte Dame«, sagte er. »In kurzer Zeit ist alles vergeben und vergessen. Mrs. Lawson hat ihre Gladys gern und braucht sie nötig. Es schadet nichts, wenn sie das in Ihrer Abwesenheit ein wenig spürt.« Er zog die Schultern hoch und sah verschmitzt aus. »Das Sprichwort sagt: Erst wenn die Trinkschale zerbrochen ist, betrachtest du liebend ihr Muster.«

»Also gut«, sagte Gladys zögernd. »Ich werde gehen.«

Die Wände zitterten vom heftigen Zuschlagen einer Tür – Mrs. Lawson war in ihr Zimmer zurückgekehrt. Das war der richtige Zeitpunkt für Gladys. Sie nahm ihren Koffer und packte ihre geringe Habe ein. Chang trug das leichte Gepäck; sie gingen mitsammen durch das Stadttor die Straße hinunter zu dem Freund, der ein Maultier hatte. Für ein paar Münzen war der Handel perfekt, und mit Kummer im Herzen zog sich Gladys auf den harten Holzsattel hinauf. Es war keine fröhliche Reise, und nicht einmal der alten Mrs. Smith in Tsechow gelang es, Gladys aufzuheitern.

»O Miß Aylward«, sagte sie, »nehmen Sie's nicht so tragisch. Man muß Hanna Lawson nehmen, wie sie ist. Ein oder zwei Tage ist sie ganz aus dem Häuschen; nachher ist alles vergessen. Genießen Sie Ihre Ferientage, meine Liebe, und dann gehen Sie wieder zurück. Denken Sie an meine Worte: Hanna wird überglücklich sein, wenn Sie wieder bei ihr sind.«

»Aber wenn sie mich nun nicht zurückhaben will?« fragte Gladys, und ihre Stimme verriet ihre tiefste und geheimste Furcht. »Ich habe kein Geld. Mitten in China sitze ich fest; und nach England will ich nicht zurück.«

»Machen Sie sich nur keine unnötigen Sorgen«, besänftigte sie Mrs. Smith. »Es kommt alles wieder in Ordnung. Nur nicht die Flinte ins Korn werfen. Wir kennen Hanna. Ich würde mich gar nicht wundern, wenn sie einen Extraboten nach Ihnen schickte.«

Die Voraussage traf ein. Schon drei Tage später, am frühen Morgen, kam ein Bote vom Yamen der Stadt. Er haspelte aufgeregt seine Botschaft herunter; Gladys bemerkte, daß Mrs. Smith plötzlich sehr ernst wurde. »Die

Geschichte hört sich ziemlich sonderbar an«, sagte sie besorgt. »Anscheinend hat Hanna Lawson einen Unfall erlitten.«

Eine furchtbare Ahnung benahm Gladys fast den Atem. »Was sagt er?«

»Er sagt, daß man Hanna verletzt auf der Straße gefunden hat, und – und –«

»Und ...?« rief Gladys angstvoll.

»Daß sie im Sterben liegt, irgendwo weit fort von Yang Cheng«, schloß Mrs. Smith. »Ich weiß wirklich nicht, was ich davon halten soll.«

»Aber wo denn, wo?« rief Gladys außer sich.

Mit ein paar schnellen Fragen wandte sich Mrs. Smith an den Mann. Aber der zuckte die Achseln. Er konnte nur wiederholen, was gleichgültig und ungenau durch Boten übermittelt worden war.

Gladys weinte. »Es ist meine Schuld«, jammerte sie. »Ich hätte sie nicht verlassen sollen! Ich muß sofort zurück!«

»Regen Sie sich nicht unnötig auf«, sagte Mrs. Smith ruhig und freundlich. »Wir suchen gleich ein Maultier und einen Führer, dann können Sie unverzüglich abreisen und nach ihr sehen. Ich glaube sicher, daß alles wieder in Ordnung ist, wenn Sie in Yang Cheng sind. Wir haben Erfahrung mit solchen Botschaften: Sie kommen oft ganz entstellt und verzerrt an.«

Und wieder packte Gladys in höchster Erregung ihre Habseligkeiten zusammen. Bald darauf ritt sie auf ihrem Maultier durch das Tor des Missionsgebäudes, drehte sich noch einmal zu Mrs. Smith um und winkte ihr einen Abschiedsgruß zu. Plötzlich fühlte sie einen fremden Strohhut auf ihrem Kopf. Es war der Pförtner, der ihr den seinen aufgesetzt hatte.

»Wenn Ihnen die Sonne zwei Tage auf den Kopf brennt«, rief er, »werden Sie wohl kaum guten Muts bleiben. Also: viel Glück!«

Die Hügel, die Berghänge, durch die sie zogen, waren ganz mit Heckenrosen bedeckt. Unvergeßlich blieben Gladys die Wolken von Duft, die sie auf dieser Reise begleiteten. Im Dorfe Chautsun übernachteten sie. Nach der Botschaft, die sie in Tsechow erreicht hatte, mußte Gladys annehmen, daß Hanna in die Berge gereist war. Es schien also unnötiger Zeitverlust, sie in Yang Cheng zu suchen, und der Treiber schlug deshalb eine Seitenstraße ein, die einen Umweg durch mehrere mauerumfaßte Dörfer nahm. Überall fragten sie, ob man von der alten Dame gehört habe, aber niemand wußte etwas von ihr. Am vierten Tag ritten sie in der Abenddämmerung auf das befestigte Städtchen Shin-Schui zu. Sie hatten einen weiten Kreis um Yang Cheng beschrieben und trafen nun wieder auf die Große Maultierstraße. Vor dem Tor begegneten sie einem Mann, der soeben die Stadt verließ, und auch ihn hielten sie mit der Frage an, die sie nun schon hundertmal auf ihrer Reise gestellt hatten. Ja, er hatte von der alten Fremden gehört. Sie lag schwerkrank in einer Herberge in Shin-Schui. Sicher war sie inzwischen bereits gestorben.

Gladys und ihr Treiber eilten in die Stadt und fragten dort weiter. Das Haus, in welchem der »fremde Teufel« lag, war nicht schwer zu finden, das Ereignis bildete den Hauptgesprächsstoff der Einwohner. Als sie durch den Torweg der Herberge traten, sahen sie schon Hanna Lawson im offenen Hof unter der Balustrade liegen. Ihr Anblick erschreckte Gladys. Hanna lehnte neben einem Kohlenhaufen halb aufrecht an der Mauer. Sie war schwarz von Blut und Kohlenstaub. Gladys' Atem stockte; sie glaubte, eine Tote vor sich zu haben. Aber als sie in ihrer Erregung zu ihr lief und sie anrief: »Hanna! Hanna!«, wandte die Sterbende ein wenig den Kopf, und ihre Lippen bewegten sich. »Sind Sie es, Gladys?« flüsterte sie. »Gott sei Dank, daß Sie gekommen sind.«

Tränen strömten über das Gesicht des Mädchens, während sie versuchte, es Hanna etwas bequemer zu machen. Es war schon fast dunkel. Sie stand auf und rief gebieterisch: »Bringt Laternen, damit ich etwas sehen kann! Sofort Laternen! Hört ihr!«

Als sie den energischen Befehl des zweiten »fremden Teufels« hörten, kam Leben in die Diener der Herberge. Papierlaternen schaukelten durch die Dunkelheit heran, man brachte heißes Wasser. Gladys wusch Hannas offene Schnittwunden, und allmählich gelang es ihr, sich aus den Worten der halb Bewußtlosen ein Bild des Geschehenen zu machen. Offenbar hatte sie, noch in ihrer wütenden Laune, am nächsten Morgen die Herberge in Changs Obhut gelassen, ein Maultier gemietet und sich nach Westen auf den Weg gemacht. Sie war bis Shin-Schui gekommen und hatte hier in dem alten Gasthaus ein Zimmer im ersten Stock gemietet. In der Dunkelheit war sie dann auf den Balkon hinausgetreten, um dem Koch eine Bestellung hinunterzurufen. Dabei hatte sie die Hand ausgestreckt, um sich, wie sie es in Yang Cheng gewohnt war, auf die Balustrade zu stützen. Hier aber war keine Balustrade, sie war längst abgefault. Hanna verlor das Gleichgewicht, stürzte vorwärts und abwärts und blieb auf dem Kohlenhaufen im Hof bewußtlos liegen.

Als Gladys sie wusch und mit Stoffstreifen verband, die sie von ihrer Unterwäsche abgerissen hatte, stellte sich erst die Schwere der Verletzungen heraus. Die arme Frau hatte alle Finger gebrochen, ihr Gesicht, ihr Körper waren böse zerschunden, und Kohlenstaub war überall in die Wunden eingedrungen. Weit schlimmer aber wurden ihre Qualen dadurch, daß sie offenbar das Rückgrat verletzt hatte; jede kleinste Bewegung verursachte ihr rasende Schmerzen.

Ihren Aufschrei im Fallen hatten die Chinesen in der Herberge gehört und waren herbeigeeilt, um ihr zu helfen. Sie hatten sie von dem Kohlenhaufen gehoben und unter die Veranda gelegt. Sonst wußten sie nichts weiter mit ihr anzufangen; sie hatten auch Angst vor der »Alten mit dem weißen Haar«. Im übrigen waren sie überzeugt, daß die Fremde rasch sterben würde, und so ließen sie sie allein. Von Zeit zu Zeit gaben sie ihr etwas Wasser, aber es war nutzlos, noch mehr an einen sterbenden »fremden Teufel« zu verschwenden. Sie verlangte auch nichts, sie war meist ohne Besinnung.

Daß Hanna sterben mußte, daran zweifelte nun auch Gladys nicht mehr. Sie hatte sie auf ihr Zimmer tragen lassen und tat alles, was sie konnte, um die Lage der Kranken zu erleichtern. Der nächste europäische Arzt war in Luan, sechs Tagereisen von hier; doch bei Hannas Zustand und in ihrem Alter war an einen solchen Transport nicht zu denken.

Gladys blieb sechs Wochen bei ihr im Gasthaus und ließ sie keine Stunde allein. Eine Besserung war jedoch kaum zu bemerken; die Wunden heilten, aber die Schmerzen ließen nicht nach, und zeitweilig schien es, als sei ihr Geist gestört. Nach diesen sechs Wochen faßte Gladys den Entschluß, sie nun doch auf irgendeine Weise in das Hospital von Luan zu schaffen. Es mußte sein, denn nur ärztliche Hilfe konnte sie vielleicht noch retten. Der Koch und der Kornlieferant sorgten für zwei Maultiere, zwischen denen sie eine dicke Decke spannen ließ. Darauf breitete sie eine Unterlage von Stroh und dann die Betten – das war eine bequeme Sänfte. Sie nahm Abschied von den Freunden, die sie inzwischen in Shin-Schui gefunden hatte, und machte sich mit ihrem Treiber – es war nicht derselbe, der sie von Tsechow herbegleitet hatte, der war längst weitergezogen – auf die lange Reise nach Luan. Nach zwei Nächten in chinesischen Herbergen an der Maultierstraße, wo Gladys sorgfältig das Hineintragen der Kranken überwacht hatte, kamen sie nach Yang Cheng und in die »Herberge zur Sechsten Glückseligkeit«. Chang hatte sie inzwischen als Herbergswirt mit Erfolg geleitet.

Er hatte hier eine Arbeit gefunden, die ihn für sein Alter sicherte und ihm außerdem Spaß machte. Gladys hörte seinem abendlichen Geschichtenerzählen zu und erfuhr mit Erstaunen, wie Noah die Brote und Fische an die Fünftausend verteilte, als er in seiner Arche an der Küste des Sees von Galiläa entlangfuhr. Chang hatte nun einmal eine Schwäche für Noah, und warum sollte sein Held nicht ab und zu ein Wunder vollbringen? Er hörte Gladys' Berichtigung ernsthaft und mit zustimmendem Kopfnicken an – aber sie hatte das Gefühl, wenn sie ihm nur den Rücken kehrte, würde er den Noah gleich wieder in seine alten Ehren einsetzen. Mrs. Lawsons Unglück nahm er mit dem Fatalismus auf, der für einen Chinesen typisch ist. Die Götter hatten es so gewollt. Bald würde sie in Frieden zu ihren ehrwürdigen Ahnen eingehen. Mit glücklichem Lachen erklärte er sich bereit, bis zur Wiederkehr der beiden Frauen die Herberge zu führen.

Mrs. Lawson wurde sofort in das Hospital aufgenommen, und Gladys blieb weitere vier Wochen an ihrem Krankenbett; man hatte auch für sie ein Zimmer im Hause freimachen können. Der Arzt gab auf ihre besorgten Fragen offene Auskunft. »Das Rückgrat ist leider verletzt, wir können wenig für Mrs. Lawson tun. Sie ist vierundsiebzig Jahre alt. Ihr Geist hat durch den Schrecken des Sturzes und durch die Verletzung Schaden genommen. Sie kann gelegentlich noch klare Stunden haben, doch allmählich wird die Lähmung um sich greifen und zum Tode führen. Der Zeitpunkt ist schwer vorauszusehen: einige Wochen oder ein paar Monate – das ist ungewiß. Dann geht ein langes, erfülltes Leben zu Ende; wir haben keinen Grund zu klagen.«

Am selben Abend saß Gladys wieder am Bett der alten Freundin und hielt ihre Hand. Es schien einer der lichten Augenblicke der Kranken zu sein, die Augen blickten klar, ihre Gedanken ordneten sich. Leidenschaftlich flüsterte sie: »Gladys, können wir nicht nach Yang Cheng zurück? Ach bitte, nimm mich mit nach Haus!«

Gladys blickte in das zerfurchte Gesicht der Frau, die ihr die Tore Chinas geöffnet hatte, die ihre Lehrmeisterin geworden war. Hier starb ein Mensch, der einmal, vor langer Zeit, von dem Ruf getroffen worden war, Gott zu dienen, und diesem Ruf gefolgt war bis zuletzt. Sie muß in jungen Jahren schön gewesen sein, dachte Gladys, als sie in das tiefe, reine Blau dieser Augen sah. Fast ihr ganzes Leben hatte Hanna dem Kampf um die Verbreitung des Gotteswortes in diesem fremden Erdteil geopfert. Ihr Mann war gestorben, aber auch als sie allein blieb, hatte sie unentwegt für dieses Ziel gearbeitet. Jetzt war sie dem Land und Volk, in dem sie geboren war, so ferngerückt, daß eine kleine Felsenstadt in Süd-Schansi ihr die Heimat bedeutete! Doch so hatte sie immer sterben wollen, Tränen sollte niemand um sie vergießen. Zu Gladys hatte sie einmal gesagt: »Wenn ich auf weinende Angehörige Wert legte, hätte ich in England bleiben können, um in einem Sanatorium oder in einem eleganten Privatkrankenhaus zu sterben.«

Freiwillig hatte sie dieses Lebensende zwischen Abenteuer und Heldentum gewählt.

»Wir gehen noch heute heim, Hanna«, sagte Gladys, über sie gebeugt. »Ich sehe jetzt gleich nach einer Sänfte, einer Tragbahre. Wir gehen nach Haus.« Und drei Stunden später brachen sie auf.

Chang freute sich, als er seine beiden Herrinnen sah. Wie viele Freunde sie in ihrer Stadt hatten, erkannte Gladys heute zum erstenmal: Alle kamen herbei, um die Zurückkehrenden zu begrüßen. Hanna Lawson war glücklich, in Yang Cheng zu sein, doch ihr Zustand verschlimmerte sich langsam, Lähmung und Verfall nahmen zu, wie der Arzt vorausgesagt hatte, und mit jedem Tag rückte das Ende näher.

Das nächtliche Zimmer war von den wilden Fieberphantasien der Kranken erfüllt. Der Vollmond goß sein Licht in breiter Bahn durch das offene Fenster, stoßweise rüttelte der Novemberwind an den Läden, das gelbe Flämmchen der Öllampe flackerte unsicher. Gladys' Schatten auf den Wänden, wenn sie hin und her ging, um die Kranke zu versorgen, glich einer großen, dunklen Spinne. Mit eingefallenen Zügen lag die alte Frau in den Kissen, doch ihre Lippen bewegten sich; unaufhörlich wiederholte sie in abgerissenen Sätzen die großen biblischen Gedanken, die ihr Leben von Jugend auf geleitet hatten:

»Das Auge ist des Leibes Licht. Wenn dein Auge einfältig ist, so wird dein ganzer Leib licht sein; ist aber dein Auge ein Schalk, so wird dein ganzer Leib finster sein. Wenn nun das Licht, das in dir ist, Finsternis ist, wie groß wird dann die Finsternis sein?«

Gladys trat auf die Veranda hinaus und blickte auf zu dem hellen Mond, der hoch über dem klaren Nachthimmel dahinzog. Er zeichnete die Dächer der Pagoden über der Stadtmauer silberschimmernd nach; deutlich traten die messerscharfen Grate der fernen leuchtenden Berggipfel in seinem Licht hervor. Die langen, lockeren Nebelgebilde, die wie feine Schleier um die niedrigeren Hügel schwebten, empfingen von ihm einen sanft strahlenden Schein. Gladys wußte, daß Mrs. Lawson im Sterben lag. Chang hatte es schon seit einigen Tagen erkannt. Sie hatten den einfachen schwarzen Sarg bestellt, der nun unten im Hof stand. Gladys blickte auf ihn hinab: Früher hätte ihr diese chinesische Sitte, den Sarg kommen zu lassen, ehe das Leben erloschen war, Schrecken eingejagt; aber jetzt nahm sie es als etwas Selbstverständliches hin. »Wie sehr muß dies eine Jahr mich verändert haben!« überlegte sie.

Hier neben ihr im Zimmer lag nun Hanna Lawson im Todeskampf. Gladys hatte den Ellbogen auf die Balustrade gestützt und legte den Kopf in die Handfläche. War es nicht trotzdem ein Glück, geboren zu sein? Unter den unübersehbaren Billionen lebender Zellen auf dieser Erde, die sich zu tierischen und pflanzlichen Formen zusammengeschlossen, zwischen abgestorbenen und gerade sich bildenden Zellenheeren als *Mensch* geboren zu sein, als Mensch mit einer Seele – war das nicht eine fast überwältigende Gottesgabe? Hanna hatte diese Gabe genutzt. Sie hatte die Köstlichkeit, das Glück des Lebendigseins in allen Adern gespürt, hatte jedes Jahr ausgefüllt, das ihr gegeben war. Nun wurde das Geschenk zurückgenommen; es machte wehmütig, sie in das Reich heimkehren zu sehen, wohin unsere Vorstellungskraft nicht reicht.

Gedanken über Leben und Tod zogen durch Gladys hin, während sie draußen im Mondlicht stand; und auch ihre eigene Lage kam ihr zum Bewußtsein. Wenn Mrs. Lawson starb, blieb Gladys allein in dieser wilden Bergprovinz zurück. Die Jahresmiete war vorausbezahlt, aber Frau Lawsons bescheidenes Einkommen fiel nun fort. Gladys' ganze Barschaft bestand aus wenigen Pennies! Und doch fühlte sie in diesem Augenblick eine große Ruhe, eine neue Würde. Sie wünschte nur, daß Hanna nicht jetzt in den dunklen Stunden heimginge: Im Licht des Tages müßte sie sterben – das entsprach ihrem klaren, hellen Wesen.

Nur noch ein schmaler Streifen Mondlicht fiel in das Krankenzimmer. Nun endlich klang die Stimme der Fiebernden ruhiger; Gladys hörte sie innig und ergeben sagen:

»Kommet her zu mir alle, die ihr mühselig und beladen seid, ich will euch erquicken. Nehmet auf euch mein Joch und lernet von mir, denn ich bin sanftmütig und von Herzen demütig; so werdet ihr Ruhe finden für eure Seelen. Denn mein Joch ist sanft, und meine Last ist leicht.«

Der Morgen kam, die Sonne hob sich triumphierend über die Bergspitzen. Und um die Mittagsstunde starb Johanna Lawson.

6

Gladys fühlte sich in der Hut ihres Gottes wie von einer unsichtbaren festen Hülle umgeben, an der jeder Pfeil, jede Kugel abprallte, die die irdische Welt ihr zugedacht haben mochte. – Ihr Glaube war unerschütterlich. Er war für sie wie die warme Decke in kalter Nacht, Heilung in der Krankheit, die Mahlzeit für den Hunger. Er bedeutete ihr das Dach über dem Kopf, er war wie ein Bett, in dem sie eingehüllt und sicher ruhen konnte. Von den Problemen der Theologen hat sie keines je gequält. Die Zweifel schwankender Intellektueller fegten in Stratosphärenhöhe über ihrem Kopf dahin. Die Beine um ihren durchaus irdischen Maulesel geklammert, strebte sie ihren Weg voran, fröhlich wie ein Londoner Spatz, stark wie Richard Löwenherz und mit der sicheren Entschlußkraft des Lachses, der stromauf seinen Platz sucht. Das Wort Gottes war für alle Menschen verständlich, und ihre Aufgabe hier im Leben war, sein Wort wie Samen in ihrem Yang Cheng und in den Bergdörfern auszustreuen. Dieses verblichene schwarze Buch, das sie überall mit sich herumtrug, war die Quelle aller Gefühle, aller Gedanken und aller Aufschwünge, deren ihr Wesen fähig war. Vielfältig und seltsam waren die Erlebnisse, in denen sie ihren Glauben in den nächsten Jahren noch beweisen sollte.

Die Wochen nach Hanna Lawsons Tod brachten für Gladys fast unüberwindliche Schwierigkeiten. Das Erstaunlichste aber an dieser Situation waren die »Nothelfer«, die sie vor der drohenden Katastrophe bewahrten: ein Koch und ein Mandarin.

Als erstes war die finanzielle Lage mit Chang zu besprechen. Die Miete war auf ein Jahr vorausbezahlt. Die wenigen Käsch, die sie jede Nacht durch die Maultierkarawanen einnahmen, reichten für den Augenblick, doch sie konnten nichts zurücklegen. Aber – die Mission war gegründet und an der Arbeit; Gladys würde sie nur unter äußerstem Zwang im Stich lassen. Mit der chinesischen Sprache ging es täglich besser, den Dialekt von Yang Cheng sprach sie schon fast fließend. Allerdings hatte jede Provinz ihre eigene Sprache, so daß Chinesen, die kaum vierzig Kilometer voneinander entfernt in den Bergen wohnten, sich oft nicht mehr verständigen konnten. Sie kamen selten aus dem Dorf heraus, in dem sie geboren waren, und kannten nur die eigene Mundart und die eigenen Sitten.

In späteren Jahren beherrschte Gladys fünf Dialekte ihrer Provinz.

Bald nachdem sie Mrs. Lawson zur Ruhe gebettet hatten, kam Chang eine Idee. Der Mandarin! Gladys Aylward mußte dem Mandarin von Yang Cheng ihre Aufwartung machen.

»Aber warum denn?« fragte sie. »Der Mandarin hat kein Interesse an uns, und ich selbst bin auch nicht darauf aus, ihn kennenzulernen.«

Ihr war zu dieser Zeit noch nichts von dem komplizierten System der Steuern bekannt, der Genehmigungen und Verwaltungsvorschriften, auf denen die Finanzen der Provinz beruhten. Hanna hatte ihr bisher diese Dinge abgenommen; alle offiziellen Pflichten hatte die alte Missionarin selbst erledigt.

»Ihre Trauertage sind nun vorbei«, drängte Chang. »Es ist Zeit, daß Sie Ihre besten Kleider anziehen und dem hohen Herrn einen Anstandsbesuch machen. Das gebietet die Höflichkeit. Es ist unbedingt nötig.«

»Ich habe doch noch nie im Leben einen Mandarin gesehen!« protestierte Gladys. »Ich weiß nicht, was ich zu ihm sagen soll. Wie viele Verbeugungen verlangt er denn? Wer spricht zuerst? Das muß man vorher alles genau wissen. Also bitte – erkundige dich erst einmal, dann will ich mir's überlegen. Aber ein neues Kleid kann ich mir für diesen Besuch natürlich nicht leisten, das ist klar.«

Chang schlurfte eilfertig in die Stadt, kam aber nach einer Stunde sichtlich niedergeschlagen zurück. Ganz offenbar konnte ihm niemand sagen, welche Regeln eine »fremde Teufelin« dem Mandarin gegenüber zu beachten hatte. Für jeden anderen, vom Kuli bis zum Regierungsbeamten, gab ein altehrwürdiges Protokoll genaue Vorschriften: soundso viele Verbeugungen, soundso viele Begrüßungsfloskeln. Aber diese Gladys Aylward war etwas ganz und gar Ungewöhnliches. Chang seufzte; sicher mußte man für ihren Fall erst ein Sondergesetz erlassen, vorher konnte sie wohl kaum erwarten, zur Audienz beim Mandarin vorgelassen zu werden. Chang fand das recht mißlich; vorerst also hatte sie das bedauernswerte und tiefstehende Geschöpf zu bleiben, das sie war: eine Frau.

Der Mandarin von Yang Cheng war ein mächtiger Mann. Die Hauptstadt der gebirgigen Südprovinz Schansi war Tsechow. Vier kleinere Schwesterstädte lagen, jede mehrere Tagereisen entfernt, im Kreise um sie verteilt: Yang Cheng, Shin-Schui, Kaoping und Lingchuang, kleine, mauerbewehrte Zitadellen im Hochgebirge. Yang Cheng lag tief in den Bergen, Nachrichten erreichten die Stadt nicht schneller, als ein Mensch lief. Hier regierte der Mandarin über Stadt und Distrikt im Namen des Gouverneurs von Taijüan, der weit im Norden gelegenen Hauptstadt von Schansi. Er war absoluter Herr und hatte Anspruch auf Huldigung. In seinen Händen lagen Freiheit und Gefangenschaft, Leben und Tod aller seiner Untertanen.

Daß dieser hohe Würdenträger es war, der sich zu ihr, der »fremden Teufelin«, bemühte, das war nun im höchsten Grade überraschend.

Eine Unruhe im Hof ließ Gladys, die gerade in einem der oberen Zimmer arbeitete, auf den Balkon hinaustreten. Als sie sich über die Balustrade lehnte, sah sie den alten Chang, eilig mit den Armen rudernd, zum Eingangstor laufen. Dort drehte er sich aufgeregt um und rief zu ihr hinauf: »Der Mandarin kommt! Der Mandarin kommt!«

Seine Stimme überschlug sich. Als Letztes sah sie noch seinen Zopf um die Ecke verschwinden und dann drei Stunden nichts mehr von Mr. Chang. Der Gute hatte zwar immer wieder unerschrocken darauf gedrängt, daß sie den Mandarin besuchen solle; aber als er dem hochmögenden Gewaltigen nun persönlich im Hof der bescheidenen »Herberge zur Sechsten Glückseligkeit« begegnete, war es mit seinem Mut restlos aus.

Gladys schob schnell ihren Haarknoten zurecht und strich an ihrer im Augenblick nicht gerade sehr sauberen, losen Chinajacke hinunter in dem vergeblichen Versuch, sie zu glätten. Es war unangenehm, daß der Mandarin sie mitten in der Arbeit antraf, aber für Vorbereitungen blieb nun keine Zeit mehr. Schließlich war er selbst daran schuld; er hätte ihr eben vorher von seinem Besuch Mitteilung machen sollen.

Gladys lief die Treppe hinunter in den Hof, während eben das Gefolge begann, sich dort aufzustellen. Das Bild war so unerhört prächtig, daß sie vor lauter Staunen innehielt. Kulis trugen gerade die prunkvolle, rot und golden lackierte Sänfte herein, deren Inneres durch Vorhänge gegen neugierige Blicke geschützt war. Zu beiden Seiten der Sänfte schritten die Sekretäre des Mandarins in glatten, dunkelblauen Seidengewändern, während die übrigen Begleiter, in kostbare farbige Seide aller Schattierungen gekleidet, sich in respektvoller Entfernung hielten. Die eleganten, gelehrt aussehenden Herren mit den klugen schwarzen Schlitzaugen, den blaßgelblichen Gesichtern und enganliegenden Käppchen bildeten einen malerischen Hintergrund. Einer der Sekretäre öffnete behutsam die Tür der Sänfte und streckte den Arm aus, um dem Mandarin beim Aussteigen behilflich zu sein. Gladys' Augen wurden ganz rund vor Staunen, als sie ihn erblickte. Wie aus dem Märchen oder aus einer Revue herausgetreten, stand er inmitten der Seidenpracht seiner Begleiter. Er war groß und schwarzhaarig; von dem bleichen Elfenbeinton seines Gesichts hob sich der schwarze Schnurrbart ab, dessen Enden im Bogen von den Wangen herabhingen. Sein Gewand fiel glatt und weich bis auf die spitzen schwarzen Schuhe. Das Schönste aber waren die weiten Ärmel, die ganz mit seidenen Borten bedeckt waren, eine immer herrlicher bestickt als die andere, in reichen Mustern aus gelben, blauen, grünen und roten Seidenfäden. Sein langer, schwarzglänzender Zopf hing ihm über den Rücken, den Kopf schmückte ein schwarzer, dreieckiger Hut mit einem roten Pompon auf der Spitze; eine schwarze Quaste baumelte bis auf die Schulter hinab. Die Finger mit den sehr langen, spitzen Nägeln hielten einen Fächer aus durchbrochener Lackarbeit.

Als er Gladys ansah, schloß sie schnell ihren offenen Mund und schluckte trocken; dabei verbeugte sie sich tief. Als sie sich endlich wieder aufrichtete, um Luft zu holen, stand er noch immer unbeweglich und blickte auf sie herab – mit einem leicht bekümmerten Ausdruck, wie ihr schien. Hinter ihm war sein Gefolge gruppiert wie eine Vase leuchtender Blumen. Vor lauter Verlegenheit fiel Gladys kein Wort der Begrüßung ein, aber sie dachte, eine Verbeugung mehr wäre vielleicht nicht fehl am Platze: Sie knickte in der Taille ab, zählte bis fünf, kehrte in die Senkrechte zurück und entschied, daß sie nun auch für den höchstgeborenen, allerehrwürdigsten Mandarin genug Untertanengeist bezeigt habe.

»Ich komme, um Ihren Rat zu hören«, sprach er schließlich.

»Oh!« erwiderte Gladys. Vermutlich war es keine sehr intelligente Antwort, aber dieser unvermutete Besuch hatte sie so über alle Maßen verwirrt, daß ihr in diesem Moment absolut nichts Gescheiteres einfiel.

»Es wird Ihnen nicht neu sein«, fuhr er fort, »daß in

unserer Provinz seit Generationen die Sitte herrscht, die Füße der Frauen so klein wie möglich zu halten?«

»Ja – allerdings«, murmelte sie.

Er sprach ein reines und blumiges Chinesisch, und Gladys war sehr zufrieden mit sich, daß sie ihn so gut verstehen konnte.

»Die Füße der Mädchen werden bei uns bald nach der Geburt fest eingebunden«, setzte er hinzu.

»Ach!« sagte Gladys wieder. Es schien ihr, als ob sie in dieser Unterhaltung nicht gerade eine überragende Rolle spielte. Sie wußte im Grunde recht gut über die Sitte des Fußeinbindens Bescheid; aber solange sie nicht übersah, wohin diese Unterredung steuerte, war auf jeden Fall Vorsicht geboten und jede Antwort so unverbindlich wie möglich zu halten.

»Die Zentralregierung hat vor kurzem angeordnet, daß dieser Brauch sofort zu verbieten ist.«

»Ich verstehe«, sagte Gladys.

»In unserer Provinz haben alle Frauen verkrüppelte Füße. Darum muß jemand mit großen Füßen die Überwachung durchführen.«

Bestürzt sah Gladys plötzlich auf ihre eigenen Schuhe nieder. In England galten Schuhe mit der Nummer sechsunddreißig als besonders klein, aber hier in China wurden sie als wahre Ungeheuer angestaunt.

»Diese Arbeit kann natürlich nicht von einem Mann übernommen werden. Wir brauchen eine Frau dazu. Sie haben, wie ich hörte, Bekannte in anderen Provinzen – sicher kann man uns dort eine geeignete Frau nennen. Wäre es Ihnen möglich, an Ihre Freunde zu schreiben und sie zu fragen? Wir wären Ihnen außerordentlich dankbar.«

»Selbstverständlich, gern«, antwortete Gladys automatisch. Im gleichen Moment aber stieg eine heiße Angst in ihr auf: Sie kannte ja in ganz China keinen einzigen Menschen außer Mrs. Smith in Tsechow! Doch diesen Gedanken durfte sie jetzt nicht aufkommen lassen – hoffentlich hatte niemand ihr plötzliches Erschrecken bemerkt!

»Die Bezahlung ist allerdings bescheiden«, erklärte der Mandarin, »die Löhnung besteht in einem Maß Hirse täglich und vier Käsch für Gemüse. Ein Maultier für die Reisen zu den einsamen Dörfern wird vom Yamen gestellt, außerdem zwei Wachsoldaten als Begleitung der Frau. Würden Sie mir bitte eine solche Frau suchen? Wir brauchen sie nötig.«

»Ich werde mein Bestes tun«, entgegnete Gladys und verbeugte sich.

Es war besser, die Landessitten zu respektieren, und ihr schien es immer, als verbeugte sich hier jeder vor jedem. Die ganze Szene hatte sich in vollendeter Höflichkeit abgespielt; der Mandarin nahm wieder in seiner Sänfte Platz, und die Deputation bewegte sich farbenprächtig zum Tor hinaus. Gladys blieb etwas atemlos zurück. Ohne es zu wissen, hatte sie soeben die Stellung einer amtlichen Fußinspektorin für die Provinz Yang Cheng in Schansi angenommen und gehörte nunmehr untertänig zum Gesinde Seiner hochmögenden Exzellenz, des Mandarins von Yang Cheng. Allerdings merkte sie erst mehrere Wochen später, daß sie diese unvergleichliche neue Stellung zu bekleiden die Ehre haben würde. Zunächst einmal schrieb sie in redlichem Bemühen, eine Fußinspektorin zu finden, Briefe in alle Richtungen Chinas: an die Missionen in Tientsin, Luan, Hongkong, Schanghai – an alle Plätze, wo sich eine christliche Gemeinde vermuten ließ. Aber die Antworten waren fast gleichlautend: Erstens kannte kein Mädchen den Hochgebirgsdialekt von Yang Cheng; zweitens konnten oder wollten sie nicht ihre Tage auf dem Maulesel verbringen; drittens fand sich keine, die wünschte oder in der Lage war, eine Hirsediät – Tagesration ein Marktmaß – durchzuhalten; alle Mädchen, ob sie nun große oder kleine Füße hatten, aus Hongkong oder Tientsin oder anderen Orten im großen China, mochten viel lieber Reis. Ein Leben ohne Reis konnten sie sich nicht vorstellen. Aber in Yang Cheng und in der ganzen Provinz wuchs keiner, und Gladys fand es nicht sehr wahrscheinlich, daß man einem so unbedeutenden Etwas wie einer Fußinspektorin zuliebe Maulesel mit Reis übers Gebirge schicken würde.

Ungefähr zwei Monate später, wieder in Begleitung seines vollzähligen Gefolges, bog der Mandarin zum zweitenmal in den Torweg der »Herberge zur Sechsten Glückseligkeit« ein. Er entstieg seiner Sänfte, und seine Begleitung gruppierte sich in würdig-ernstem Halbkreis hinter ihrem Herrn.

»Sie haben keine Frau gefunden?« fragte er vorwurfsvoll.

Gladys hatte beschlossen, diesmal die Verbeugungen wegzulassen. »Hoher Mandarin, ich bemühe mich noch immer«, sagte sie kleinlaut.

Die dunklen, geschwungenen Augenbrauen des Mandarins zogen sich leicht zusammen.

»Und warum haben Sie kein Mädchen gefunden?« gab er kalt zurück.

Gladys setzte ihm all die Gründe auseinander, die von den Missionen angegeben worden waren: Eine konnte nicht Maultier reiten; die andere wollte kein Maultier reiten; eine andere wollte nicht von Hirse leben; noch eine andere fand Yang Cheng zu weit fort. Der Mandarin schlug kurz und zornig mit dem Fächer in seine Handfläche. »Gut, dann müssen Sie die Fußinspektion übernehmen«, befahl er.

»Ich!« In solchen Augenblicken fehlten Gladys stets alle Worte.

»Sie sind in der ganzen Provinz die einzige Frau mit großen Füßen. Also müssen Sie die Kontrolle durchführen!«

Während Gladys sich bemühte, den Hohen Herrn nicht allzu entgeistert anzusehen, suchte sie fieberhaft nach einer Antwort, nach irgendeinem Strohhalm, an den sie sich klammern konnte. »Aber ich bin Christin – bin keine Chinesin. Ich weiß gar nicht Bescheid mit Füßen...«

»Es ist ganz einfach. Sie werden von Dorf zu Dorf reisen und den Leuten den Regierungsbefehl bekanntgeben. Dann werden Sie die Frauen auf dem Marktplatz oder in einem Haus zusammenrufen und sich ihre Füße zeigen lassen. Wenn Sie kleine Mädchen finden, deren Füße verschnürt sind, werden Sie die Bandagen lösen. Jeder Widerstand von seiten eines Dorfältesten ist mir zu melden; das Weitere übernehme ich selbst. Sie handeln mit meiner Vollmacht und haben mir persönlich Bericht zu erstatten. Die Zentralregierung legt größten Wert auf die Abschaffung dieser Unsitte. Sie müssen also sofort an Ihre Aufgabe gehen. Sind Sie einverstanden?«

Gladys blieb während der langen Rede Zeit genug, ihre Gedanken zu ordnen. Warum hatte sie nur nicht eher daran gedacht – ein Maultier, um in die fernsten Dörfer zu reiten? Eine Wache zu ihrem Schutz? Das war ja eine unvergleichliche Gelegenheit, jeden Winkel der ganzen Provinz zu besuchen. Und überall konnte sie das Christentum predigen, wenn ihre amtliche Aufgabe erledigt war. Halt – würde der Hohe Herr das erlauben? Und konnte sie es wagen, ihm eine »Bedingung« zu stellen? Um dessentwillen, das ihr einzig am Herzen lag: Sie beschloß, ihn zu fragen, auch auf die Gefahr seines Mißfallens hin.

»Hoher Mandarin«, begann sie, »ich muß Sie auf eines aufmerksam machen: daß ich nämlich, wohin ich auch käme, versuchen würde, die Menschen zum Christentum zu bekehren.«

Eine kurze Stille folgte. Gladys wartete gespannt, ob ihre Worte nicht einen groben Mißgriff bedeuteten. Dann sagte der Mandarin ruhig: »Ihre Religion und Ihre Predigten sind mir nicht wichtig. Jeder mag sich nach seinem eigenen Gewissen verhalten. Wichtig ist mir nur, daß Sie den amtlichen Auftrag übernehmen. Die Zentralregierung ist ungeduldig!«

Gladys kannte die Gepflogenheiten chinesischer Verwaltung gut genug, um zu ahnen, daß die Zentralregierung wahrscheinlich schon länger auf Zahlen und Statistiken gedrängt hatte, die über das Fußabbinden in dieser Bergprovinz berichteten. Sie freute sich schon auf ihren Brief nach Hause: Gladys Aylward beim Mandarin von Yang Cheng als Fußinspektorin angestellt!

Sie verbeugte sich tief. »Es ist mir eine Freude, Ihnen behilflich zu sein. Ich nehme die Stellung gern an.«

Als sie sich aufrichtete, um wieder Luft zu bekommen, bemerkte sie ein leicht amüsiertes Lächeln in seinen Augen.

»Danke«, sagte er. »Das Maultier und die Soldaten werden morgen früh zu Ihrer Verfügung stehen. Ich wünsche Ihnen guten Erfolg.«

Alle verneigten sich und lächelten. Der »fremde Teufel« war zu einer bemerkenswerten Persönlichkeit, zur Repräsentantin des Mandarins aufgerückt. Man war nun in der Lage, dem lästigen Untersekretär dort hinter den Bergen in Taijüan eine kurze, bestimmte Antwort zu geben. Die Krisis war abgewendet. Die Deputation verabschiedete sich.

Chang trat jetzt aus seiner Küchentür, um Gladys mit einer Art erschrockener Neugier zu betrachten. »Was für eine bedeutende Dame sind Sie geworden!« sagte er fast ehrfürchtig. »Sie sind Angestellte des Yamen, des Mandarins persönliche Dienerin!« Er verbeugte sich tief und unterwürfig – es war das erstemal, daß Gladys ihm imponierte.

»Bedeutend? Mit diesem Gehalt?« lachte Gladys. »Ein Maß Hirse und vier Käsch pro Tag! Reich kann ich davon wohl nicht werden, meinst du nicht auch?«

»Es ist aber trotzdem eine Ehre«, beharrte Chang. Er war entschlossen, aus dieser Sache jedweden Tropfen

Bürgerstolz für Gladys und sich selber herauszuholen. »Sie sind eine Amtsperson! Persönliche Fußinspektorin des Mandarins!«

»Persönliche Fußinspektorin des Mandarins!« rief sie belustigt. Plötzlich kam ihr die ganze, überwältigende Komik der Situation zum Bewußtsein, und sie brach in lautes Lachen aus. Chang staunte sie fassungslos an. Achselzuckend schüttelte er den Kopf, und während er zu seinen Kochtöpfen zurückkehrte, murmelte er grimmig etwas vor sich hin über die Verrücktheit aller »fremden Teufelsweiber«.

Gladys hatte, ehe sie die Reisen in entferntere Dörfer antrat, noch viel Arbeit mit Inspektionen in Yang Cheng selbst sowie in den Häusern und Wohnhöhlen außerhalb der Stadtmauern. Chang hatte recht gehabt: Die offizielle Vollmacht des Yamen und dazu die greifbare Nähe zweier übrigens recht schlampiger Soldaten verliehen ihr eine Wichtigkeit, die sie noch nie in ihrem Leben gespürt und bestimmt niemals erwartet hatte. Die Leute standen auf, wenn sie mit ihnen sprach, Kinderfüße wurden im Rekordtempo ausgewickelt, wenn sie es verlangte.

Das erste Dorf, in das sie als amtliche Fußinspektorin kam, blieb ihr unvergessen. Es lag an einem reißenden Fluß, der durch eine enge Schlucht herabdonnerte. Die Häuser waren einstöckig aus Felsbrocken und Lehm gebaut und mit grünen Ziegeln gedeckt; staubige Pfade führten von einem zum andern. Mittelpunkt des dunklen Raumes, der Wohn- und Schlafzimmer jedes Hauses bildete, war das gemeinsame Backsteinbett. Der roh gezimmerte Tisch auf dem gestampften Fußboden trug blaugemustertes Porzellangeschirr, die hölzernen Eßstäbchen lagen daneben. Es wimmelte von Kindern – kleine, schmutzige, quäkende, in Kissen geschnürte Wesen mit bräunlichen Gesichtern, manche noch an der Brust der Mutter; andere quirlten um Gladys' Maultier herum wie hüpfende Wellen um einen Kahn. Das Dorf lag einsam und lieblich zwischen ringsum steil aufragenden Bergen; vor den Häusern blühten die Pflaumen- und Pfirsichbäume und kleine Felder mit gelbem Senf. An der südlichen Bergseite kletterten schmale Terrassen empor, die bedeckt waren mit dunklen Baumwollstauden und hellgrüner Hirse.

Neugierig und aufgeregt liefen die Leute zusammen, als Gladys mit ihrer Wache zum Tor hereinritt. Die Soldaten fragten nach dem Dorfältesten und teilten ihm, als er herzueilte, den Befehl des Mandarins mit. Er war ein Bauer, ein schrumpeliger alter Mann mit dünnem Ziegenbart, aber er war dem Mandarin gegenüber für sein ganzes Dorf verantwortlich. Alter und Erfahrung hatten ihn zu diesem Posten aufsteigen lassen. Aufmerksam nickte er und befahl sogleich dem Ausrufer, die Dorfbewohner zusammenzutrommeln. Das war nicht ganz einfach; man mußte die Bauern von den Feldern, aus den Häusern, aus den Ställen herbeiholen. Als alle versammelt waren, teilte ihnen der Älteste mit hoher, brüchiger Stimme mit, daß das Füßebinden von heute ab verboten sei. Auch solchen Kindern, deren Füße sich noch erholen könnten, sollten die Bandagen abgenommen werden. Es sei Befehl des Mandarins. Dann wiederholten die Soldaten, die sich in ihrer neugewonnenen Autorität sonnten, nochmals die Verordnung und betonten unmißverständlich: Jeder, der nicht gehorcht, wandert sofort ins Gefängnis, wo ihn bekanntlich nichts Angenehmes erwartet!

Hierauf gaben sie Gladys einen Wink, sie möge nun mit der Inspektion beginnen. Gladys wußte nicht recht, wie es weitergehen sollte, aber um sich keine Blöße zu geben, schritt sie entschlossen über den Platz auf das nächste kleine Haus zu. Hinter ihr her drängte sich die Menge, und Gladys war insgeheim froh über die Gegenwart ihrer zwei rauhen Soldaten, als sie nun durch die offene Tür in das Haus eintrat. Ihre Wache hatte sich bereits gewichtig vor der Haustür postiert.

Drinnen war es ordentlich und sauber, Möbel fehlten allerdings ganz. Nur ein paar Kochtöpfe und etwas Geschirr standen herum; auf dem K'ang, dem steinernen Bett der Familie, lag ein Haufen gesteppter Wattedekken. Ein schwarzäugiges Mädelchen von etwa drei Jahren klammerte sich an die Hosen der Mutter und schaute ängstlich hinter deren Beinen hervor auf Gladys. Ein kurzer Blick genügte, um zu erkennen, daß die Füße des Kindes bandagiert waren.

»Die Kleine da«, sagte Gladys und versuchte, ihrer Stimme Autorität zu verleihen, »bindet ihre Füße auf!«

Zwei Nachbarinnen und die Großmutter waren inzwischen hereingekommen. Die Mutter nahm das Kind auf den Schoß, und die vier Frauen begannen, die Binden abzuwickeln. Für die amtliche Fußinspektorin war die schwierigste Frage, wie sie in dieser ungewohnten Situation mit ihrer Befangenheit fertig werden sollte. Das einfachste war, die Beschäftigung der Frauen mit allerlei Reden und Bemerkungen zu begleiten.

»So ist's recht. Nur weiter! Beeilt euch ein bißchen! Wenn Gott gewollt hätte, daß kleine Mädchen scheußlich kurze, dicke Füße hätten, dann hätte er sie doch gleich so erschaffen, glaubt ihr das nicht auch? Füße sind zum Gehen da und nicht, um damit schwerfällig über den Boden hinzuschlurfen, nicht wahr? Ob eure Männer damit einverstanden sind oder nicht, das ist mir gleich. Sie sollen es nur eine Zeitlang selber ausprobieren, ob es ihnen passen würde, mit solch kleinen Klumpfüßchen umherzuhumpeln. Und wenn euch irgend jemand dazu überreden will, diese Unsitte wieder aufzunehmen, kommt er sofort ins Gefängnis. Das ist von nun ab Gesetz...«

Die Binden fielen ab, und ein Paar winzige weiße Füße kamen zum Vorschein, deren Zehen scharf nach unten abgebogen und in die Sohlen hineingedrückt waren.

»Seht doch nur diese Füße an!« rief Gladys aus. »Das

ist ja abscheulich! Eine Schande ist das! Wie soll denn das arme Kind jemals ordentlich laufen können!«

Fast stieß sie in ihrem Eifer die Frauen beiseite, kniete nieder und zog sanft die Zehen aufwärts und fort von der Sohle.

Das Kind sah ihr mit runden, ängstlichen Augen zu.

»So, so«, sagte Gladys sanft. »Guck: Fünf kleine Ferkelchen, die fahren auf den Markt!« Sie massierte vorsichtig den Fuß. Plötzlich stieß die Kleine einen hellen, kurzen Quiekser aus und wand sich vor Vergnügen: »Oh, es kitzelt!« rief sie, »es kitzelt ja so!«

Damit war das Eis gebrochen. Die Frauen kamen näher und plauderten unbefangen. Später lernte Gladys diese Gebirgsfrauen als einen unabhängigen, mutigen Menschenschlag kennen.

»Ja, es ist ein gutes Gesetz«, sagten sie. Alle wollten nun bei der Fußmassage helfen. Alle wollten ihr von den Schmerzen und der Behinderung erzählen, die ihnen ihre Füße von Kindheit an bereitet hatten. Die Nachbarinnen liefen in die nächsten Häuser und erklärten dort, was zu tun war, so daß die Nachricht sich schon im ganzen Dorf verbreitet hatte, während Gladys noch die ersten Häuser kontrollierte. Bei späteren Besuchen stellten manche Frauen ihr schon gehorsam alle ihre kleinen Mädchen mit ungebundenen Füßen vor. Wieweit die aufmunternd wiederholte Forderung der beiden Soldaten: »Füße aufbinden oder Gefängnis!« nachhalf, läßt sich schwer feststellen – jedenfalls aber waren alle äußerst zuvorkommend.

Gladys fand für die Nacht im Hause des Ältesten Aufnahme. Leichteren Herzens setzte sie ihre Reise fort, und wirklich ging auch in den Dörfern, die sie anschließend besuchte, alles erstaunlich glatt vonstatten.

In den entlegenen Tälern fand sie oft größere, fast ganz von der Außenwelt abgeschnittene Ansiedlungen. Der Boden war hier sorgfältig in Terrassen angelegt, die Bauern hielten Rinder, Schweine und Hühner und kleideten sich in selbstgewebte Baumwolle. Einfache, freundliche Menschen lebten hier, die Kraft und Ruhe ausströmten und eine Fröhlichkeit, die Gladys sonst noch nirgends begegnet war. An ihren Sitten und Gebräuchen, die ihnen von alters her überkommen waren, hielten sie treulich fest.

Die Besuche der neuen Fußinspektorin waren natürlich aufregende Ereignisse im Leben eines solchen Dorfes; sie bedeuteten Nachricht von »draußen«, und besonders abends, wenn Gladys mit Erzählen anfing, fand sie bewundernde und hingebungsvolle Zuhörer.

Die Kinder lärmten um ihr altes graues Maultier, wenn sie durch das Tor trabte, die Soldaten riefen und winkten Freunden zu, während sie miteinander zur Herberge oder zum Haus des Ältesten ritten, wo sie Aufenthalt zu nehmen gedachten. Abends strömten die Dörfler herein, um die neuen Lieder zu lernen, die in Rhythmus und Melodie so ganz anders klangen als ihre eigenen, und um Gladys' Geschichten zu hören. Sie handelten alle von einem Manne namens Jesus Christus, dessen »ehrwürdiger Ahne« der große Gott war, der über den Wolken thront. Dieser Jesus schien in einer genauso einfachen Gemeinschaft gelebt zu haben wie sie selbst; ganz ähnliche Ansichten von Gut und Böse, wie sie bei ihnen im Hochgebirgstal galten, hatte auch er verkündet, es war ihnen alles verständlich und beinahe verwandt. Jesus Christus war eine mitreißende Persönlichkeit, und offenbar ging der Vorrat an Geschichten, die von ihm erzählt wurden, der amtlichen Fußinspektorin niemals aus!

Diese Jahre waren für Gladys erfüllt von einer tief inneren, ungetrübten Befriedigung. Mittelpunkt ihres Lebens blieb die »Herberge zur Sechsten Glückseligkeit« und die kleine christliche Gemeinde, die sich langsam um sie bildete. Hausarbeit und Missionsarbeit wurden oft lange unterbrochen durch ihre Maultierreisen, auf denen ihr immer neue Abenteuer begegneten.

Aus Wochen wurden Monate, aus Monaten Jahre – und jeder Tag brachte ihr seine eigene Ernte an Glück. Wohl gelangten von Zeit zu Zeit Nachrichten von »da draußen« über die Berge, die Maultiertreiber wußten manches zu erzählen, aber das waren Ereignisse aus einer anderen Welt, die die Menschen hier kaum etwas anging, einer Welt hinter der breiten Barriere des Gelben Flusses, so fern fast wie der Mond. Das Leben der Menschen hier erhielt Sinn und Rhythmus durch den Gang der Jahreszeiten. Im Winter glitzerte Rauhreif auf den Ziegeldächern der Pagoden, der Atem von Mensch und Tier hing als Nebelwölkchen in der klaren Luft, eine Eisschicht bedeckte die Trinkeimer der Tiere, lange, in der Sonne tropfende Eiszapfen hingen von den Nasen der bronzenen Drachen herab, mit denen die Ecken der Tempeldächer geschmückt waren. Von Dezember bis März zog man Tag und Nacht die warmen Hosen und Mäntel nicht aus, die dick mit Baumwollwatte gefüttert waren. Heulend brach der Nordwind herein, warf Schnee in die Täler und Schluchten, ließ die Straßen der Stadt in einer hüfthohen weißen Decke versinken und preßte die weißen Massen in den Mauerwinkeln zu phantastischen Skulpturen. Alle Geräusche erstarben, sogar das Echo in den Tälern blieb stumm, und in den Gebirgen ringsum regte sich nichts mehr außer dem sturmgepeitschten Flug des Schnees und den Lawinen, die donnernd zu Tal fuhren. Das Leben kam fast zum Stillstand.

Die Menschen sammelten sich um die Öfen, flickten ihre Kleider, stopften und nähten, schusterten neue Schuhe und machten Pläne für das Frühjahr. Die Maultiere in den Ställen schlugen mit den Schwänzen und schauten mit feuchten braunen Augen hinaus in die blendendweiße Welt; nur wenn das Futter in ihre Krippe geschüttet wurde, wieherten sie leise. Kinder wurden gezeugt, alte Männer träumten auf dem warmen K'ang, zahnlose Großmütter warteten ungeduldig auf das Essen und verkürzten den Kindern die langen Stunden mit Märchen, die andere Großmütter vor tausend Jahren ausgedacht hatten. Man machte keine Besuche, man sprach wenig. Man saß geborgen in dieser winterlichen Welt; man hatte Korn genug gelagert, um durchzukommen, und wartete geduldig, bis die Schneemassen forttauten.

Und dann endlich kam der Frühling: Das alte und immer neue Föhnweh im Blut und in den Knochen kündigte ihn an. Und er schüttete seinen unerschöpflichen Reichtum an Jugendfrische und Schönheit vor den empfänglicher gewordenen Augen, vor den geöffneten Herzen aus: Der Himmel mit den zarten Wolken, die gezahnten Felsnadeln, die angeschwollenen Wasser, die sich tosend in die Schlünde stürzten, die Blumen an den Flußufern, in denen hilflos stockbeinige Maultierfohlen stelzten und die weichen, piepsenden Goldbälle der Entenküken verschwanden. Kinder riefen und lachten wieder in der Sonne, den Mädchen wurden plötzlich die Burschen interessant, und das junge Mannsvolk war unruhig von aufflammenden Leidenschaften. Die Welt war erfüllt von leuchtendem, innigem Leben, daß Gladys ganz tief und sicher empfand: Nur ein Gott unendlichen Erbarmens, ein Gott der Liebe und der sanften Führung konnte sie erdacht haben.

In diesem weiten Bezirk hoher Berge und tiefer Täler, wo das Leben hart und einfach war, konnte ein Mensch wie Gladys sich ganz entfalten. Alles, was sie früher erlebt hatte, war nur Vorbereitung für diese Jahre, und alles, was ihr jetzt widerfuhr, sollte sich einst wiederum als Vorbereitung für das Kommende erweisen. Gladys war sich bewußt, daß sie hier auf einem Boden lebte, über den durch Jahrtausende in langer Kette die Bauern, die Reichen, die Ehrgeizigen, die Mächtigen wie auf einer Bühne dahingezogen waren, oft gepeitscht vom schaurigen Dämon des Hungers. Und sie wußte auch, daß dieses Bergvolk eine Religion ohne Saft und Kraft von sich stoßen würde, so wie es alles Fremde bisher abgewehrt und aufgesogen hatte. Die Religion, die Gladys ihren Bauern predigte, war schlicht. Sie lehrte Kraft aus Demut zu gewinnen, Weisheit aus der Liebe und ewiges Leben aus dem Glauben.

Als sie noch nicht lange in Yang Cheng war – in ihrem zweiten Jahr –, sandte ihr Mrs. Smith aus Tsechow einen sympathischen jungen Christen namens Lu-Yung-Cheng. Zugleich hatte Mrs. Smith versprochen, für seinen höchst bescheidenen Monatslohn selbst aufzukommen. Gladys konnte ihn gut brauchen, und sei es auch nur, um Changs reichlich romantische Auslegung der Heiligen Schrift ein wenig im Zaum zu halten.

Ungefähr zwei Wochen nach seiner Ankunft standen Gladys und er im Hof, als ein Bote vom Yamen hereinstürmte. Er schwenkte ein rotes Papier in der Hand und sprudelte so schnell seine Neuigkeit heraus, daß Gladys ihn kaum verstehen konnte.

»Was will er mit dem roten Papier?« erkundigte sie sich bei Lu-Yung-Cheng.

»Es ist eine amtliche Vorladung vom Yamen«, antwortete der junge Mann nervös. »Im Männergefängnis ist eine Meuterei ausgebrochen.«

Gladys fand das nicht besonders interessant. »Ach so«, sagte sie.

»Sie müssen sofort kommen«, drängte der Bote aufgeregt, »es ist wichtig.«

Gladys sah ihn erstaunt an. »Eine Meuterei im Gefängnis! Das hat doch nichts mit meiner Fußinspektion zu tun!« sagte sie lachend.

»Sie müssen sofort kommen!« wiederholte der Bote. »Das ist ein amtlicher Befehl!« Er fuchtelte mit dem roten Zettel und trat vor lauter Aufregung von einem Fuß auf den andern.

Lu-Yung-Cheng blickte ängstlich auf Gladys: »Wenn Sie ein rotes Papier vom Yamen bekommen, müssen Sie gehorchen.« Das Beben seiner Stimme war nicht zu überhören.

»Dann gehen Sie erst einmal und fragen, um was es sich handelt«, entschied Gladys. »Das kann doch nur eine Männersache sein. Ich verstehe nichts von Gefängnissen, bin mein Leben lang noch in keinem gewesen. Was wir dort sollen, ist mir völlig unklar.«

In Lu-Yung-Chengs Gesicht malte sich alles andere als Begeisterung über das, was ihm da zugemutet wurde. »Beeilt euch! Kommt schnell«, rief der Bote.

Mit allen Zeichen inneren Widerstandes folgte ihm Lu-Yung-Cheng zum Tor. Gladys sah ihm nach, wie er den Ausgang erreichte, sich dann blitzschnell nach ihr umsah und im gleichen Moment links um die Ecke verschwunden war, während der Bote sich nach rechts wandte. Sie hörte noch die Schritte des Flüchtenden außerhalb der Mauer, die sich im höchsten Tempo entfernten. Aber kaum zwei Sekunden später hatte der Bote seinen Verlust bemerkt. Schon stürzte er wieder zum Tor herein, schrie »Ai-i-i!« und schüttelte wütend die Faust. Er rannte geradewegs auf Gladys los: »Dann müssen Sie mit!« rief er, seine Stimme überschlug sich fast. »Es ist eine amtliche Vorladung; Sie haben Befehl zu kommen! Da gibt es nichts einzuwenden! Los! Mit mir! Wenn Sie nicht gehorchen, werden Sie es schwer zu bereuen haben!«

»Meinetwegen«, sagte Gladys nachsichtig. »Ich komme schon. Was ist nur mit Lu-Yung-Cheng? Anscheinend ist ihm schlecht geworden, oder wer weiß, was ihm durch den Sinn gefahren ist. Aber was ich bei einer Meuterei im Gefängnis soll, sehe ich wirklich nicht ein...«

Sie hasteten die Straße hinauf und durch das Westtor in die Stadt.

Gleich hinter dem Tor begannen die kahlen Außenmauern des Gefängnisses, über die ein wüster Lärm bis auf die Straße drang: Brüllen, Zetern, Kreischen von Männerstimmen – ein scheußliches, gewalttätiges Getöse.

»Um des Himmels willen«, rief Gladys aus, »das scheint ja ein wilder Aufruhr zu sein, nach dem Krach zu schließen.«

Der Gefängnisdirektor begegnete ihr am Eingang; er sah bleich aus; seine Lippen waren verzweifelt und ratlos fest zusammengepreßt. Etwa ein halbes Dutzend seiner Mitarbeiter bildete um ihn eine aufgeregte Gruppe.

»Wir freuen uns, daß Sie gekommen sind«, sagte er schnell. »Die Gefangenen meutern und schlagen einander tot.«

»Das hört man«, bestätigte Gladys gelassen. »Aber ich bin nur Missionarin. Warum lassen Sie nicht Ihre Soldaten kommen, um der Sache ein Ende zu machen?«

»Unter den Gefangenen sind Mörder, Banditen und Diebe«, erklärte der Direktor. »Die Soldaten haben Angst, weil sie in der Minderheit sind.«

»Das tut mir leid«, entgegnete Gladys. »Aber was erwarten Sie von mir? Ich weiß ja nicht einmal, weshalb Sie mich gerufen haben ...«

Der Gefängnisdirektor rang die Hände. »Sie müssen hineingehen und den Kampf beenden!«

»Ich soll dort hineingehen ...?« Gladys' Mund öffnete sich, und ihre Augen wurden ganz rund vor Erstaunen. »Ich, ich dort hinein! Sind Sie verrückt? Wenn ich hineingehe, erschlagen sie mich!«

»Was soll Ihnen passieren? Sie erzählen den Leuten immer, daß Sie gekommen sind, weil der lebendige Gott in Ihnen wohnt ...«

Der Gouverneur stieß die Worte bebend hervor; seine Lippen zuckten nervös, sein Blick spiegelte die nahe Gefahr. Gladys fühlte, wie ein kalter Schauer ihr plötzlich über den Rücken lief; sie schluckte, es fühlte sich an, als ob sie Sand in der Kehle hätte. »Der lebendige Gott?« stammelte sie.

»Sie predigen es doch in allen Städten und Dörfern. Wenn Sie die Wahrheit sagen, daß Ihr Gott Sie vor allem

Leid bewahrt, dann können Sie der Meuterei ein Ende machen.«

Gladys starrte ihn an. In ihrem Kopf kreisten die Gedanken verwirrt und erregt, und angestrengt suchte sie nach Worten, die diesem einfachen Mann ihren Glauben ausdrücken, sein Mißverständnis aufklären könnten. Eine kleine Zelle in ihrem Gehirn aber sandte ganz deutlich und unablässig eine kurze Botschaft in den Strudel ihrer aufgescheuchten Gedanken hinein: Er hat recht! Du hast immer vom Schutz deines christlichen Gottes gepredigt. Wenn du jetzt versagst, kannst du in Yang Cheng nicht mehr arbeiten. Bist du jetzt schwach im Glauben, dann vertraut dir niemand mehr.

Es war eine fast übermenschliche Herausforderung. Irgendwie aber mußte sie »das Gesicht wahren«. Diese törichten, unverständigen Menschen! – Wie konnte sie sich in dieses Gefängnis hineinwagen? Hinter diesen Mauern ging ein Haufen von Mördern, Dieben und Banditen aufeinander los, um sich gegenseitig totzuschlagen! Dem Lärm nach, der noch angeschwollen war, tobte da drinnen eine Hölle. »Ich muß es versuchen«, sagte Gladys Aylward zu sich selbst, »ich muß es versuchen. O Gott, gib mir Kraft!«

Sie blickte in das schreckensbleiche Gesicht des Gefängnisdirektors und wußte, daß sie ebenso aussah. »Es ist gut«, sagte sie. »Machen Sie die Tür auf, ich gehe hinein.« Mehr brachte sie im Augenblick nicht hervor.

»Den Schlüssel!« rief der Direktor hastig. »Den Schlüssel, schnell!«

Einer der Wächter brachte einen riesigen eisernen Schlüssel. Die mächtigen Bartzacken knirschten laut im Schlüsselloch, schwer öffnete sich die eisenbeschlagene Tür. Gladys wurde von hinten vorwärtsgestoßen, die Tür schloß sich, und sie hörte wieder den Schlüssel im Schloß kreischen. Es war dunkel. Sie war ins Gefängnis gesperrt mit einer Horde tobender Verbrecher, die, nach dem Getöse zu urteilen, vollständig von Sinnen waren. Vor ihr lag ein langer dunkler Gang, der sich in einen Hof zu öffnen schien. In dem hellen Ausschnitt sah sie Gestalten vorbeirennen. Mit stockenden Schritten ging sie vorwärts; am Ende des Ganges aber blieb sie mit einem Ruck stehen, starr vor Entsetzen.

Der Hof maß nur etwa zehn Meter im Quadrat und war auf allen vier Seiten von großen, käfigartigen Zellen eingefaßt. In diesem engen Geviert tobte eine wütende, sinnlose Schlacht unter den Insassen. Ein paar leblose Körper lagen hingestreckt auf den Steinplatten; ein Toter, dem noch das Blut aus einer klaffenden Kopfwunde sikkerte, ganz in ihrer Nähe. Überall Blut. Auch in den Zellen wurde gekämpft, aber die Männer im Hof beobachteten gebannt einen Gefangenen, der eine große, blutbefleckte Axt schwang. Während Gladys zu ihm hinsah, stürzte er sich plötzlich auf die Gruppe, die jetzt wild nach allen Seiten des kleinen Platzes auseinanderstob. Gladys stand angewurzelt da, sie rang nach Fassung beim Anblick dieser schauerlichen Szene. Niemand nahm im geringsten Notiz von ihr. Der Mann griff wieder an, die anderen flohen in höchster Angst vor ihm in alle Winkel des engen Hofes. Jetzt verfolgte er einen einzelnen Gefangenen. Mit erhobener Axt rannte er ihm nach, der Fliehende aber lief auf Gladys zu und wich dann, sich blitzschnell duckend, beiseite, um dem Mordinstrument zu entgehen. Jetzt hielt der Irre kurz vor Gladys inne. Ohne einen Plan, ja ohne zu wissen, was sie weiter tun sollte, trat sie ihm mit einem zornigen Schritt entgegen.

»Gib mir die Axt«, sagte sie leidenschaftlich. »Gib sie mir sofort!«

Der Mann wandte sich ihr zu. Einen stummen Moment waren seine blutunterlaufenen Augen auf sie gerichtet. Dann änderte sich plötzlich sein Gesichtsausdruck, und demütig streckte er ihr seinen Arm mit der Axt entgegen. Mit einer schnellen Bewegung nahm sie ihm die Waffe ab und stellte sie neben sich, die Hand noch am Griff. Dabei dachte sie seltsamerweise, daß das blutige Mordinstrument ihre Hose beschmutzen könnte. Die anderen Gefangenen, die sich voller Angst in die Ecken des Hofes drückten, beobachteten den Vorgang in atemloser Spannung. In diesem Moment höchster Dramatik schien alles Leben erstarrt, hing alles in der Schwebe zögernden Gleichgewichts. Gladys fühlte, daß sie sofort handeln mußte, sonst drohte der fast errungene Sieg in die Niederlage umzuschlagen.

»Ihr alle!« rief sie. »Kommt einmal hierher. Kommt her und stellt euch hier vor mir auf!«

Einen ganz kurzen Augenblick lang schien es ihr merkwürdig, daß das ihre eigene Stimme sein sollte – so schrill hatte sie noch nie geklungen. Sie schrie die Männer an, dirigierte sie so energisch wie ein zu kurz geratener Unteroffizier, wie ein Schulmeister eine Klasse ungezogener Kinder. »Los – alle hintereinander! Du da! Komm hierher, stell dich nur auch hier vor mir auf!«

Gehorsam schlurften die Gefangenen herbei: Ein Haufen in Lumpen gekleideter Gestalten, bildeten sie in mehreren Reihen einen Halbkreis um Gladys.

Mit ihren großen braunen Augen sah sie die noch erregte Menge funkelnd und wortlos an.

Und erst jetzt verging ganz plötzlich ihre eigene Angst, und an ihrer Stelle fühlte sie ein ungeheures, herzbewegendes Mitleid, das ihr die Tränen in die Augen trieb. Wie elend sahen diese Menschen aus – wie hoffnungslos! Die ausgemergelten Gesichter mit den scharfen Backenknochen, den verkniffenen Lippen; Gesichter, die von Verlassenheit, Unwissenheit und Hunger gezeichnet waren. Schwarze Augen voll Furcht und Verzweiflung blickten in die ihren. Auswurf der Menschheit waren sie, halbe Menschen nur, lumpenbehängt, schmutzüberkrustet und von Läusen bedeckt. Sie schienen eher Tiere als Menschen, und Tierkäfige waren es auch, in denen sie rings um den Hof eingeschlossen wurden. Sie hätte am liebsten geweint, während sie ihnen jetzt gegenüberstand. Daß es so erbärmliche, so elende Menschen auf der Erde geben mußte! Nicht ohne Anstrengung riß sie sich zusammen. Die Angst war vergangen, ja, aber sie brauchte ihre ganze Energie, um sich weiterhin durchzusetzen.

»Ihr solltet euch doch schämen«, rief sie und zankte sie aus wie eine erzürnte Mutter ihre ungezogenen Kinder. »So ein Krach! Und wie habt ihr euren Hof zugerichtet!« Sie schwenkte die Arme und wies auf die Leichen und das Blut. »Der Direktor hat mich zu euch geschickt, um nach euch zu sehen. Wenn ihr euren Hof sauber macht und mir versprecht, euch in Zukunft besser zu benehmen, werde ich ihn bitten, diesmal Milde walten zu lassen.« Sie bemühte sich, mit dem Blick die stillen Gestalten der Toten zu meiden. Sie fühlte, daß es wichtig war, die Aufmerksamkeit ihrer Zuhörer zu fesseln. »Warum habt ihr euch geschlagen? Was sind eure Klagen?«

Es kam keine Antwort. Einige senkten beschämt den Kopf.

»Dann wollen wir es so machen, daß ihr einen Sprecher wählt, und der soll mir sagen, woran es liegt. Und dann könnt ihr gleich anfangen, den Hof hier zu säubern. Jetzt geht alle hinüber in die Ecke dort und bestimmt euren Sprecher. Ich warte hier.«

Die Gefangenen scharten sich in der Ecke zusammen, die sie ihnen gezeigt hatte, und besprachen sich untereinander. Schon nach einigen Minuten näherte sich ihr wieder einer der kräftigeren und größeren unter den Männern. Er war wie die anderen in Lumpen gehüllt.

»Ich heiße Feng«, sagte er. »Ich bin ihr Sprecher.«

Während die anderen den blutbefleckten Steinboden reinigten und die Leichen ordentlich nebeneinanderlegten, hörte Gladys Feng zu. Später erfuhr sie, daß Feng einmal buddhistischer Priester gewesen war. Wegen eines Diebstahls wurde er zu acht Jahren Gefängnis verurteilt.

Er erklärte Gladys, daß eigentlich niemand mehr recht wisse, wie der Aufruhr angefangen habe. Das »Hackmesser« – er deutete auf die Axt, die Gladys noch immer hielt – werde ihnen jeden Tag eine Stunde lang zur Verfügung gestellt, um ihre Mahlzeit zu zerkleinern. Während des Essens habe einer Streit angefangen und andere sich eingemischt; so sei plötzlich, ohne daß sie genau gewußt hätten, warum, dieser Vulkan von Leidenschaft ausgebrochen, bis das Blut in Strömen floß. Einen genauen Grund könne er eigentlich nicht angeben. Vielleicht komme es daher, daß ein Teil dieser Männer schon viele Jahre hier eingeschlossen sei.

Gladys wußte, daß sie Hunger litten, wenn nicht Freunde oder Verwandte sie mit Lebensmitteln unterstützten. Wenn man hungerte, war es sehr schwer zuzusehen, wie andere sich an guten Gaben delektierten. Gelegentlich wurde einer aus ihren Reihen vom Henker in den Hof hinausgeführt und dort hingerichtet. Viele von ihnen lebten ständig unter dieser entnervenden Drohung. Den Grund der Meuterei konnte Feng nicht erklären; aber die Mauern waren hoch und das Tor stark; sie sahen niemals etwas von der Außenwelt, nie eine Frau, nie die Berge, keinen blühenden Baum und kein freundliches Gesicht. Das erzeugte diesen unerträglichen Druck, der in einem wilden, gewaltsamen Ausbruch sich befreit hatte. Das, so meinte Feng, war geschehen. Es tat ihnen allen sehr leid.

»Was treibt ihr hier den ganzen Tag?« fragte Gladys ernst.

»Treiben? Hier gibt es nichts zu tun.«

»Überhaupt keine Beschäftigung?«

»Keine!«

»Aber ein Mensch muß doch Arbeit haben, muß irgend etwas tun. Ich will mit dem Direktor darüber sprechen.«

In diesem Augenblick merkte sie, daß der Gefängnisdirektor und sein Stab hinter ihr standen. Die kleine Öffnung am Ende des Ganges, durch die er und seine Begleitung alles mit angehört hatten, entdeckte sie erst später. Nun der Lärm der Meuterei aufgehört hatte, fanden sie es weniger gefährlich, hereinzukommen und beim Friedensvertrag ein Wort mitzureden.

Der Direktor verbeugte sich vor Gladys.

»Sie haben es ganz ausgezeichnet gemacht«, sagte er mit freudiger Stimme. »Wir sind Ihnen zu großem Dank verpflichtet.«

»Es ist unverantwortlich«, entgegnete sie bitter. »Die Männer sind hier Wochen und Wochen, Jahre und Jahre eingesperrt und haben nichts zu tun.«

»Ich verstehe Sie nicht.«

Seine Verlegenheit wirkte lächerlich. Aber da Gladys seine ehrliche Dankbarkeit spürte, beschloß sie, geradewegs auf ihr Ziel loszusteuern. »Natürlich kommt es zu Schlägereien, wenn die Leute gar nichts haben, womit sie ihre Zeit ausfüllen können, jahrelang! Sie müssen unbedingt für Beschäftigung sorgen!«

Der Direktor war noch immer völlig verdutzt. »Beschäftigung?« wiederholte er.

»Es ist unbedingt nötig, daß man ihnen Arbeit gibt. Wir müssen Werkzeuge anschaffen; sie können zum Beispiel weben – es gibt eine Menge Arbeiten dieser Art. Dann verdienen sie ein wenig Geld, gewinnen ihre Selbstachtung wieder und können sich etwas zu essen kaufen.«

Der Direktor nickte. Ob er alles wirklich einsah oder nicht, wurde ihr dabei nicht ganz klar. »Wir wollen uns später darüber unterhalten«, sagte er liebenswürdig.

»Ich habe den Gefangenen versprochen, daß keine Vergeltung geübt wird«, betonte Gladys.

Der Direktor nickte wieder. Ein paar Leichen würden kaum zum Gegenstand einer offiziellen Nachforschung. »Wenn es nicht wieder vorkommt«, antwortete er, »werden wir den Vorfall zu vergessen suchen.«

»Das freut mich«, erwiderte Gladys. Sie wandte sich an

Feng. »Ich gehe jetzt, aber ich komme wieder. Ich werde alles tun, was ich kann, um euch zu helfen.«

Die dunklen Augen des Priesters, der ein Dieb geworden war, ruhten auf ihr. »Danke!« sagte er. »Danke, Ai-weh-deh.«

Damals wußte sie noch nicht, was die Worte »Ai-weh-deh« bedeuteten. Abends erkundigte sie sich bei Lu-Yung-Cheng, als er von dem langen Spaziergang zurückgekommen war, zu dem er sich so auffallend plötzlich entschlossen hatte.

»Ai-weh-deh?« meinte er neugierig. »Das heißt: Schale der Tugend.«

Und als Ai-weh-deh wurde sie weit umher bekannt in Nordschansi während all der Jahre, die sie noch in China wirken sollte.

7

Seit ihrer Heldentat im Gefängnis war Gladys' Ansehen in Yang Cheng außerordentlich gestiegen. Schon als sie amtliche Fußinspektorin wurde, hatte sie in den Augen der Leute an Bedeutung gewonnen; aber seit sie, als Frau und allein, eine Meuterei beigelegt hatte, wurde ihr hohe Achtung entgegengebracht. Sie bemerkte, daß Kaufleute, die in ihrer Ladentür standen, sich überaus höflich verbeugten, wenn sie vorbeiging, obgleich man sie jahrelang wie Luft behandelt hatte. Ihre beiden Wachsoldaten waren über ihr Abenteuer im Gefängnis fast so erbaut, als ob sie eine Lohnerhöhung erhalten hätten.

Gladys vergaß nicht, was sie den Gefangenen versprochen hatte. Der Direktor war im Grunde ein nicht unkultivierter, freundlicher Mann, er wurde in den folgenden Jahren einer ihrer besten Freunde. Schienen Gladys die Zustände in seinem Gefängnis katastrophal, so waren sie doch auch nicht schlechter als sonstwo in China. Und er war durchaus bereit, auf Gladys' Vorschläge einzugehen – und sei es auch nur, um in Zukunft vor Unruhen unter den Gefangenen sicher zu sein. Durchgreifende Reformen waren allerdings nicht möglich – im Etat des Yamen war dafür kein Posten vorgesehen. Gladys konnte nicht mit Geld aushelfen, aber es gelang ihr, wenigstens ein paar alte Werkzeuge von Freunden des Direktors und eine Lieferung Garn auf Kredit zu erlangen, später auch einen großen Ballen Baumwollstoff, aus dem die Gefangenen die einfachen Besätze anfertigen konnten, wie man sie in Schansi trug. Schließlich ließ sie einen Mühlstein anfahren, mit dem die Männer Korn mahlen und durch diese Arbeit einige Zhen verdienen konnten Sie besuchte das Gefängnis regelmäßig; wenn sie in Yang Cheng war, fast täglich; sie unterwies die Gefangenen in den einfachsten Grundlagen der Hygiene und las ihnen Geschichten vor. Diese ihre »Gemeindemitglieder« boten wenigstens den Vorteil, daß man sie immer »zu Hause« antraf. Irgendwo trieb sie ein paar zahme Kaninchen auf; ihre Schützlinge bastelten für die Tiere Kästen und hatten nun ihre Kaninchenzucht. Aber Gladys' höchster Triumph war, als ein alter Schulfreund des Direktors, ein Gelehrter von einigem Ruf, Yang Cheng besuchte.

»Er ist ein Christ«, sagte der Gefängnisdirektor bedeutungsvoll. »Vielleicht kann ich ihn dazu überreden, in Ihrer Mission zu predigen.«

»Ein guter Gedanke!« stimmte Gladys sofort bei. »Und dazu fällt mir noch etwas ein: Wir könnten Ihre Gefangenen herführen, um ihm zuzuhören.«

»Sie meinen doch nicht, daß wir die Gefangenen aus dem Gefängnis herauslassen können!« Der Direktor war ganz verstört. »Das ist doch unmöglich!«

»Warum unmöglich? Manche haben diesen Hof seit zehn Jahren nicht verlassen. Das wäre ein großer Tag für sie alle! Und es täte ihnen gut!«

»Aber sie sind Gefangene! Verbrecher!«

»Sie könnten sie bewachen lassen. Und für Ihren Freund wäre das sehr schmeichelhaft – wenn er ein guter Christ ist.«

Der Direktor hatte Gladys mit einiger Ehrfurcht betrachtet, seit sie in seinem Gefängnis die Meuterei beendet hatte. Damals jedenfalls hatte sich ihr Glaube glänzend bewährt – der seine nicht. So gab er, widerstrebend zwar, nach längerem Zureden seine Einwilligung, die Gefangenen für einen Nachmittag aus den Mauern zu lassen.

Unvergeßlich blieb Gladys der Sonntag, an dem die Gefangenen zum Gottesdienst kamen. Mit schweren Ketten aneinander gefesselt, hatte man sie durch die ganze Stadt zum Westtor hinausgeführt. Die Einwohner von Yang Cheng säumten die Straßen, um den befremdlichen Zug anzugaffen. Außerhalb des Tores blieb der Haufe wie festgewurzelt stehen – die Männer starrten auf die Berge ringsum. Die Wachsoldaten gönnten ihnen ganze zwei Minuten, um den weiten Ausblick zu genießen. Dann marschierten sie durch die schmale Gasse und den Hof der »Herberge zur Sechsten Glückseligkeit« in die frühere Ahnenhalle, die jetzt in einen Missionssaal verwandelt war.

Sie saßen alle auf dem Boden, während der würdevolle, strahlende Freund des Direktors für sie drei Stunden mit aller Kraft und sehr zu Herzen gehend predigte. Das war vielleicht der gesegnetste Gottesdienst, der je in der Provinz Schansi gehalten worden war. Zum Schluß dankten sie Gladys durch ihren Sprecher mit tiefstem Ernst dafür, daß ihnen die Freiheit dieses Nachmittags vergönnt worden war – und mit rasselnden Ketten marschierten sie wieder zurück in ihr Gefängnis.

In diesem zweiten Jahr in Yang Cheng war es auch, daß Gladys zum erstenmal einen kleinen Streit mit dem Mandarin hatte.

Sie war eben von einer Fußinspektion in den Bergen zurückgekehrt und ging die Hauptstraße entlang, im Geist die Rede vorbereitend, die sie ihm über diese Dienstreise zu halten gedachte. Er war ihr Vorgesetzter. Und er mußte deshalb von einigen Dingen unterrichtet werden, die, wie sie fand, einer Änderung unbedingt bedurften. »Mandarin«, wollte sie sagen, »ich möchte mit Ihnen über die Lage der Frauen sprechen.« Hier mußte sie eine kleine Pause machen, um ihren Worten den nötigen Nachdruck zu geben. »Ist es recht«, würde sie fortfahren, »daß ein Mann seine Frau schlagen darf? Ist es recht, daß ein Mann seine Frau verkaufen, ja sogar töten darf? Mir als Ihrer ergebenen und gehorsamen Dienerin drängen sich diese Probleme auf meinen Reisen in die Bergdörfer immer wieder auf. Ich möchte mir mit allem schuldigen Respekt gerne einmal die Frage erlauben, was Sie in dieser Richtung zu tun gedenken. Ich weiß, diese Zustände sind von alters her in China selbstverständlich; das macht sie aber doch nicht weniger abscheulich!«

Mitten im Gedanken hielt sie inne, als sie die Frau erblickte, die auf dem Pflaster saß, die Füße auf dem Fahrweg. Sie hatte eine dunkelbraune Hautfarbe, rohe Gesichtszüge und war ungemein schmutzig. Schwere silberne Ringe baumelten von ihren Ohrläppchen herab. In ihrem Haar steckten Schmucknadeln aus Silber und Jade, sie trug eine silberne Halskette und Armreifen aus getriebenem Silber. Ihre bauschigen Hosen waren an den Fesseln mit hellgrünen Borten eingefaßt. Diese zogen zuerst Gladys' Aufmerksamkeit auf sich. Noch nie hatte sie in Schansi einen Besatz in dieser Farbe gesehen; die Frau mußte also aus einem Dorf stammen, das sie nicht kannte. Gladys ging auf die Fremde zu, um diese selbst zu fragen. Als sie näher trat, bemerkte sie das Kind; es lehnte am Knie der Frau: ein häßliches, kränkliches kleines Ding, in ein schmutzstarrendes Stückchen Lendentuch gewickelt, mit Beinchen wie Stöcken, einem geschwollenen Bauch, der auf Unterernährung schließen ließ, und Schorf, unter dem eitriges Wasser hervorquoll, an Kopf und Körper. Gladys war entsetzt. Bei dem Zustand des Kindes war es nicht einmal möglich, sein Geschlecht festzustellen. Die freundliche Anrede erstarb ihr auf den Lippen.

»Frau, du hast kein Recht, hier auf der Straße herumzusitzen, anstatt dein Kind zu versorgen! Sieh nur, wie elend es dem armen Ding geht!« wandte sie sich streng an die Fremde.

Die schwarzen Augen der Frau blitzten zu ihr hinauf. »Kümmere dich um deine eigenen Angelegenheiten«, gab sie zurück.

»Es ist meine eigene Angelegenheit«, erwiderte Gladys böse, und dachte an ihr Amt als Fußinspektorin. »Wenn du es noch länger in dieser Hitze herumstehen läßt, wird es sterben!«

»Was hat das mit dir zu tun, ob es stirbt oder nicht? Wenn es tot ist, bekomme ich andere, so viele ich will.«

Gladys blickte aufmerksam zu ihr hinab. Sie erriet, daß die Frau nicht die Mutter des Kindes war. Es fiel ihr ein, daß sie einmal von einem solchen Gewerbe gehört hatte: Kinderhändler? Das war es: Leute, die Kinder kauften und verkauften. In den Schansi-Bergen hielt man sie für Teufel, sprach nur im Flüsterton von ihnen. Die nächsten Worte der Frau bestärkten sie in ihrer Vermutung. Sie sagte höhnisch grinsend: »Willst du es haben? Es kostet nur zwei Dollar.«

Gladys war sich sogleich klar, daß dieser Preis, verglichen mit den bei diesem Gewerbe üblichen Summen, als niedrig zu bezeichnen war. Ein hübsches Mädchen, das zur Braut taugte, kostete mindestens neunzig Dollar; auch ein noch kindliches Mädchen konnte zehn Dollar einbringen. Aber wer sollte wohl an diesem kranken, schwächlichen Geschöpf Interesse haben?

»Ich habe die zwei Dollar nicht«, antwortete sie ruhig.

»Das Kind ist krank und wird wohl sterben, dann kostet es nochmals zwei Dollar, um es zu begraben – das macht schon vier Dollar.«

Die Frau zog eine Grimasse. Ihre Augen waren hart. »Also gut, du kannst es für eineinhalb Dollar haben.«

»Eineinhalb Dollar besitze ich nicht, und ich will das Kind auch gar nicht haben.«

Gladys ging, und das höhnische Lachen des Weibes klang hinter ihr her. Von den Vorübergehenden hatte niemand die Unterhaltung der beiden Frauen beachtet. Während Gladys sich dem Yamen näherte, stieg von neuem eine Welle des Zornes in ihr auf, eines Zornes, der ihr keine Ruhe ließ, obgleich sie, wie üblich, eine Stunde warten mußte, ehe ihr eine Audienz beim Mandarin gewährt wurde. Als endlich der Gong ertönte und die Soldaten eine große Tür aufstießen, um sie in das Audienzzimmer einzulassen, fieberte sie vor Eifer, ihm von der Kinderhändlerin zu erzählen. Sie kannte aber chinesische Sitten genügend, um zu wissen, daß man einem Mandarin auf keinen Fall sofort mit einer Klage kommen durfte, ganz gleich, wie ernst die Angelegenheit war. Erst kamen die Komplimente. Tief verbeugte sie sich vor der ehrfurchtheischenden roten Gestalt, wie es seit alten Zeiten das Zeremoniell den kleinen Beamten gegenüber den Hohen und Mächtigen vorschrieb.

»Mandarin, geht es Ihnen gut?«

»Ja, es geht mir gut. Und wie geht es Ihnen?«

»Danke, es geht mir gut. Hatten Sie guten Appetit?«

»Ja, ich habe meine Mahlzeit gegessen. Hatten Sie guten Appetit?«

»Danke, ja. – Mandarin, geht es Ihren betagten Verwandten gut?«

»Ja, meinen verehrten Alten geht es sehr gut.«

So ging es etwa noch eine Minute weiter, und dann, als endlich der Höflichkeit Genüge getan war, überreichte sie ihm einen Zettel, auf dem sie ihren Bericht niedergeschrieben hatte. Es war ein recht kurzer Bericht, denn in diesen ersten Jahren, als sie noch nicht gelernt hatte, chinesisch zu schreiben, mußte sie immer jemanden bitten, das kleine Schriftstück für sie aufzusetzen. Ihre Berichte wurden so zu Meisterstücken der Einfachheit. Diesmal lautete er:

»Gladys Aylward ist in Chautsun gewesen. Gladys Aylward ist aus Chautsun zurückgekehrt.«

Der Name des Distrikts oder des Dorfes mochte sich bei jeder Reise ändern, der Text ihrer Berichte änderte sich nicht. Alle Einzelheiten über ihre Arbeit teilte sie dem Mandarin mündlich mit. Ein Lächeln spielte um den Mund des Mandarins, als er das Papier in Empfang nahm. Wenn sie ihn so sah in seinen leuchtendscharlachroten Gewändern, mit hohem Kragen, roter Mütze und weiten, prunkvollen Ärmeln, brauchte sie immer erst einige Minuten, um ihre Schüchternheit zu überwinden.

»Sie haben mir etwas zu sagen?« begann er.

Gladys antwortete: »Was tun Sie gegen Kinderhändler?«

Die dunklen feinen Augenbrauen hoben sich leicht. »Ich verstehe Sie nicht.«

»Wenige Meter vom Yamen versuchte eine Frau, mir ein Kind für zwei Dollar zu verkaufen. Was wird gegen solche Leute unternommen?«

Gladys hatte das Gefühl, als ärgere er sich über ihre Frage. Er schritt zum Ende des Zimmers und zurück, ehe er antwortete. »Wir tun nichts«, sagte er dann.

»Aber das verstehe ich nicht«, ereiferte sich Gladys. »Es ist doch unrecht!«

»Wenn es sich wirklich um eine Kinderhändlerin handelt, dann gehört sie einer dieser verwegenen und rücksichtslosen Banden an, die jede Einmischung mit furchtbaren Verbrechen beantworten. Ich rate Ihnen, vergessen Sie das alles. Es ist nicht Ihre Angelegenheit.«

»Aber, Mandarin...«

»So, nun erzählen Sie mir, was Sie im Distrikt von Chautsun ausgerichtet haben.«

Das war ein Befehl. Gladys strich die Frau, die sie gesehen, die Worte, die sie gesprochen hatte, in ihrem Geist aus. Ihr Arbeitsbericht dauerte eine halbe Stunde. Als sie geendet hatte, nickte der Mandarin mit dem Kopf, nahm den kleinen Hammer auf und schlug mit ihm den Gong. Auf dieses Signal öffneten sich die Türen, die Audienz war beendet. Als sie sich wandte, um hinauszugehen, hielt er sie mit einer Handbewegung zurück: »Was die Kinderhändlerin betrifft, so sagt das Gesetz, daß Ai-weh-deh auf sie nicht zu achten, sondern auf die andere Straßenseite hinüberzugehen hat. Und sie wird über meine Worte Stillschweigen bewahren. – Gehen Sie!«

Die Türen standen offen. Gladys ging auf sie zu, tiefe Enttäuschung im Herzen über diesen Mann, für den sie so viel Achtung empfunden hatte. Plötzlich drehte sie sich noch einmal um: »Ich muß Ihnen leider gestehen, Mandarin, daß ich nicht nur nach China gekommen bin, um die hiesigen Gesetze zu beachten: Ich kam um der Liebe Jesu Christi willen, und nach Seiner Lehre werde ich handeln, was Sie auch dazu sagen mögen.«

Das war ein ausgezeichneter Aktschluß. Ehe noch der überraschte Mandarin Zeit zur Antwort fand, war sie draußen. Viele Monate später, als ihr Verhältnis zu ihm schon vertrauter geworden war, erinnerte er sie an diese Besprechung und sagte ihr, daß sie seine Freundschaft und seine Achtung in dieser Stunde gewonnen habe. Es war das erstemal seit dem Beginn seiner offiziellen Tätigkeit, daß eine Person, sei es Mann oder Frau, es gewagt hatte, seine Unfehlbarkeit als Mandarin in Frage zu stellen. Ganz gewiß aber war es das erstemal in seinem Leben, daß eine Frau ihm gegenüber ihre Meinung in dieser selbständigen Weise vertreten hatte.

Gladys ging mit schnellen Schritten die Hauptstraße hinunter. Das Weib saß noch immer dort. Als sie Gladys sah, rief sie: »Dame mit dem Herzen voll Erbarmen! Da bist du wieder. Komm, ich verkaufe dir das nette Kind für einen Shilling.«

Gladys blieb stehen und sah sie nachdenklich an. »Ich habe keinen Shilling.«

»Wieviel willst du denn dafür geben?«

»Ich habe fast kein Geld, und was soll ich mit dem Kind anfangen?«

»Aber du willst es doch so gerne!«

Eben wollte Gladys ihr eine scharfe Antwort auf die freche Bemerkung geben, da hielt sie inne. Wirklich! – Sie wollte das Kind haben.

»Was willst du geben?« fragte die Frau schmeichlerisch.

Gladys suchte in ihrer Jackentasche. Sie hatte einen kupfernen Zhen darin, nach englischer Währung also etwa nine pence – sie kramte ihn heraus.

»Ich gebe dir diesen Zhen, aber nicht einen Käsch mehr.«

Die Frau streckte die Hand aus, um das Geld zu nehmen. »Also gut«, sagte sie, stand auf und ging eilig davon. Gladys blickte auf das Kind hinab. Sein Alter war unbestimmbar, es mochte etwa zwischen vier und sechs Jahren alt sein.

»Komm mit mir«, sagte sie freundlich. Das Kind bewegte sich nicht, es schien sie nicht einmal recht verstanden zu haben. Gladys faßte es am Arm und zog es mehr oder weniger die Hauptstraße entlang, durch das Tor und in ihre Herberge. Im Wohnraum lief es sofort in die dunkelste Ecke und kauerte sich dort zusammen, zitternd vor Furcht. Gladys holte Chang, den Koch, herein, um ihm zu zeigen, was sie mit nach Hause gebracht hatte.

»Das haben Sie ja wunderbar gemacht!« rief Chang ironisch. »Was wollen Sie denn mit einem solchen Kind? Das wird in kurzer Zeit sterben.«

»Gib ihm etwas zu essen«, sagte Gladys. »Das arme Mäuschen sieht aus, als wäre es schon halb tot.«

Chang brachte eine Schale Hirse und setzte sie auf den Boden neben das Kind. Mit hungrigen Augen sah es danach, griff dann blitzschnell die Schale und kauerte sich wieder in seine Ecke, um gierig den Inhalt zu verschlingen.

»Mit dem Kind werden wir noch viel Ärger haben«, orakelte Chang.

Gladys stellte mit Befriedigung fest, daß er wenigstens »wir« gesagt hatte. Gleich wurde ihr etwas leichter ums Herz.

Drei Wochen lang verhielt sich das Kind genau wie ein wildes Tier; niemand durfte es anfassen, es biß und kratzte und schrie gellend, wenn Gladys versuchte, das kleine Wesen zu waschen, anzuziehen oder auch nur zu streicheln. Bei der ersten Gelegenheit lief es aus dem Hause und war nicht wieder hineinzubekommen. Es schien lieber auf dem Hof in einer Ecke zu essen und zu schlafen. Gladys gab langsam die Hoffnung auf, daß jemals etwas Menschenähnliches aus diesem armseligen Bündel werden könnte. Es war ein Mädchen, ein dunkeläugiges, von der Menschheit ausgestoßenes Geschöpf, das nur von zwei Gefühlen beherrscht wurde: Hunger und Angst.

Nach drei Wochen vergeblicher Mühe sah Gladys ein, daß sie kaum etwas erreichen würde. Für das Kind mußte ein Mensch gefunden werden, der besser als sie verstand, es aufzuziehen. In solchen Gedanken kehrte sie eines Spätnachmittags zu ihrer Herberge zurück. Unterwegs kam sie an einer jungen Frau vorbei, die weinend auf der Schwelle ihres Hauses saß und ihr totes kleines Kind auf dem Schoß hielt.

Gladys blieb plötzlich vor ihr stehen und sah sie an. Impulsiv sagte sie zu der Weinenden: »Ich habe ein Kind, dem du helfen kannst. Es nützt nichts, nur das tote Kleine zu beweinen.«

Die Frau blickte sie mit geröteten Augen an. »Ich verstehe nicht«, flüsterte sie.

»Gib mir dein totes Kindchen, ich will es für dich begraben«, sagte Gladys. »Das andere Kind ist in der ›Herberge zur Sechsten Glückseligkeit‹, sieh einmal danach!«

Die Frau wehrte sich nicht, als sie ihr das tote Kleine aus dem Schoß nahm. Gladys trug es behutsam auf dem Arm wie ein lebendes und ging den Weg zurück, den sie gekommen war. In Yang Cheng machte man wenig Umstände mit dem Begraben neugeborener Kinder. Man suchte sich ein Loch im Bergabhang, schob den Leichnam hinein, verstopfte den Eingang mit Steinen und Erde, das genügte. Manchmal konnte man in dem tiefen trockenen Festungsgraben, der die Stadt umgab, die Hunde an einem Bündel zerren sehen und wußte dann, daß wieder ein neugeborenes Mädchen ohne viel Federlesens dort hinübergeworfen worden war. Knaben wurden wie kleine Götter behandelt; Mädchen waren unerwünscht.

Als Gladys in die Herberge zurückkehrte, wartete dort bereits die Frau auf sie. Chang stand, über das ganze Gesicht strahlend, hinter ihr. Die Frau hielt Ninepence – so hatte Gladys das Kind im Scherz nach seinem Kaufpreis genannt – an der Hand. Es war kaum wiederzuerkennen, war sauber gewaschen und trug frische Kleider. Gladys machte ein erstauntes Gesicht. Die Frau lächelte sie an, führte das kleine Mädchen ein paar Schritte vorwärts und legte das Kinderhändchen in Gladys' Hand.

»Sehen Sie nur Ihr Kind«, sagte sie. »Die Kleine wird Ihnen Ihre Liebe vergelten, wenn sie erst einmal versteht, was Sie an ihr getan haben.«

Obgleich sie auf den chinesischen Namen Meien, »Liebliche Schönheit«, getauft war, blieb ihr Kosename immer »Ninepence«. Auf ihre Vergangenheit sollte erst viele Jahre später Licht fallen, immerhin entpuppte sie sich schon nach kurzer Zeit vernünftiger Pflege als ein niedliches kleines Mädchen, das all den Liebreiz und all die Frechheit entwickelte, die zu diesem Alter gehören.

Eines Nachmittags kam sie in den Hof gerannt, ihre schwarzen Augen blitzten vor Aufregung.

»Ist das Essen fertig?« rief sie zu Gladys hinauf, die auf dem Balkon stand.

»Beinah fertig!«

Sie pflegten ihre Abendmahlzeit am späten Nachmittag einzunehmen, um fertig zu sein, wenn die Maultiertreiber kamen.

»Gibt es was Gutes?« fragte Ninepence eifrig.

»Natürlich! Gibt es nicht immer etwas Gutes?« Ninepence nahm sonst das Essen gar nicht so wichtig. »Lauf nur und spiele noch ein Weilchen, ich rufe dich dann, wenn es fertig ist.«

Ninepence sah verschmitzt zu ihr auf. »Wenn ich heute ein bißchen weniger essen würde, würdest du dann auch ein bißchen weniger essen?«

Gladys hatte keine Ahnung, auf was das hinausgehen sollte. »Ja, natürlich.«

»Und wenn wir dann die beiden ›Weniger‹ in eine Schüssel täten, nicht wahr, dann hätten wir doch genug für noch eine Person mehr?«

»Ninepence«, sagte Gladys streng, »was hast du denn nun schon wieder vor?«

»Weißt du«, sagte Ninepence und zog die Stirn in Falten vor eifrigem Nachdenken, »da draußen steht ein kleiner Junge vor dem Tor, der hat nicht einmal ›*ein* kleines Wenig‹ in der Schüssel.«

Gladys blickte hinab auf das kleine Mädchen inmitten des großen Hofes, auf diese winzige, blau uniformierte Gestalt mit dem ernsten Gesicht.

»Ninepence«, sagte sie, »wenn du ein bißchen weniger ißt, tue ich es auch. Und dann geben wir es dem kleinen Jungen. Geh nur und hole ihn.«

Ninepence rief etwas, worauf ein kleiner Kerl, etwa acht Jahre alt, durch das Tor hereintrollte. In seinen schmutzstarrenden Lumpen schien er eine männliche

Abwandlung der einstigen Ninepence zu sein: Genauso hatte sie ausgesehen. Ninepence hatte ihn bettelnd auf der Straße angetroffen. Er aß seine Mahlzeit mit Vergnügen und blieb die nächsten zehn Jahre bei ihnen. Sein Spitzname aber war »Leß« – »Weniger«.

Er war alt genug, um Gladys erzählen zu können, wo er herkam. Banditen hatten sein Dorf in der Provinz Horbay geplündert. Sie hatten die Männer erschlagen und die Frauen mitgenommen. Die Mutter von Leß war schwanger, ihre Wehen setzten auf dem Gewaltmarsch ein, und die Banditen ließen sie in einem Graben liegen. Ob der Kleine viel von den Qualen seiner Mutter verstanden hatte, konnte Gladys nicht sagen, aber er sah sie sterben, und nachdem er vergeblich versucht hatte, sie an ihren Kleidern mit sich zu zerren, ließ er die Tote allein und ging zu seinem Dorf zurück. Es lag in Asche. In den Ruinen fand er nur Leichen. Er wanderte in die Berge hinaus, bettelte um Brot, schloß sich den Maultiertreibern auf ihren Reisen über die Hochgebirgsstraßen an und landete schließlich in der »Herberge zur Sechsten Glückseligkeit«, das zweite Kind, das am Herzen der Ai-weh-deh einen Platz fand.

Das nächste Kind fanden sie im Frühling des darauffolgenden Jahres. Sie hatten die ersten freundlichen Sonnentage zur großen Kleiderwäsche ausgenutzt, denn im Frühling wusch die ganze Stadt Kleider auf den Felsbrocken des Flußufers einige hundert Meter vor dem Osttor. Gladys hieb gewaltig mit einem Holzknüppel auf die nassen gesteppten Kleidungsstücke ein, in der Hoffnung, daß die Läuse doch nicht alle ihre Schläge gesund überstehen würden – da hörte sie Ninepence und Leß hinter sich am Ufer ihren Namen rufen. Sie drehte sich nach ihnen um und sah sie mit einem etwa dreijährigen Kind auf sich zukommen, dessen Händchen sie beide gefaßt hielten.

»Was wollt ihr mit dem Kleinen?« rief Gladys. »Bringt ihn wieder dorthin zurück, wo er war, aber sofort!«

»Aber er hat doch niemanden«, rief Ninepence zurück. »Wir haben überall gesucht, es ist überhaupt niemand da.«

Sie kamen näher zu ihr ans Wasser heran, damit Gladys den kleinen Kerl genau betrachten konnte. »Schon möglich. Er wird aus der Stadt fortgelaufen sein. Irgend jemandem muß er ja gehören.«

Voller Hoffnung fragte Ninepence: »Können wir ihn mit nach Hause nehmen?« Das war also der wahre Grund ihres Eifers.

»Auf keinen Fall!« rief Gladys entrüstet. »Das können wir natürlich nicht! Glaubst du denn, ich will vor den Mandarin befohlen werden – wegen Kindesraubs! Das wäre ja überhaupt nicht auszudenken.«

»Er hat sich verirrt und ist jetzt ganz allein«, beharrte Leß.

»Wir haben überall gesucht.«

»Wartet, bis ich mit der Wäsche fertig bin. Wir werden seine Eltern schon finden.«

Aber das gelang ihnen nicht. Sie durchsuchten die Ufer und den Hügelhang. Häuser waren nicht in der Nähe. Sie riefen so laut sie nur konnten. Niemand ließ sich sehen, dem das Kind gehört haben könnte. Nachdem sie alles getan hatten, was nur möglich war, mußten sie ihn mit nach Hause nehmen und ihm ein Lager in der Herberge zurechtmachen. Am nächsten Tag wurden Plakate an den Stadttoren angebracht, die die Auffindung eines Kindes bekanntgaben, und der Mandarin ließ den Stadtausrufer die Runde machen; aber es führte zu nichts – niemand meldete sich.

So hatte Gladys nun die Verantwortung für drei Kinder. »Bao-Bao«, »Kostbares Bündel«, hatte sich zu Gladys gesellt; in den folgenden Jahren sollte sie noch zweimal offiziell Mutter werden. Im Jahre 1936, als der Gelbe Fluß das Land ringsumher überflutet hatte und Tausende von Obdachlosen selbst in den Bergen Unterkunft suchten, blieb ein kleiner Junge, Francis genannt, zurück, der seine Angehörigen verloren hatte und den niemand aufnehmen wollte. Und schließlich kam noch das Mädchen Lan-Hsiang, die sozusagen ein »Überbleibsel« aus einem Prozeß war, den der Mandarin geleitet hatte. Das achtjährige Kind hatte keine Eltern mehr, und dem Mandarin schien es eine glänzende Lösung, wenn Gladys das Kind übernähme.

Gladys, die Europäerin, konnte sich an den Gedanken nicht gewöhnen, daß ihre jungen Schützlinge ohne jeden Unterricht aufwachsen sollten. In Yang Cheng gab es keine öffentlichen Schulen; die Kinder wurden, wenn überhaupt, zu Hause unterrichtet. Hilfe kam diesmal von dem Gefängnisdirektor, der selbst drei Kinder hatte. »Wir müssen in Yang Cheng eine Schule eröffnen«, sagte er. »Einen Lehrer können wir aus Luan bekommen, wenn alle Eltern sich verpflichten, einen kleinen Beitrag für sein Gehalt beizusteuern.« Es dauerte nicht lange, und der Unterricht konnte beginnen.

Fünf Jahre später. Den aufgeweckten kleinen Gesichtern von Leß und Ninepence war anzusehen, wie gut ihnen die Schule bekam. Ninepence hatte sich zu einem hübschen Mädchen entwickelt, und ihr Bruder bewachte sie wie eine Bärenmutter ihr Junges. Eines Tages berichtete er Gladys, daß zwei oder drei Tage hintereinander ein Mann außerhalb der Schule auf Ninepence gewartet und versucht hatte, mit ihr zu sprechen. Einmal hatte er sogar ihren Arm ergriffen. Leß war sehr aufgeregt.

Auch Gladys war beunruhigt. Sie verabredeten, sich am nächsten Tag vor der Schule zu treffen. Sollte der Mann sich wieder sehen lassen, würde Leß ihr ein Zeichen geben. Und wirklich, er war wieder da; und obgleich er es in Gladys' Gegenwart nicht wagte, das Kind zu belästigen, blickte er drohend zu ihnen hinüber. Gladys wußte nicht, was sie tun sollte, und so ging sie – wie immer in solchem Fall – zu ihrem alten Freund, dem Mandarin.

»Es hat keinen Zweck, ihn zu verhaften, wenn wir ihn nicht auf frischer Tat ertappen«, sagte der Mandarin nachdenklich. »Aber von morgen ab soll ein Soldat jeden Tag in der Nähe der Schule Wache halten, und wenn dieser Mann sich nochmals an das Kind heranmacht, dann soll sie schreien, und wir werden ihn festnehmen.«

Gleich am nächsten Tag ging der Bursche ganz unbekümmert in die Falle. Als Ninepence durch das Schultor hinaus auf die Straße trat, ergriff er sie beim Arm und versuchte, sie mit sich zu ziehen. Leß, der sich im Hintergrund gehalten hatte, stürzte sich plötzlich auf ihn wie ein wütender Hund und grub seine Zähne in den Arm des Mannes. Lärm und Geschrei brachen los; und der Soldat rannte herbei. Nur unter erheblichen Schwierigkeiten konnte er Leß bewegen, den Burschen loszulassen. Der Unbekannte wurde verhaftet, und am nächsten Tag eröffnete der Mandarin die Untersuchung. Es kam allerlei recht Interessantes zutage. Dieser Mann, der Ninepence zu entführen versucht hatte, handelte im Auftrag eines heimtückischen Onkels. Sein Plan war aber doch etwas zu einfach angelegt: Es fiel ihm nichts anderes ein, als das Kind beim Verlassen der Schule abzufangen. Offenbar war Ninepences Mutter mit ihrem Mann und dem kleinen Töchterchen einmal sehr glücklich gewesen. Bald aber war ihr Mann gestorben, und ihre Schwiegermutter, die keine weibliche Nachkommenschaft wünschte, hatte die junge Frau wieder verheiratet, um Mutter und Tochter aus ihrer Familie zu entfernen. Nun starb jedoch auch Ninepences Mutter und mußte ihr Kind als lästiges weibliches Glied einer Familie zurücklassen, mit der es keinerlei Blutsverwandtschaft verband. Man gab Ninepence aus dem Hause, und sie ging durch viele Hände, ehe Gladys der Kinderhändlerin in der Hauptstraße von Yang Cheng begegnete.

Die Nachricht, daß Ninepence in der Hut des »fremden Teufels« war, gelangte zwar bald bis zu der Großmutter, der eine Bergfarm viele Meilen entfernt von Yang Cheng gehörte. Sie unternahm aber nichts, um das Kind zurückzuholen. Ein Mädchen! Unnützer und lästiger Anhang! Die Mißachtung eines Mädchens war in der chinesischen Lebensauffassung tief verankert. Die Geburt eines weiblichen Kindes sah man als ein Unglück an, und Nachbarn und Verwandte äußerten sich in beißenden Worten über das Mißgeschick. Von niemandem wurde solch ein Kind geliebt, die unselige Mutter ausgenommen. Aber sie hatte bei dieser Angelegenheit nichts zu reden; die Folge war, daß ein neugeborenes Mädchen oft gleich nach der Geburt getötet wurde. Blieb es am Leben, so hatte es für die Zukunft nur Plackerei und schwere Arbeit zu erwarten. Sobald ein Mädchen aber verlobt war, betrachtete man es als zur Familie des Verlobten gehörig. Zeit und Geld für eine Tochter zu opfern war überflüssig. Wer wollte Verständnis und Liebe an ein Geschöpf verschwenden, das doch bald einem anderen gehören würde! Schenkte die Frau ihrem Mann keinen Sohn, so wurde sie schnell entlassen zugunsten einer zweiten oder dritten oder gar vierten, die sich besser bewähren würde. Wurde aber ein Sohn geboren, so waren Stolz und Freude grenzenlos:

»Ein jeder Knabe wird ein Zepter halten,
Des Sohnes Weinen tönt Musik den Alten.
Der Scharlachseide Glanz wird ihn erhöhen,
Als Fürst und König wird das Volk ihn sehen!«

Oft, wenn die Maultiertreiber von ihren Familien erzählten, bemerkte Gladys, daß die weiblichen Kinder nicht einmal als Familienmitglieder angesehen wurden. Ein

Mann hatte zum Beispiel zwei Töchter und vier Söhne, aber wenn Gladys ihn nach der Anzahl seiner Kinder fragte, lautete die stolze Antwort: »Ich habe vier Kinder.«

Wenn Ninepences Onkel versucht hatte, verbrecherischerweise seine Nichte verschwinden zu lassen, so war es bei der allgemeinen chinesischen Einstellung zweifelhaft, ob Ninepence vor Gericht jemals Genugtuung widerfahren wäre. Der Fall lag klar: Großvater und Großmutter waren gestorben und hatten Geld und eine Farm hinterlassen. Es gab nur zwei Erben, eben den schlimmen Onkel und Ninepence. Was wäre mit Ninepence geschehen, wenn der Raub gelungen wäre? Es ist beklemmend, auch nur daran zu denken. Aber jetzt, nachdem sein Anschlag vereitelt war, bestritt der Onkel vor Gericht Gladys' Ansprüche auf das Kind.

Der Mandarin hatte sich von dem ganzen Vorfall berichten lassen und Gladys über die juristischen Zusammenhänge aufgeklärt. Sie mußte nun aber vor Gericht erscheinen, um ihre Ansprüche zu verteidigen.

»Dort wäre ich aber von Anfang an im Nachteil«, wandte Gladys ein. »Eine chinesische Gerichtsverhandlung ist für mich etwas vollkommen Unbekanntes. Wie soll ich da etwas erreichen?«

Milde und unbewegt blickte der Mandarin in Gladys' fragende Augen. »Bevor Sie bei Gericht sprechen, bitte ich Sie, mich anzusehen«, sagte er höflich. »Sie dürfen nur ja oder nein sagen. Wenn ich den Kopf leicht schüttele, müssen Sie nein sagen; wenn ich leicht nicke, sagen Sie ja. Verstehen Sie?«

»Ja, ich verstehe. – Ich darf Ninepence jetzt nicht verlieren. Ich habe seit Jahren für sie gesorgt und ich habe sie lieb.«

»Sie wird Ihnen nicht genommen werden«, sagte der Mandarin ruhig. »Ich habe als Richter in diesem Streit zu entscheiden und kann Ihnen das versprechen. Aber die

Sache muß geschickt verhandelt werden. Wenn Sie vor Gericht erscheinen, passen Sie gut auf und tun Sie genau das, was ich Ihnen sagte.«

Der Verhandlungstag war gekommen. Der Bote vom Yamen brachte ein rotes Papier, und Gladys ging zum Gericht. Sie folgte aufmerksam den langen juristischen Argumenten der Rechtsanwälte, die die Sache des Onkels vertraten. Sie selbst mußte viele Fragen beantworten und achtete dabei sorgfältig auf jede leiseste Kopfbewegung des Mandarins.

Die Verhandlung zog sich zwei Wochen hin; schließlich verkündete der Mandarin sein sorgfältig bedachtes Urteil.

Ai-weh-deh wurde zum offiziellen Vormund für Ninepence bestimmt. Ninepences Großeltern hatten Land und Geld hinterlassen, und das Erbe sollte nun geteilt werden: eine Hälfte bekam Ai-weh-deh als rechtmäßiger Vormund, die andere Hälfte der Onkel. Ai-weh-deh durfte wählen, welchen Anteil sie vorzog, Land oder Geld. So lautete die Entscheidung des Mandarins, mit der auch der habgierige Onkel zufrieden schien. Mit dem Land konnte Gladys nichts anfangen, aber das Geld in Höhe von zweihundert Dollar bedeutete ein kleines Vermögen. Es wurde für Ninepence zurückgelegt, ein Teil für ihre Ausbildung verwendet und der Rest für den Fall ihrer Heirat als Mitgift bestimmt.

8

Die Freundschaft zwischen dem Mandarin von Yang Cheng und dem Stubenmädchen der Younghusband ist wohl eine der seltensten Erscheinungen in der Geschichte der west-östlichen Beziehungen. Obgleich Gladys das Chinesische so geläufig war wie ihre Muttersprache, brauchte sie Jahre, um das Wesen dieses Mannes – Schicht um Schicht – allmählich zu erkennen und bis zu seinem Grunde vorzudringen. Er war voller Rätsel. Er begegnete ihr höflich; sein kluges, mageres Gesicht mit den hohen Backenknochen und den dunklen Schlitzaugen blieb immer unbewegt; ein glänzender Zopf kam unter dem runden Seidenkäppchen hervor; seine Gewänder waren verschwenderisch in den herrlichsten Farben bestickt: Purpur, blau, grün und golden leuchteten die vielverschlungenen Arabesken. Gladys erschien er stets wie einem alten chinesischen Rollbild entstiegen. Er liebte vornehme Geselligkeit. In seinem Yamen wurde das bürgerliche Recht in der gleichen Weise gehandhabt wie zur Zeit des Konfuzius. Seine Ratgeber und Gehilfen trugen uralte Ehrentitel, die ihre Ressorts gegeneinander abgrenzten.

In einem der inneren Höfe war den Frauen ihr Platz zugewiesen. Es waren keine Ehefrauen, nicht einmal Konkubinen, sondern Sklavinnen; junge, liebreizende Geschöpfe, die mit Geldern des Yamen gekauft waren für die uralten und achtbaren Wonnen der Liebe. Gladys' anfängliche Entrüstung über diese jahrhundertealte Sitte besänftigte sich schnell, als sie erkannte, welche Sauberkeit und welch kultivierter Anstand in dieser kleinen Welt herrschte. Die Mädchen wurden von älteren Frauen überwacht, die früher meist selbst Yamen-Mädchen gewesen waren und deren Töchter in den gleichen Beruf hineinwuchsen. Es waren fröhliche, bezaubernde Wesen, die im Gegensatz zu den Bürgerfrauen in Tanz, Gesang und Musik ausgebildet waren. Ihr Leben beschränkte sich auch nicht wie das der anderen Frauen auf die Abgeschlossenheit des Hauses; ihnen war erlaubt, durch die Basare zu trippeln und die ausgelegten Ballen weicher Seide mit ihren gepflegten Fingern zu befühlen, Schmuckkämme für ihr nach Blumenöl duftendes Haar zu erstehen und billige, mit bunten Steinen besetzte Armreifen und Spangen, die sie so sehr liebten. Gladys war mit vielen dieser jungen Mädchen befreundet, und oft, wenn sie den Mandarin besuchte, ging sie hinüber in den Frauenhof, um bei einer Tasse Tee mit ihnen zu schwatzen. Es besteht kein Zweifel, daß Gladys Aylward dem Mandarin von Yang Cheng zunächst so seltsam vorkam wie ein Wesen vom Mond. Sie war ein Mädchen, und das bedeutete in den Augen aller Männer, daß sie gesellschaftlich und geistig geringer war als Staub. Als ihm aber Berichte von ihrem für chinesische Begriffe höchst ungewöhnlichen Tun zu Ohren kamen und als sie ihm monatelang immer wieder mit Gesuchen, mit dringenden Bitten, mit Ermahnungen und manchmal sogar leisen Drohungen zusetzte, begann er sie voll Verwunderung wie einen neu in die Himmelsbahn geworfenen Planeten zu betrachten. Je häufiger ihre Arbeit sie zusammenführte, desto herzlicher wurde ihre Bekanntschaft, und mit wachsendem Erstaunen erkannte der Mandarin von Yang Cheng, daß Gladys ihm nicht nur Ratgeber für viele Dinge geworden war, sondern auch ein Freund. Nach uralten chinesischen Maßstäben war er ein hochgebildeter Mann, aber sein Wissen bewegte sich in den Grenzen einer beschaulichen Gelehrsamkeit, wie sie die herkömmliche Erziehung in einer guten Familie bot.

Gladys schien von allen Winden der weiten Welt in seinen Yamen hineingefegt worden zu sein und blieb für ihn der Inbegriff alles Fremden. Sie vergaß niemals jene erste sanfte Mahnung, mit der er ihr anwortete, als sie einmal eine besonders leidenschaftliche Propagandarede vom Stapel gelassen hatte. »Ai-weh-deh«, hatte er milde und freundlich gesagt, »ihr sendet eure Missionare in unser Land, dessen Zivilisation doch viel älter ist als die eure, ihr betrachtet uns als ein Volk von Heiden und Barbaren, nicht wahr?«

Gladys neigte den Kopf zur Seite und sah fragend zu ihm auf. Sie wußte nun schon, daß solche kleinen geistigen Streitgespräche, meist in blumiger und überaus höflicher Form geführt, zum geselligen Leben gebildeter Chinesen gehörten.

»Aber keinesfalls!« sagte sie.

Der Mandarin schob seine schlanken Hände in die weiten Seidenärmel seines Gewandes. »Chinesische Kunst und Philosophie haben Unvergängliches geleistet. Die chinesische Sprache gehört zu den schönsten und bildhaftesten der Welt. Dichter haben unser Land besungen, als Amerika noch von rothäutigen Indianern bewohnt war und Britannien nur ein nebliger Außenposten am Rande der bekannten Welt. Und nun kommen Sie und wollen uns einen neuen Glauben lehren! Ich finde das etwas sonderbar.«

Sie überhörte nicht den leisen Spott in seiner Stimme und war, auf das lebhafteste angeregt, gern bereit, weiter zu disputieren. Erst viele Jahre später wurde ihr klar, daß sie das Ende einer Kultur miterlebte, die in vier Jahrtausenden chinesischer Geschichte langsam gewachsen war.

Schon bald sollte die Flut kommunistischer Gleichmacherei, auf der Trümmer westlichen Gedankenguts wie Treibholz schwammen, Altchina überschwemmen. Der Mandarin und seine ganze Kaste wurden ausgelöscht und vernichtet wie der Vogel Dronte oder die Dinosaurier. Durch einen Zeitraum von Tausenden von Jahren waren die Schüler des Konfuzius die Diener und Lehrer Chinas gewesen; sehr bald nun sollten sie von den wortgewandten Kommissaren einer neuen Weltanschauung abgelöst werden. Dieser Umbruch des sozialen Gefüges war für China im Grunde wenig sinnvoll, denn Rang und Geburt hatten schon in der alten Ordnung der Dinge kaum eine Rolle gespielt. Seit Jahrtausenden waren die geistigen Führer des chinesischen Volkes, die in dem riesigen Reich immerhin ein Viertel der gesamten Menschheit erzogen, einzig auf Grund ihrer Kenntnisse und ihrer Weisheit zu ihren Stellungen aufgerückt. Nur durch Jahre intensiven Lernens konnte ein solcher Mann zu Führung und Autorität gelangen; für ihn war der Examenssaal der Hochschule das Schlachtfeld, auf dem sich seine Geschicklichkeit und seine geistige Überlegenheit zunächst bewähren mußten.

Von all diesen Dingen hörte Gladys viel in ihren langen Unterhaltungen mit dem Mandarin während jener zehn glücklichen Jahre. Lächelnd und mit höflicher Aufmerksamkeit half ihr der Mandarin über das leicht bedrückende Gefühl hinweg, daß sie selbst einem Kulturkreis entstammte, der einem Chinesen so viel rauher und unausgereifter erscheinen mußte. Er erzählte ihr von seiner eigenen Erziehung. Er sprach von den Jahrzehnten mühevoller, eindringlicher Studien, die nötig waren, um zu dem hohen Amt eines Mandarins von Yang Cheng aufzusteigen.

Als er sechs Jahre alt war, hatte sein Vater einen Astronomen aufgesucht, um von ihm die günstigste Konstellation der Gestirne für den Schulbesuch des Kindes errechnen zu lassen, und als dieser Tag gefunden war, hatte seine unbeschwerte Kindheit ein Ende. Am ersten Schultag trat er vor seinen Lehrer, sauber gekleidet, im blauen Gewand und roter Jacke, in gelben Beinkleidern und dem Seidenkäppi mit roter Troddel, das Kopfhaar frisch rasiert, außer dem runden Fleck, wo der lange, glänzende Zopf wuchs, der ihm über den Rücken herabhing. Er öffnete sein erstes Schulbuch: Es handelte von den Pflichten eines Sohnes, vom Wesen des Mannes und von der Notwendigkeit der Erziehung. Drei Schriftzeichen stehen in dieser Fibel auf jeder Zeile, deshalb wird sie noch heute das »Drei-Schriftzeichen-Buch« genannt. Im ganzen enthält sie fünfhundert verschiedene Schriftzeichen, und jedes einzelne muß auswendig gelernt werden. Von Sonnenaufgang bis Sonnenuntergang, mit nur kurzen Unterbrechungen durch Mahlzeiten, mußten er und seine Mitschüler lernen; nur die Schreibstunden waren Pausen in dieser ungeheuren Gedächtnisarbeit. Doch auch sie waren ausgefüllt mit schwierigen Übungen: Tausende von Schriftzeichen mußte er sorgfältig mit einem Pinsel aus Zobelpelz oder Pferdehaar auf Reispapier malen und jedes hundertmal wiederholen, bis sie sich dem kleinen Menschen unauslöschbar eingeprägt hatten. In alten Zeiten war das Studium des Drei-Schriftzeichen-Buches so ziemlich alles, was chinesische Schulerziehung einem Jungen zu bieten wußte. Das Werk erschien vor tausend Jahren zunächst als Lernfibel und wird seitdem unverändert weiter benutzt bis auf den heutigen Tag. Das Studium sechs solcher Bücher umfaßt den ganzen Bildungsgang eines Knaben, der für den Lehrberuf bestimmt ist.

Weil seine Eltern in bescheidenem Wohlstand lebten und er selbst nach dem Königreich der Gelehrsamkeit trachtete, das, wie er wußte, nur durch Fleiß und Erfahrung in dem engen Raum eines menschlichen Schädels gegründet werden konnte, setzte der junge Mann seine Studien zielbewußt fort. Konfuzius war die Grundlage all seines Lernens. »Was Konfuzius lehrt, ist die Wahrheit. Was seiner Lehre widerspricht, ist falsch. Was er nicht lehrt, ist unnötig.« Es galt also, die vier umfangreichen klassischen Bände der konfuzianischen Philosophie zu studieren und sich geistig anzueignen.

Ein Punkt störte Gladys fast jedesmal in all ihren Gesprächen mit dem Mandarin. Warum hatten diese sorgfältig entwickelten Vorschriften für kultiviertes Benehmen, von denen der Mandarin sprach, warum hatte dieses Gedankengut, von den weisesten Männern Chinas in unendlicher Generationsfolge verarbeitet, nicht eine Gesellschaft hervorgebracht, in der auch Götter wandeln konnten? Warum standen sich gerade in diesem Augenblick in jeder Provinz kriegführende Armeen, ehrgeizige Menschen machtgierig gegenüber? »Warum?« wiederholte sie. »Warum?«

Der Mandarin spreizte seine langen, feinen Hände. »Immer schon hat es Soldaten und hat es Gelehrte gegeben. Man kann beide nicht aus der Menschheit hinwegdisputieren. Wir hoffen, daß sich vielleicht einmal der vollkommene Mensch entwickeln wird...«

Und er ließ vor Gladys den chinesischen Begriff des »fürstlichen Menschen« erstehen. »Von ihm handelt eines jener vier klassischen Bücher, das zweite, dessen Titel lautet: ›Der wahre Mensch‹. Dieses Werk wurde von einem Enkel des Konfuzius zusammengestellt; das war nach dem europäischen Kalender etwa dreihundertdreißig Jahre vor der Geburt eures christlichen Propheten.

In diesem Buch ist das Bild des vollkommenen Menschen beschrieben, der in allen Lebenslagen die Reife und die Kontur seines Wesens bewahrt, der durch seine innere Haltung als Muster an Tugend für alle nachfolgenden Generationen gilt. Der vollkommene Mensch ist niemals mit sich selber zufrieden. Wer zufrieden ist, ist nicht vollkommen.«

»Mir scheint oft«, sagte Gladys, »daß das einzige, wonach euer Konfuzius strebte, die Ordnung eures Lebens auf Erden war. Wir im Westen glauben an ein Leben nach dem Tode. Wir glauben an einen immer anwesenden göttlichen Geist im Menschen. Sind eure Propheten bereit, um ihres Glaubens willen zu sterben?«

In einer flachen Schale auf einem zierlichen roten Lacktisch schwamm eine blaßgelbe Lotosblüte. Der Mandarin nahm sie auf und betrachtete die wächserne Klarheit des geöffneten Kelches. »Jeder ist dazu bereit, der von der Wahrheit erfüllt ist«, erwiderte er. »Hören Sie, was Meng-tse sagt: ›Ich liebe das Leben, und ich liebe die Gerechtigkeit, aber wenn ich nicht beides vereinigen kann, dann würde ich lieber das Leben aufgeben als die Gerechtigkeit. Meine Liebe zum Leben ist groß, und doch gibt es etwas, das ich mehr als das Leben liebe. Ich hasse den Tod, aber es gibt etwas, das ich tiefer hasse als den Tod.‹

Meng-tse«, erklärte der Mandarin, »war ein Lehrer, der

zweihundert Jahre nach Konfuzius lebte. Seine Größe wird nur von dem Meister selbst übertroffen. Er glaubte, daß der Mensch von Natur aus gut sei. Alle Menschen sind von Natur aus tugendhaft, genauso, wie das Wasser von Natur aus abwärts fließt. Das Böse aber, das aus der Welt auf sie eindringt, befleckt sie.«

Behutsam legte der Mandarin die Blüte wieder in die Schale zurück und schnippte ein Tröpfchen Wasser von den Fingerspitzen.

»Ehe man die Examenshalle betritt«, sagte er, »muß man diese bedeutenden Bücher genauestens studiert haben und jederzeit in der Lage sein, sich ihren gesamten Inhalt ins Gedächtnis zurückzurufen. Man muß einen fließenden literarischen Stil und eine elegante Schrift erwerben. Dichterische Begabung wird ebenso verlangt wie höchste Sorgfalt, ja Fehlerlosigkeit in dieser Kunst, denn durch einen einzigen Mißgriff verspielt man seinen Titel. Endlich muß man für die Prüfung das Heilige Edikt von K'ang-hsi studieren und es von Anfang bis Ende auswendig lernen. Ist dieses Examen bestanden, so darf man den Titel ›Kulturtalent‹ führen. Wer aber einen noch höheren Grad erreichen will, muß sich den Inhalt von fünf weiteren Bänden zu eigen machen und großenteils auswendig lernen; es sind die fünf klassischen Bücher. Sie werden von den Chinesen verehrt als die erhabensten Worte der Menschheit seit der Erschaffung der Welt; ihnen ist nichts mehr hinzuzufügen, nichts braucht von ihnen je gestrichen zu werden.«

»So verbrauchen Sie also die meiste Zeit Ihres Lebens mit dem Studium von lauter alten Büchern?« fragte Gladys.

»Soviel ich weiß, ist ein altes Buch auch die Grundlage Ihrer eigenen Religion«, erwiderte der Mandarin höflich; »aber es lohnt, für die Weisheit ein ganzes Menschenleben einzusetzen. Manche erreichen die höchste Stufe erst im hohen Alter.«

»Doch wie steht es mit den Errungenschaften der übrigen Welt? Offenbar nimmt man in China wenig Notiz von der Geographie, Literatur, Geschichte und Philosophie anderer Länder?«

Der Mandarin zuckte kaum merklich die Achseln. »Was den chinesischen Gelehrten betrifft, so existieren für ihn solche Dinge nicht. Sie sind außerhalb der Grenzen seines Bereiches; man hält sie für überflüssig.«

Niemals während ihrer Gespräche mit dem Mandarin hinterließ seine Gegenwart bei Gladys ein Gefühl von Unzulänglichkeit oder Minderwertigkeit. Stets spürte sie, daß ihr festes Wissen um die christliche Wahrheit und seine klassische Gelehrsamkeit sich das Gleichgewicht hielten. Obgleich die Philosophie des Konfuzius bis zu den bescheidensten Bauern in ihren Dörfern durchgedrungen war, so besaß Gladys doch einen praktischen Glauben, dem eine Kraft und ein Glanz innewohnten, die weit über die zergliedernde Philosophie des Konfuzius hinausführten.

Drei Religionen sind vom chinesischen Volk aufgenommen worden und haben in der religiösen Ordnung des Tages ihren Platz eingenommen: Konfuzianismus, Buddhismus und Taoismus. Jede Hausgemeinschaft wird ihre Andacht in der Ahnenhalle verrichten, wo nach den Regeln des Konfuzius die Tafeln für die verehrten Toten aufgestellt sind; vor dem Schrein des Buddha aber werden sie Rauchwerk verbrennen; und wenn ein besonders wichtiger Tag bevorsteht – der erste Schulbesuch eines Sohnes, eine Hochzeit, ein Familienfest, ein Begräbnis –, so wird der taoistische Priester befragt.

Gladys Aylward brachte eine neue Religion. Sie ritt über die wilden Berge dieses unzugänglichen Hochlandes und durfte dabei die tiefste Freude erleben, die einem christlichen Missionar beschieden sein kann. Unter diesem schlichten Bauernvolk fand sie nichts von dem spitzfindigen Widerstand und nichts von der Enttäuschung und Verzweiflung des Westens. Gladys brachte einen einfachen Glauben zu einfachen Menschen, einen Glauben, der ihnen geben konnte, was sie brauchten, und den viele ebenso inbrünstig aufnahmen wie die Angelsachsen, zu deren Waldlichtungen die Mönche Benedikts und Gregors kamen und ihnen eine neue, tröstliche Sicherheit schenkten: daß außerhalb dieses sterblichen Erdkreises ein ewiger Gott existiert, dessen Wesen Güte, Treue und Liebe ist.

Und doch gab es auch für sie Augenblicke des Zweifels und der Unschlüssigkeit. Sie erinnerte sich einer Nacht: Nach einem langen Gespräch mit dem Mandarin waren beide noch lange an der Rückseite des Yamen auf einem Balkon gestanden; vor ihren Füßen fiel der Berg steil ins Bodenlose ab, die sinkende Sonne tauchte die wilden Gipfel in glühendes Rot. Den tiefen Frieden dieser Stunde noch im Herzen, bog sie zurückkehrend in den Hof der »Herberge zur Sechsten Glückseligkeit« ein und stieg zu ihrem Zimmer hinauf. Von der Galerie sah sie noch einmal hinunter in den Hof, wo die Maultiere sich zu dunklen Massen zusammenschoben, sich dann und wann leise regten, ein wenig schnaubten und mit den Schwänzen schlugen. Der Mond war eben aufgegangen und erhellte den kalten, klaren Berghimmel, an dem die Sterne blinkten. Ein Fächer gelben Lichts von den Öllampen im Erdgeschoß stahl sich durch eine Tür und lief über die brüchigen Steinplatten. Das Tor war geschlossen, das Gasthaus voll besetzt. Gladys ging hinunter in den Hof und zu dem Raum der Maultiertreiber, der warm und voller Gerüche war. Einen Augenblick verstummten die Gespräche, als Gladys eintrat. Sie plauderte ein paar Minuten mit den Treibern, dann setzte sie sich auf den Rand des K'ang und begann zu erzählen: »Es war einmal vor langer Zeit in einem fernen Land, genannt Israel; da lebte ein Mann mit Namen Jesus Christus ...«

Wenn sie aufblickte, sah sie im Licht der flackernden

Öllampen die Züge der Männer, die rund um sie herumsaßen, scharf und plastisch gezeichnet. Es waren einfache, freundliche Bauern, der Natur fast so nahe wie die Tiere, mit denen sie unterwegs waren. Sie wußte, daß ihre Augen glänzen und ihre Gesichter sich spannen würden, wenn sie in ihrem Bericht von dem Glauben fortfuhr, der die Macht hatte, über Europa hinweg sieben Kreuzzüge bewaffneter Ritter in das Heilige Land zu senden; der die Qualen der Jeanne d'Arc gelindert hatte, deren schmaler Körper als menschliche Fackel verbrannte, und der den Steinen, auf denen die westliche Zivilisation noch stand, einen festen Zusammenhalt gab. Sie hätte gern gewußt, ob in den kommenden Jahren ein lebendiger Rest des Glaubens, den sie predigte und der ihnen in ihren Sorgen und Nöten Hilfe bieten konnte, geblieben war.

Sie blickte Hsi-Lien an, den einfachen Maultiertreiber. Er war einer ihrer ersten Christen, und sie rechnete ihn zu ihren Freunden. Wenn sie ihn sah, mußte sie immer lächeln: Er war der Führer jener Maultierkarawane gewesen, die sie mit List und Gewalt in den Hof ihrer Herberge gezogen hatte, und der dann beim unerwarteten Anblick von Johanna Lawson, dem zweiten »fremden Teufel«, die Flucht ergriffen hatte. Später hatten sie viel gelacht über dieses gemeinsame Erlebnis. Sein Zuhause war nur eine Tagereise von Yang Cheng entfernt, in Chauchun.

Aber – fragte sich Gladys – verstand er wirklich? Würde dieser Glaube, den er angenommen hatte, standhalten, auch in Zeiten der Prüfung? Die große Frage an jeden Christen!

Wenn Gladys später in der schweren Zeit an Hsi-Lien zurückdachte, ließ ihr oft die Frage keine Ruhe, ob sie an ihm schuldig geworden sei. Hätte sie in diesen ersten Jahren einen Blick in die Zukunft tun, die Tragödie, die ihm bevorstand, erkennen können –: wie hätte sie dann gehandelt? Hätte sie ihn fortschicken müssen, für immer fort von der »Herberge zur Sechsten Glückseligkeit«?

9

Friedevoll und in innerer Ruhe gingen für Gladys diese ersten Jahre in Yang Cheng dahin. Sie hatte Muße zum Denken, Zeit zum Schlafen und Sammlung zum Gebet. Die großen Ereignisse dieser Zeit prägten sich tief in ihr Gemüt und blieben unauslöschlich in ihrem Gedächtnis haften. Einmal, im Frühjahr, trat der Hoang-ho, der gewaltige Gelbe Fluß, über seine Ufer; in seinen ungeheuren Wassermassen ertranken Hunderte von Menschen, und Tausende wurden obdachlos. Die Menschen wichen vor dieser zerstörenden Gewalt immer weiter zurück, flüchtend kamen sie bis herauf in die Berge. In Strömen zogen sie durch Yang Cheng und weiter nach Tsechow, Shin-Schui und anderen Städten der Provinz.

Einer der nächsten Winter verwandelte die Wasser des Gelben Flusses, der die Westgrenze von Schansi bildete, in Eis. Kommunistische Truppen von Jenan und Schensi nutzten die Gelegenheit und überschritten die Eisdecke. Es war ein »Drei-Mäntel-Winter«, der kälteste, dessen man sich erinnern konnte. – In China rangiert man die Winter nach der Zahl der wattierten Mäntel, die man übereinanderziehen muß, um sich vor der schneidenden Kälte zu schützen. Ein Drei-Mäntel-Winter läßt immerhin den Tee in der Kanne gefrieren. Heftige Kämpfe um die Hauptstadt Taijüan weit im Norden brachten Unruhe ins Land; kommunistische Abteilungen gelangten über die Pässe, sogar bis in das weit südlich gelegene Yang Cheng. Die Truppe des Standorts Yang Cheng unter dem Kommando des Mandarins hatte sich gerade diesen Moment ausgesucht, um fern der Stadt Banditen zu verfolgen. Sie kehrten rasch zurück und machten nicht gerade gescheite Gesichter, als die kommunistische Besatzung schon wieder verschwunden war. Das Vorrücken der Kommunisten war wenig mehr als ein Aufklärungsmanöver gewesen; in der Stadt hatte es keinerlei Schäden gegeben, obgleich die Truppen in anderen Orten viel Schlimmes angerichtet hatten. Erst beim Eintreffen der Japaner sah man sie wieder.

Im Jahre 1936 beschloß Gladys, die chinesische Staatsangehörigkeit zu erwerben. Nichts sollte sie mehr vom chinesischen Volk trennen; es war besser, eine »chinesische Fremde« zu sein, als ein »fremder Teufel«. Mit Hilfe des Mandarins sandte sie ihre Papiere ein, erledigte alle Formalitäten und wurde naturalisierte Chinesin. Der Unterschied machte sich in ihrer Arbeit oder in ihren Beziehungen zum Stadtvolk von Yang Cheng nicht bemerkbar, aber ihr Zugehörigkeitsgefühl wurde nun noch verstärkt.

Ein trauriges Ereignis fiel in diese Jahre: Ihre alte Freundin Mrs. Smith von der Tsechow-Mission wollte Gladys einen Besuch machen und erkrankte auf halbem Wege zwischen Tsechow und Yang Cheng. Die beiden Kulis, die ihre Maultiersänfte begleiteten, wußten nicht recht, ob sie so schnell wie möglich nach Yang Cheng weitereilen oder nach Tsechow zurückkehren sollten. Schließlich entschlossen sie sich für Yang Cheng. Als sie dort ankamen, hatte die alte Dame hohes Fieber und starb noch in der Nacht, ohne das Bewußtsein wiedererlangt zu haben. Gladys vermißte ihre Freundin sehr. Ein Jahr nach ihrem Tod wurde der vakante Missionarsposten neu besetzt, und Gladys machte sich auf die Reise, um Mr. und Mrs. Davis in Tsechow willkommen zu heißen.

Sie genoß diese gelegentlichen Ausflüge nach Tsechow sehr. Die Stadt lag in der Ebene, und obgleich eine Mauer sie umschloß, war sie doch viel größer als Yang Cheng. Sie war der Mittelpunkt von Süd-Schansi, Endstation für Karawanen kleiner, dicklippiger braungoldner Kamele, die Stoffe, Seide und Tabak von Peking und den nördlichen Gebieten brachten und auf ihrer Rückreise Kohle und Eisenwaren, Porzellan und Baumwolle mitnahmen, die auf Maultierrücken aus dem Gebirge und vom Gelben Fluß in die Stadt getragen worden waren.

Gladys kam im Frühling, rund um Tsechow blühten die Aprikosen- und Pflaumen-, Pfirsich- und Dattelbäume. Von der einen Seite der Stadtmauer sah man in die engen, erstickenden Straßen der alten Stadt, von der anderen auf das wogende Korn, die Felder mit Mais, Senfsamen, Baumwolle, Hirse, Alfalfa und dunkelgrünen, hochstämmigen Kaoliang bis hinüber zu den blauen Bergspitzen.

Jean Davis, die junge Missionarin, eine sympathische Schottin, würde wohl niemals ihre erste Begegnung mit Gladys vergessen » . . . ein winzig kleines, dünnes Ding mit großen, dunklen, staunenden Augen«, sagte sie, »die den Schansi-Dialekt herunterrasselte, als ob sie in dem Distrikt geboren wäre.« Und es war wirklich so; sie hatte nicht nur die Sprache gelernt, sondern sie war mit ihr verwachsen wie der Stein mit der Frucht, sie lebte in diesem Element wie ein Fisch im Wasser. Zwar gelang es ihr nie, richtig zu schreiben, aber sie sprach und dachte und träumte im Schansi-Dialekt; zwischen ihr und den Menschen, mit denen sie lebte, gab es keine Sprachgrenze.

Die Ankunft der Davis mit ihrem Söhnchen bedeutete ein großes Glück für Gladys, denn die neuen Freunde wohnten nur zwei Tagereisen entfernt, jenseits der Berge. Die gleichen Interessen und die gleiche Arbeit verbanden sie bald in einem sehr herzlichen Verhältnis. David und Jean paßten sich schnell den neuen Umständen an, kleideten sich chinesisch und lebten wie die Chinesen. David Davis war ein magerer, sehniger junger Waliser, dreiunddreißig Jahre alt. Wie Gladys suchte auch er die einsamsten Dörfer auf, um christliche Gemeinschaften zu gründen; ihr Bezirk, den sie persönlich betreuten, umfaßte mehr als sechstausend Quadratkilometer. In vielen der abgelegenen Dörfer hatten die Bauern noch nie einen weißen Mann gesehen, geschweige denn eine weiße Frau!

David Davis war ein Mann von Mut und Entschlußkraft. Er hatte schon früher viele Jahre in China gelebt und Gelegenheit genug gehabt, diese Eigenschaften unter Beweis zu stellen. Ein Bauernhof in Südwales war seine Heimat, im Krieg 1914/18 hatte er bei den Fliegern gedient und war dann nach Wales zurückgekehrt, um in den Docks von Cardiff zu arbeiten. Später ging er nach China als Angestellter des Internationalen Zolls, und während dieser Zeit reifte in ihm die Überzeugung, daß er zur Missionsarbeit berufen sei. Er war immer ein gottesfürchtiger Mann gewesen, doch erst die Erkenntnis der verzweifelten Armut, Unwissenheit und Not der chinesischen Kulis hatte seinen Entschluß gefestigt. Die Internationale Zollstation, wo er arbeitete, lag am Hoang-ho. Die Quellen dieses Flusses werden vom Schnee des Himalaja gespeist, von seinem Ursprung an ist er von so gewaltiger Kraft und fortreißender Strömung, daß ein von zwanzigtausend Pferdestärken getriebenes Kanonenboot sich nur im Fußgängertempo durch seine Schluchten aufwärtszuarbeiten vermag. An David Davis' Zollstation herrschte erstaunlich lebhafter Verkehr: Die kommunistischen Truppen, die das Gebiet am Oberlauf des Flusses besetzt hielten, zahlten hohe Summen für Waffen- und Munitionslieferungen. Viele seiner Kollegen unter den Zollbeamten, die übrigens den verschiedensten Nationalitäten angehörten, waren bereit, bei diesem auffallenden Warenumsatz ein Auge zuzudrücken. David Davis dagegen blieb wachsam. Er fand, es gehöre nicht zu seinen Beamtenpflichten, den Kommunisten Waffen zuzuleiten. Einmal entdeckte er an Bord eines stromaufwärts fahrenden Schiffes eine beträchtliche Ladung geschickt versteckter Maschinenpistolen. Er beschlagnahmte die Ladung und übergab sie der Internationalen Behörde. Von diesem Tage ab war er unbeliebt bei den Kommunisten, die ihre Spione überall hatten. Und sie holten sich den Mann mit brutaler Frechheit, als gerade ein englisches Kanonenboot die Zollstation besuchte.

Der Kapitän des Schiffes saß am Spätnachmittag mit Davis in dessen Bungalow, als plötzlich von den Bergen kommunistische Truppen im Sturmschritt zum Ufer marschierten, wo sie auf beiden Seiten des Stromes Maschinengewehre und leichte Artillerie aufbauten. Sie befahlen dem Kapitän, auf sein Schiff zurückzukehren, das sich unter den Mündungen ihrer Geschützrohre selbstverständlich nicht mehr rühren konnte. David Davis wurde in ein höher gelegenes Haus geführt, und dort teilte man ihm unumwunden mit, daß man ihn am nächsten Morgen hinzurichten gedenke. Als die Sonne aufging, schleppten die Kommunisten zunächst einen Chinesen heran, dem sie kurzerhand auf dem Grasplatz vor dem Haus den Kopf abschlugen – wahrscheinlich, um Davis von der Ernsthaftigkeit ihrer Absichten zu überzeugen. Fast im gleichen Augenblick tauchte an der Biegung des Flusses ein englisches Handelsschiff auf. Man hatte es vom Kanonenboot aus drahtlos benachrichtigt. Auf den mit Sandsäcken geschützten Decks richteten sich Kanonenrohre nach allen Seiten.

Sofort eröffneten die Geschütze vor dem Haus, in dem David Davis gefangensaß, das Feuer. Wie Federbüsche tanzten die Einschläge auf dem Wasser und zeichneten ein springlebendiges Muster um das Handelsschiff. Die Feuergarben verrieten den Engländern die Artilleriestellungen der Kommunisten, und sie konnten mit ihren Bordkanonen den Angriff kräftig beantworten. Den raschen Siegern vom Tag zuvor wurde es nun doch etwas unbehaglich, als Bäume und Büsche, Menschen und Mauerbrocken nur so in die Luft flogen. Diesen Augenblick allgemeiner Überraschung nutzte der Kapitän des Kanonenbootes; er lichtete seinen Anker; zugleich spien seine Kanonen ihre Ladung bis vor das Haus, in dem Davis gefangensaß, so daß seinen Wächtern der Spaß an der Schießerei rasch verging. Davis fand, daß bei dieser allgemeinen Verwirrung seine Gegenwart nicht unbedingt erforderlich sei, und entfernte sich schnell durch die Hintertür. Sein Abgang wurde von niemandem bemerkt, er rannte den Berg hinauf und erreichte mit nicht sehr viel östlicher Würde, aber um so größerer Geschwindigkeit unbesetztes Gelände. Als er drei Tage später in bewohnte Gegenden weiter flußabwärts zurückkehrte, erfuhr er, daß bei der Aktion mehrere Matrosen getötet und verwundet worden waren, daß es aber beiden Schiffen gelungen sei, stromab zu entkommen. – Da ohnehin seine Zeit beim Internationalen Zoll abgelaufen war, fuhr er nach England, wo seine junge Frau auf ihn wartete.

Seine Rückkehr nach China als Missionar ließ sich ebenso gefährlich und dramatisch an. Gladys war über Tientsin nach Schansi gereist, teils mit der Bahn, teils auf dem Maultier. Die Familie Davis verließ in Pao Ai Honam südlich des Gelben Flusses die Eisenbahn und zog dann im Maultiersattel nordwärts durch die Berge nach Tsechow. Ihr Gepäck sollte folgen. Als aber nach längerem Warten nichts davon eintraf, kehrte David Davis zum Gelben Fluß zurück, um selbst nach dem Rechten zu sehen. Mit einiger Energie gelang es ihm bald, den Transport in Gang zu setzen, das Gepäck wurde auf einen Maultierzug verladen, und er selbst schloß sich der Karawane an. Einige Tage waren sie schon unterwegs, da tauchten plötzlich im einsamen Berggelände hinter Felsbrocken ein Dutzend Banditen auf, und Davis lernte das unbehagliche Gefühl des Menschen kennen, der eine deutsche Mauserpistole haarscharf auf seinen Magen gerichtet sieht. Alle Gepäckstücke wurden aufgeschnitten und aufgebrochen, doch nachdem die Beute schon fest auf die Pferde geschnallt war, konnte sich das Gesindel nicht einigen, was mit dem weißen Mann geschehen sollte. Einige fanden, daß er das ideale Objekt für ein Lösegeld sei – andere drängten darauf, das »Beweismaterial« zu vernichten, indem man ihn gleich niederknallte und in eine Schlucht warf. Schließlich, nach längerer Streiterei, wandte sich einer, der der Häuptling zu sein schien, zu ihm und schrie ihn an: »Fort!« Davis machte sich dankbar davon, so schnell er konnte. Von einem hochgelegenen Versteck aus sah er die Bande davonreiten mit allem, was er so schwer erspart und nach China verfrachtet hatte. Er mußte sich damit trösten, daß seine Frau wenigstens noch nicht Witwe geworden war.

Die Jahre vergingen. Oft sah Gladys die Familie Davis monatelang nicht, denn die Reise nach Tsechow verschlang immerhin zwei Tage, und ihre Arbeit führte sie meist in die noch entlegeneren Täler des Gebiets. Daß sie in diesen weltabgeschlossenen Dörfern Spuren hinterließ, daran war kein Zweifel; noch heute hört man dort Männer und Frauen bei der Arbeit ungewöhnliche Melodien singen: Es sind christliche Choräle. Gladys konnte viele unter ihnen zum Christentum bekehren. Diejenigen, die mit innerem Ernst die neue Religion aufnahmen, stellten ihr Leben vollkommen um.

Den Bauern erschien das Christentum nicht als Vorläufer fremden Machtanspruchs: Es brachte besonders den Frauen eine neue Daseinsform; endlich hatten sie nicht nur Pflichten, sondern auch Rechte im gemeinsamen Haushalt. Sie und ihre Töchter wurden nicht mehr verkauft oder durch eine zweite oder dritte Frau ersetzt. Die Götzenbilder wurden verbrannt. Die Familie bildete fortan eine Gemeinschaft, die miteinander arbeitete und nicht mehr der Willkür des Mannes allein unterworfen war. Wahrscheinlich war Gladys' Erfolg auch so groß, weil sie anders als alle andern war. Einmal bekam ihre Mutter in England einen Brief von einem Chinesen aus Gladys' Bekanntenkreis. Er lautete:

»Als Ihre unübertreffliche Tochter kam nach China, meine Frau sah sie zuerst, und dann ich sprach mit ihr und finde, daß sie ist so eine Missionarin, wie wir brauchen in China. Ihr machen nichts die Bosheit, Schwierigkeiten und Armut, sie das Evangelium predigt an all den

Plätzen in dem Süden von Schansi. Die Fremden meist nicht nur kommen nach China, um das Evangelium zu predigen, und die meisten es sich machen sehr bequem, und darum nicht viele Leute in Yang Cheng glauben an Jesus Christus. Weil sehen die Leute, daß es nicht dasselbe ist, was sagt die Bibel.«

Gladys richtete ihr genügsames Leben nach dem, »was sagt die Bibel«. Sie wußte nicht – und niemand in Yang Cheng konnte es ahnen –, daß der Krieg sie alle in kurzer Zeit überrollen würde. Schon kamen die Japaner in der Mandschurei zur Macht, bald würden sie auf den uralten Heerstraßen der mongolischen Eroberer herandringen. Man hatte in Yang Cheng gehört, daß draußen in der Welt Streit entstanden war; in jeder chinesischen Provinz strebte irgendein ehrgeiziger Heerführer an die Macht. Gelegentlich marschierte eine Abteilung nordchinesischer Truppen durch die Stadt, doch kamen sie kaum mit den Einwohnern in Berührung. Es lohnte sich nicht, um ein Bergstädtchen wie Yang Cheng zu kämpfen, in Peking und in den Städten des Südens gab es feinere Seide und kostbarere Schätze. – Die Mönche vom Monte Cassino mögen das gleiche gedacht haben!

Die Überbringer der Neuigkeiten und des Klatsches, die Maultiertreiber, waren in politischen Fragen wie Kinder. Plötzlich aber raunte man sich in den Karawanen, die südwärts zogen, zu, daß man in Luan einen japanischen Angriff befürchte. Die Leute von Yang Cheng erfuhren tatsächlich jetzt erst, daß die Japaner in Nord-Schansi eingefallen waren. Man hörte von Schlachten, die im Norden geschlagen wurden – aber in Yang Cheng glaubte immer noch niemand daran, daß die Kämpfe sich bis in das hinterste Gebirge ziehen könnten. So war es auch an jenem Frühlingsmorgen 1938, als die kleinen silbernen Flugzeuge über die Berge herangeflogen kamen; jeder lief aus seinem Haus, um sie anzuschauen, denn viele hatten noch nie ein Flugzeug gesehen. Und die silbernen Vögel waren so hübsch, als sie aus dem sonnigen Himmel gerade auf die Stadt herniederstießen.

Gladys war nicht aus dem Hause getreten, weil sie eben mit dem Koch und vier Neugetauften ihre Andacht hielt. In einem der Zimmer des ersten Stocks knieten sie im gemeinsamen Gebet. Gladys hörte die Flieger erst in der letzten Minute, zugleich schien sich die Welt in ein einziges tobendes, schüttelndes, heulendes Chaos zu verwandeln, bis alles in Finsternis versank. Die Menschen von Yang Cheng waren rufend und winkend in den Straßen gestanden, als die spitzen Metalldinger aus den Bäuchen der Flugzeuge fielen und in die Stadt hineinkrachten, die Rufe in Schreie der Qual und der Angst verwandelnd. Den tödlichen Regen aus hochgeschleuderten und niederprasselnden Trümmern durchschnitt das gleichmäßige Knattern der Maschinengewehrsalven. In geringer Höhe überflog das Geschwader die Stadt, schwenkte dann aufwärts und hinaus ins Tal und nochmals zurück – das Ziel war kaum zu verfehlen. Eine Bombe allerdings irrte etwas ab, heulte über die Wälle hinaus und traf die Dachecke der »Herberge zur Sechsten Glückseligkeit«. Neun Menschen, die auf der Straße gestanden waren, waren sofort tot. Der Boden des Zimmers, in dem Gladys und die anderen beteten, neigte sich plötzlich nach einer Seite, und sie glitten und fielen hinunter, mitten in einem prasselnden Durcheinander von Balken, Steinen, Staub und Mörtel, und wurden im darunterliegenden Zimmer unter den Trümmern begraben.

Ob sie ohnmächtig geworden war, wußte Gladys nachher nicht genau; sie erinnerte sich später nur an undeutliche Stimmen und wie ihr langsam ihre Lage bewußt wurde: Sie war mit dem Gesicht nach unten gestürzt und fühlte ein ungeheures Gewicht auf ihrem Rücken lasten. Die Schmerzen waren erträglich, aber das Atmen fiel ihr schwer. Jetzt hörte sie die Stimmen ganz in der Nähe: »Lobet den Herrn, lobet den Herrn!«, und es fuhr ihr durch den Sinn: »Das ist nicht der Moment, um den Herrn zu loben. Warum tun sie nicht lieber etwas, um mich herauszuholen? Warum holen sie mich nicht heraus!«

Dann hörte sie eine Stimme, die ihr bekannt vorkam, gedämpft durch den Schutt, der auf ihrem Körper lag:

»Hier müssen sie sein, ich weiß, daß sie hier sind! Unter den Trümmern!«

Ihr schienen es Stunden, bis sie endlich spürte, daß der Schutt abgetragen wurde, und dann hatten sie sie gefunden. Ein schwerer Tragbalken hatte sie niedergeworfen, und es war ein Wunder, daß er sie nicht erschlagen hatte. Sie fühlte sich zerschunden und elend, klopfte aber ihr Kleid ab und half erst einmal, den Koch und die anderen Verschütteten herauszuziehen. Chang zeigte sich von seiner allerunchristlichsten Seite. Er fluchte in Worten, von deren Existenz im Schansi-Dialekt Gladys kaum etwas ahnte. Vom Schrecken geschüttelt, saßen die Frauen zitternd und weinend auf den Trümmern. Alle hatten Schürfungen und Schnittwunden davongetragen, doch war keine ernstlich verwundet. Die Flugzeuge hatten inzwischen abgedreht, aber die Menschen waren noch immer von Panik besessen. Verwirrung herrschte überall.

Ein Mann sprang wie geistesgestört von einem Fuß auf den anderen. »Drinnen in der Stadt ist es entsetzlich«, schrie er. »Man kann nirgends durch, alle sind tot, es ist entsetzlich, es ist fürchterlich!«

»Dann müssen wir sehen, ob wir helfen können«, sagte Gladys grimmig. »Hören Sie auf mit dem Gezeter, kommen Sie lieber mit und helfen Sie anpacken!« Im Schlafzimmer stand ihr Arzneiköfferchen; es enthielt eine große Flasche Lysol – jetzt zerbrochen –, eine Flasche mit Permanganat-Kristallen, eine Büchse Borsäurepulver und Watte. Schnell riß sie ihre beiden Bettlaken in bindenartige Streifen und machte sich auf den Weg zum Osttor.

Für den Anblick, der sich ihr nun bieten sollte, hatte

nichts in ihrem bisherigen Leben sie vorbereitet. Die Wälle und das Tor hatten kaum Schaden genommen, aber das Stadtinnere schien gänzlich verwüstet. Tote und Sterbende, Verwundete und vom Luftdruck Niedergeworfene lagen überall, denn die Straßen waren voller Menschen gewesen. Auf der Hauptstraße türmten sich die Trümmer kniehoch und höher, halb begraben darunter die Opfer. Menschen, die sich nicht befreien konnten, schrien um Hilfe. Eine oder zwei Sekunden zögerte Gladys am Tor, vor der Aufgabe zurückweichend, die ihrer harrte. Was sollte sie hier anfangen mit ihrer Flasche Permanganat, ihren paar Binden und ihrer Borsäure! Aber das Gefühl der Nutzlosigkeit verging so schnell, wie es gekommen war. Ein schwatzender Haufen Zuschauer am Tor bekam sogleich ihre Energie zu spüren.

»Ich brauche euch alle«, fuhr sie sie barsch an. Die Männer machten einen Augenblick verdutzte Gesichter, dann aber befolgten sie gehorsam ihre Anweisungen. »Nur zu! Ihr müßt alle helfen! Ihr zwei, räumt einmal dort den Trümmerhaufen fort, es liegt jemand darunter. Ihr drei geht und holt Eimer mit Wasser – aber heißes Wasser. Ihr – eins, zwei, drei, vier, fünf – ihr macht die Hauptstraße frei, so daß man durchkommen kann. Alle Toten tragt ihr hinaus und legt sie außerhalb der Tore hin. Versteht ihr? Also – gehen wir an die Arbeit.«

Diesem Chaos aus Schutt, Mauerwerk und Schmerzen versuchte Ai-weh-deh mit einem Gemisch aus »Erster Hilfe« und gesundem Menschenverstand beizukommen. Da lag eine Frau, Blut strömte über ihr Gesicht. Sie sah mit angsterfüllten Augen auf. Gladys legte ein großes Stück Watte auf die Wunde und riß ein Stück Binde ab, um sie zu befestigen. Die Verletzung war nicht gefährlich.

»So, liebe Frau. Nun bleiben Sie ein paar Minuten liegen, bis Sie sich besser fühlen, und dann stehen Sie auf und gehen nach Hause. Nicht wahr?«

Die Frau nickte schwach. »Ja«, sagte sie leise. Der Stimme hörte man die Erleichterung an, und der Schrecken wich aus ihren Augen.

»Wo wohnen Sie?«

»Draußen vor der Mauer in der Straße der Drei Schwäne.«

»Können Sie wohl bis dorthin gehen, wenn ich jemanden schicke, der Ihnen hilft?«

»Ich werde es versuchen.«

Gladys rief einen der Männer, die am Schutthaufen arbeiteten.

»Bitte«, sagte sie, »diese Frau wird in einigen Minuten soweit bei Kräften sein, daß sie nach Hause gehen kann. Begleiten Sie sie in die Straße der Drei Schwäne. Wenn sie nicht mehr weiterkommt, tragen Sie sie. Machen Sie es ihr in ihrem Haus ein bißchen bequem, dann kommen Sie wieder her, es gibt noch viel Arbeit. Vielen Dank!«

Der Mann nickte. »Ja, Ai-weh-deh«, sagte er fast demütig. Er half der Frau aufzustehen, sie legte den Arm um seine Schultern, und so stolperten sie miteinander davon. Gladys ging weiter.

Zwei Männer hatten einen Ladeninhaber aus dem Schutt seines Hauses befreit und riefen Gladys herüber. Sie erkannte sogleich, daß er tot war.

»Legt den Körper außerhalb der Stadtmauer nieder. Dann kommt zurück und helft mir.«

Die Verwundeten lagen so dicht gedrängt, daß Gladys allein auf einer Strecke von zehn Metern zwölf Menschen zu verbinden hatte. Ein Eimer mit heißem Wasser war ihr gebracht worden, sie ließ einige Kristalle aus ihrer kostbaren Permanganatflasche hineinfallen. Diese Flüssigkeit diente ihr als primitives Desinfektionsmittel, mit dem sie die Wunden betupfte. Überall traf sie schreckgelähmte Menschen, die zum Teil durch den Luftdruck innere Verletzungen erlitten hatten – alle wurden von ihr zum Handeln überredet oder durch ihre Energie mitgerissen.

Ihre durchdringende Stimme hallte zwischen den Ruinen: »Ihr drei Männer klettert einmal in das Loch da drüben. Es ist bestimmt jemand drin. Hört ihr die Leute nicht rufen? – Und ihr anderen – durchsucht hier dies Gebäude, seht, ob jemand darin in Not ist.«

Ihr Gesicht war verschmutzt von Staub, Tränen und Blut, ihr Mund nur noch eine feste, fast fanatisch wirkende Linie, ihre blaue Jacke blutbefleckt – so arbeitete sie unentwegt weiter, verband und schiente und trug ihren Eimer mit sich, um die Wunden auszuwaschen. Trotz ihrer eisernen Selbstbeherrschung mußte sie doch einigemal aufschluchzen, wenn sie ein verwundetes, totes oder verstümmeltes Kind entdeckte. Am späten Nachmittag, als sie endlich einen Augenblick innehielt, mußte sie feststellen: Sie hatte nicht mehr als drei Viertel der Hauptstraße versorgen können. Auf den Stufen des Yamen saß ein alter Mann, den Kopf in die Hände gestützt. Er war mit Staub bedeckt, schien aber sonst unverletzt. Als Gladys über den Schutt kletterte, hob er den Kopf und sah sie mit stumpfen Augen an.

»Du lebst ja noch«, krächzte er, »also lebt dein Gott wohl auch noch?«

»Ihn kann niemand töten, er ist unsterblich«, entgegnete sie etwas gereizt. »Aber warum sitzen Sie hier herum, alter Mann, wenn es so viel zu tun gibt!«

»Ich habe die ganze Zeit mit angepackt«, gab er müde zurück. »Da drüben sind sie alle an der Arbeit.«

Gladys wandte den Blick in die Richtung, die er zeigte. An einer Hausecke unter zerborstenen Balken sah sie ihren alten Freund, den Gefängnisdirektor, stehen und ging zu ihm hinüber. Er war erschöpft und schmutzig.

»Ai-weh-deh?« sagte er matt. »Ich dachte mir gleich, wenn Sie nicht tot sind, dann stecken Sie sicher irgendwo mitten darin.« Er wischte sich mit dem Jackenärmel über die Stirn, und eine breite helle Spur blieb zurück in seinem geschwärzten Gesicht.

»Sie haben auch Leute gefunden, die zu helfen versuchen?« fragte Gladys.

»Alle Gefangenen«, bejahte der Direktor. »Sie machen ihre Sache ausgezeichnet.«

Während er sprach, erschien Feng, der buddhistische Priester; er trug aus einem zerstörten Haus einen Verwundeten heraus und lächelte Gladys zu, als er mit seiner Last auf dem Rücken an ihr vorüberging.

»Wir legen die Verwundeten in den Yamen«, erklärte ihr der Gouverneur niedergeschlagen. »Aber es sind so viele. Wie lange müssen wir noch so weitermachen?«

»Bis alles getan ist«, warf Gladys ungeduldig ein. »Aber wir sollten die Arbeit besser organisieren. Die Verwundeten müssen unter ein Dach kommen, die Toten begraben und die Stadt aufgeräumt werden. Wo ist der Mandarin?«

»Im Yamen. Er hilft mit.«

»Wir wollen mit ihm sprechen.«

Sie suchten sich ihren Weg durch die Trümmer. Der Mandarin, noch im scharlachroten Gewand, beriet sich gerade mit einer Gruppe ängstlich aussehender Beamter, doch als er Gladys sah, entließ er sie, um sie anzuhören. Er war mit allem einverstanden, was sie vorschlug; eine halbe Stunde später war ein Hilfskomitee aufgestellt und an der Arbeit. Es bestand aus dem Mandarin, dem Gefängnisgouverneur, Gladys und Lu-Tschen, einem kleinen Kaufmann mit schlauem Blick.

Überkrustet mit Staub, Schweiß und Blut saßen sie um einen Tisch und entwarfen einen Plan, wie ihrer Stadt zu helfen sei. Es fehlte ihnen jegliche Erfahrung, denn keine Katastrophe in der Geschichte Yang Chengs war mit dieser zu vergleichen. Vor vielen Jahrhunderten hatten die Bewohner hier ihre Stadtwälle errichtet, klug und solide waren sie gebaut. Große viereckige Steine, sorgfältig ineinandergefügt, bildeten den Außenwall; dahinter erhob sich eine zweite Mauer. Den Wall wollten sie so breit und stark machen, daß ein Pferd mit Wagen darauf fahren konnte, daher schütteten sie eine Füllung aus Granit in den Zwischenraum. Sollten je Kanonen über die Berge herangebracht werden, so waren die Mauern fest genug, um einer Beschießung standzuhalten, und selbstverständlich völlig unangreifbar für Pfeile, Speere und Schleudergeschosse. Aber ein Überfall aus dem Himmel hätte nur von den Göttern gesandt sein können, dagegen gab es keinen Schutz. So hatten die Ahnen überlegt. Und ihre schönen Mauern umschlossen eng und unerschütterlich die wimmelnde kleine Stadt. Warfen die Japaner hier ihre Bomben mitten hinein, so konnten sie sicher sein, daß der Luftdruck innerhalb der einschließenden Mauern furchtbare Verheerungen anrichten mußte.

»Die Maultiertreiber müssen mit anpacken«, sagte Gladys. »Wir werden sie vor den Stadttoren anhalten; sie sollen ihre Tiere draußen unterbringen, so gut sie können, und uns dann helfen, den Schutt aufzuräumen. Es liegen noch immer lebende Menschen unter den Trümmern, die müssen wir zuerst herausholen und dann die Hauptstraße frei machen.«

»Wir haben Hunderte von Obdachlosen und unendlich viele Verwundete«, seufzte der Gefängnisdirektor verzagt.

»Der Tempel Lang Quai und der Buddhatempel in der Mitte der Stadt sind verschont geblieben«, erwiderte der Mandarin. »Der eine kann die Obdachlosen aufnehmen, in den anderen bringen wir die Verwundeten.«

»Wir müssen die Lebensmittelvorräte zusammenfassen, eine Gemeinschaftsküche einrichten, und die Köche, die noch leben, sollen die Stadt mit Essen versorgen«, sagte Gladys.

»Die Händler werden Nahrung und Kleidung für die Hungrigen und Obdachlosen geben«, fügte Lu-Tschen hinzu.

»Frauen müssen angestellt werden, um die Verwundeten zu pflegen«, fuhr Gladys fort. »Ich fürchte allerdings, daß noch viele sterben werden. Der Ausrufer soll herumgehen und alles bekanntgeben. Er könnte auch gleich sagen, daß jeder, der Verwandte auf dem Lande hat, dorthin gehen und vorerst bei ihnen bleiben soll.«

»Ich werde dafür sorgen, daß die Treiber und meine Gefangenen die Hauptstraße vom Ost- bis zum Westtor aufräumen«, sagte der Gefängnisdirektor. »Wenn das nicht bald geschieht, stauen sich die Maultierzüge vor den Eingängen der Stadt.«

Der Mandarin nickte, schien aber mit schweren Gedanken beschäftigt. »Ich habe noch weitere beunruhigende Nachrichten bekommen«, erklärte er. »Die Japaner haben, so wurde mir berichtet, Luan besetzt und nähern sich Tsechow. Von Tsechow werden sie mit der größten Wahrscheinlichkeit nach Yang Cheng weitermarschieren. Wie ich höre, kennen sie kein Erbarmen mit der Bevölkerung.«

»Also haben wir immerhin noch einige Tage vor uns, bis sie kommen«, warf Gladys ein. »Wir dürfen vor allen Dingen keine Zeit mehr verlieren.«

Bald darauf begannen die neuorganisierten Räumungskommandos mit der Arbeit. Maultiertreiber, Gefangene und Einwohner von Yang Cheng griffen gemeinsam zu, um die Hauptstraße von Bombenschutt zu befreien. Platz für all diesen Abfall des Krieges gab es genug in den Ruinen. Die Verwundeten wurden zum Buddhistentempel getragen; dort war Gladys mit vielen Helferinnen am Werk, Wunden auszuwaschen, gebrochene Glieder behelfsmäßig zu schienen, Laken in Binden zu reißen, Sterbenden beizustehen, so gut es ging, und an die Verwandten der transportfähigen Verwundeten Boten zu schikken. Eine riesige Grube wurde vor dem Westtor in der Nähe eines alten Friedhofs ausgehoben und die Toten dort begraben. Chang hatte die Leitung der Gemeinschaftsküche übernommen; mit ein paar Köchen aus den benachbarten Herbergen sorgte er dafür, daß niemand zu hungern brauchte. Hundert flackernde Lampen brannten bis tief in die Nacht hinein innerhalb der dicken Mauern von Yang Cheng, während die Arbeit weiterging, und jeder Treiber griff mit zu, mochte er noch so müde sein von der langen Reise. Es herrschte ein Geist der Kameradschaft, wie ihn auch sonst die Einwohner bombardierter Städte oft erfahren haben.

Die Sonne hob sich in rotgoldener Glorie über die Bergspitzen, die Luft war rein und kühl, außerhalb der Wälle krähten die Hähne und bellten die Hunde wie immer in der ersten Stunde des Tages. Aber innerhalb der Mauern war alles totenstill. Nur streunende Hunde schnüffelten im Schutt herum auf der Suche nach Abfällen; nirgends war ein Kinderlachen zu hören. Der Rauch, der an diesem Morgen langsam in den klaren Himmel hinaufstieg, war der Rauch schwelender Häuser. Die Trümmer qualmten noch immer, als fünf Tage später die siegreichen Truppen Nippons, über den leichten Khakiuniformen die Munitionskästen, Gewehre, Proviant und Waffenteile geschultert, die Bergstraße von Tsechow aus heranmarschierten und die verödete Stadt durch das Osttor betraten.

10

Die Japaner fanden eine verlassene Stadt. Überall erzählte man von ihrer Grausamkeit, und Yang Cheng war nach dem schrecklichen Bombenangriff besonders empfänglich für Nachrichten über ihr unmenschliches Vorgehen. Die Bewohner flüchteten in die einsamen Dörfer und Berghöhlen, beladen mit ihren kleinen Kindern und ihrer Habe. Der Direktor des Gefängnisses ließ die Gefangenen in Ketten antreten und in ein Bergdorf abmarschieren. Auch der Mandarin mit seiner ganzen Familie und den Yamen-

Mädchen begab sich zu einem nahen, in der Bergwildnis verborgenen Ort, und Gladys führte ihre kleine christliche Schar, etwa vierzig Menschen, nach Bei Chai Chuang, einem winzigen, ummauerten Dorf von acht Häusern, das zehn Kilometer entfernt seitlich der Großen Maultierstraße nach Süden lag.

Bei Chai Chuang lag wie ein Schwalbennest auf schrägem Dach am Abhang eines hohen Berges. Keine Straße führte dort hinauf, und in dem bergigen Gelände, das man durchqueren mußte, waren die Spuren leicht zu verwischen. Hier, in windgeschützten Tälern und Klüften, pflanzten die Bauern Hirse und Mais, Baumwolle und Leinsamen. Sie zogen Hühner und Schweine auf, Schafe und Kühe, und fingen in Fallen Rebhühner und Bergfasane. Kein japanischer Soldat hat je Bei Chai Chuang entdeckt; er hätte es auch nicht überlebt, denn jeder Bauer war ein Partisan und hatte wenig Erbarmen mit diesen fremden Eindringlingen, die er als Räuber in seinem Vaterland ansah. Darum vermied es in diesem hart geführten Krieg jeder japanische Soldat, sich von der Armee zu entfernen.

Gladys hatte viele alte Freunde in dem Dorf. Hier war sie immer willkommen, und die Bauern bewiesen auch diesmal ihre Gastfreundschaft, obgleich in Gladys' Gruppe viele Münder zu füttern waren. Mit Schrecken hörten die Dorfbewohner die Berichte von dem Bombenangriff. Gladys und die Ihren blieben über eine Woche hier. Als dann die Nachricht kam, daß die japanische Armee die Stadt passiert habe und auf der Maultierstraße wieder in der Ferne verschwunden sei, beschloß Gladys sofort, nach Yang Cheng zurückzukehren, um von ihrer Habe zu retten, was zu retten war. Sie hatte eine Blechbüchse mit dem Mietvertrag und einigen Pässen und Papieren im Garten vergraben. Da aber Bei Chai Chuang für sie alle sicherer war als Yang Cheng, ließ sie zunächst ihre Schutzbefohlenen zurück und ging allein.

Sie brauchte Stunden bis zur Stadt, der sie sich vorsichtig näherte. Das Westtor war geschlossen. Sie umging die Mauer, kletterte um die schmale Felsnase herum, die auf der Yamen-Seite der Stadt steil zum Tal abfiel, und kam so zum Osttor. Die Häuser außerhalb des Walles waren von all ihren Bewohnern verlassen; eine geisterhafte Stille hing wie ein riesiges Spinnennetz über den Gassen. Es war spät am Nachmittag, und die Schatten waren schon lang, als sie endlich die »Herberge zur Sechsten Glückseligkeit« wieder sah. Das Schild vor dem Hause knarrte im Wind; es hatte einen neuen Anstrich nötig. Sie ging durch die Räume; alles war noch so, wie sie es verlassen hatte. Die von der Bombe getroffene Ecke klaffte offen dem Himmel entgegen. Sie ergriff ein Stück Holz und begann, in einem Winkel des Hofes nach der Büchse zu graben. Fast war sie damit fertig, als sie eine Bewegung am Eingang des Hofes mehr fühlte als hörte. Erschrocken drehte sie sich um. Im Torweg stand der Wasserträger. Sie kannte ihn gut mit seinem blauen, schmutzigen Schurz und dem runden blauen Hut: ein alter Mann mit einem Ziegenbart und magerem, verschlagenem Gesicht. Sie mochte ihn nicht. Sie wußte, er war ein Dieb, ein böser alter Kerl. Ob er hiergeblieben war während der kurzen japanischen Besetzung? Sie hätte es ihm zugetraut; es war eine herrliche Gelegenheit zum Plündern.

»Wann gehen Sie weg?« fragte er mit krächzender Stimme.

»Warum sollte ich weggehen? Das ist mein Haus. Ich werde hier schlafen oder bei einem meiner Nachbarn.«

»Hier außerhalb der Wälle? Da gibt es keine Nachbarn. Alle, die zurückgekommen sind, sind in der Stadt hinter verschlossenen und verriegelten Toren. Da kommen Sie nicht hinein.«

»Was macht das? Ich kann auch hier schlafen.«

Gladys wurde ärgerlich. Was ging es ihn an, wohin sie ging und was sie tat. Sie kratzte die letzten Erdklumpen fort, hob ihre Blechbüchse aus dem Versteck, öffnete den Deckel und untersuchte den Inhalt. Waren die paar losen Papiere es überhaupt wert, ihretwegen hierher zurückzukommen und sich in Gefahr zu begeben? Wenn man den Krieg vor der Tür hatte, verlor alles seinen Wert.

»Die Japaner kommen zurück«, sagte der Wasserträger, glucksend wie eine alte Pfauenhenne.

Wortlos starrte Gladys ihn an. »Wollen Sie mir einen Schreck einjagen?« sagte sie schließlich kalt. »Das wird Ihnen nicht gelingen.«

»Sie sind schon am Westtor«, antwortete er kichernd.

»Warum sind Sie denn nicht gegangen?« warf ihm Gladys entgegen.

»Mir werden sie nichts tun. Sie werden einen armen alten Mann nicht quälen. Und ich sage es Ihnen noch einmal: Sie sind am Westtor.«

»Unsinn«, begann Gladys, und als ob das Wort sie ausgelöst hätte, ertönte in diesem Augenblick eine gewaltige Explosion am Ende der Stadt. Sie kam so plötzlich und so erschreckend, daß Gladys ihre Büchse fallen ließ und davonrannte. Sie jagte aus dem Hof hinaus auf die Straße, im Weiterlaufen hörte sie eine Kette von Explosionen; sie lief noch schneller und hastete die Gasse hinauf zum Osttor. Es war verschlossen. Den großen Maultierpfad ostwärts zu gehen hatte keinen Zweck; er führte nach Tsechow, das in Feindeshand war. Wieder mußte sie die Mauer umrunden und in südlicher Richtung sich davonmachen – im Südwesten lag Bei Chai Chuang. Gladys verlor keine Zeit; im Schatten des Walls erkämpfte sie sich ihren Weg über die Geröllhalde. Der Angriff am Westtor hielt mit unverminderter Stärke an. Es wurde schon dämmerig. Als sie den letzten Mauerpfeiler erreicht hatte, sah sie mit Schrekken, daß sie nicht weiterkonnte.

Vor ihr wurde gekämpft. Unterhalb des Westtors, zum großen Teil von Felsen geschützt, lagen in hellen Khakiuniformen etwa fünfzig japanische Soldaten und beschossen die Mauern über dem Tor. Soldaten der chinesischen Nationalarmee erwiderten das Feuer vom oberen Rand des Walls. Dazwischen hörte man den scharfen Knall explodierender Handgranaten. Zwischen Gladys und den Kämpfenden lag der kleine Friedhof, in dem sie gerade erst die Bombenopfer beerdigt hatten. Schnell kroch Gladys zu den schützenden Gräbern und kauerte sich zwischen den Gedenksteinen nieder. Wie sonderbar, dachte sie, daß es gerade ein Friedhof sein muß, ein Platz für die Toten – der mir Schutz gewährt. Aber ich bin ja noch nicht tot, munterte sie sich auf. Irgendwie mußte sie diese Stunden überstehen und dann auf dem Maultierpfad weiterwandern in westlicher Richtung. Sie wollte nicht bis zur Dunkelheit warten, weil man dann vom Weg zu wenig sah. Außerdem vermutete sie, daß größere Truppenkontingente dieser Vorhut auf dem Fuße folgen würden. Vielleicht hatten sie gerade den Friedhof als Lager für die Nacht bestimmt? – Bestimmt war es leichter, durch diesen vorgeschobenen Posten hindurchzuschlüpfen, als der japanischen Hauptmacht zu entkommen. Die Truppe hier vor ihr war so stark mit ihrem Angriff auf das Westtor beschäftigt, daß die Soldaten wohl kaum scharf beobachteten, was hinter ihrem Rücken geschah. Dort bot sich vielleicht ein Ausweg. Im Rücken der Japaner konnte sie sich, wenn sie Glück hatte, behutsam durchschlagen. Sie mußte allerdings sehr dicht an die Kämpfenden heran, denn die steile Bergwand zu ihrer Rechten verlegte ihr auf dieser Seite den Weg.

Jenseits der Straße lag ein kleines grünes Weizenfeld, die Halme etwa sechzig Zentimeter hoch. Das mußte Gladys zuerst erreichen, dort war sie sicher. Sie stand auf, tat einen tiefen Atemzug und rannte vorwärts, an den Reihen der japanischen Soldaten vorbei. Sollte einer aus dem Gebüsch oder hinter einem Felsblock auftauchen – sie würde um ihr Leben laufen. An ihrem Ziel angelangt, konnte sie sich nicht mehr beherrschen. In wildem Lauf warf sie sich kopfüber in das Weizenfeld. Schnell kroch sie weiter und erreichte, gedeckt von den wogenden Halmen, den felsenübersäten Bergabhang, über den sie, von Block zu Block in Deckung springend, ungesehen wieder auf die Hauptstraße kam. Sie führte abwärts zu einer engen, steinigen Felsschlucht, die langgestreckt die Berge durchschnitt. Beide Seiten stiegen steil an. Nur bei schlechtem Wetter strömte ein Fluß rauschend über die Kiesel; jetzt im Sommer wurde der ausgetrocknete Fluß als Landstraße benutzt, und der hochgelegene Saumpfad blieb auf diesem Abschnitt fast unbeachtet. Angenommen, dachte sie, ich treffe noch eine Gruppe von Japanern in der Schlucht, dann sitze ich in der Falle. Welchen Weg werden sie nehmen? Das Flußbett oder die Höhenstraße?

Gladys fürchtete sich nicht. Sie wußte nur, daß sie Hilfe brauchte. »Du mußt mir helfen, Gott«, kam es halblaut über ihre Lippen. Sie schloß die Augen und begann, sich im Kreis zu drehen. Drängend und beschwörend betete sie. »Den Weg, den ich sehe, wenn ich die Augen jetzt wieder aufmache, gehe ich. Hörst Du mich, mein Gott? Den Weg, den ich sehe, wenn ich aufhöre zu kreiseln, den werde ich gehen.« Sie drehte sich so lange, bis ihr fast schwindelte. Dann blickte sie auf – direkt auf den schräg ansteigenden Pfad. Und Gladys nahm diesen Weg. Sie eilte ihn entlang, so schnell ihre Füße sie tragen wollten. Die breiten Schatten des Abends füllten die Schlucht. Kalt und unheimlich wurde die Welt.

Sie war fast einen Kilometer gegangen bis zu der Stelle, wo die Schlucht sich scharf nach links wandte, als sie plötzlich Geräusche hörte: das Geklapper von Rädern, Stiefeln und Hufen über felsigen Grund. Eine marschierende Armee. Sie warf sich flach auf die Erde und lugte über den Rand der Schlucht. Ein Gefühl der Befreiung durchflutete sie. Sie hatte den richtigen Weg gewählt! Dort unten marschierte die kaiserlich-japanische Armee! Die vielfältigen Geräusche einer durchziehenden Kolonne drangen die steilen Wände empor – fünfhundert Männer wohl mochten es sein, mit Packeseln und maultierbespannter leichter Artillerie. Gladys ahnte, daß die Geschütze bald an den Toren von Yang Cheng blutige Arbeit leisten würden. Kälte kroch ihr bis ans Herz: Was würde das Schicksal der Menschen sein, wenn die berstenden Tore fielen? Die Soldaten stapften weiter ihren Weg durch die Finsternis der Schlucht, und Gladys ließ sie lärmen, bis sie außer Sicht waren. Dann erst wagte sie sich aufzurichten. Sie lief vorwärts.

Atemlos erreichte sie die Stelle, wo die Höhenstraße sich mit dem Flußbett vereinigte, und weiter ging es, den Berghang hinauf. Ihr Herz pumpte schwer, als sie den Kamm überschritt. Es war nun ganz dunkel geworden, hoch über den Gipfeln standen flimmernd die Sterne. Gladys fühlte die kalte Nachtluft an ihrem Gesicht vorbeistreifen. Sie brauchte keine Ruhepause, der Gedanke an ihre geglückte Flucht vor dem Feinde in der Schlucht gab ihr neue Kraft. So eilte sie den Grat entlang in Richtung Bei Chai Chuang.

Am nächsten Morgen erzählte sie den Leuten im Dorf, was sich in Yang Cheng ereignet hatte. Viele hatten Verwandte dort, um die sie nun in großer Sorge waren. Das bedrückendste war, daß man nichts für sie tun konnte. Täglich sandten die Männer einen Erkundungstrupp in Richtung Yang Cheng, der endlich am fünften Tag mit guten Nachrichten zurückkam. Sie hatten die Tore offen gefunden, der Stadtausrufer war auf seinem Rundgang schon bei den Straßen außerhalb der Stadt angelangt, hatte seinen Gong geschlagen und gerufen: »Alle Bürger haben zurückzukommen und ihre Höfe zu säubern!«

Gladys' kleine Gefolgschaft freute sich. Offenbar hatten die Japaner sich nach Tsechow zurückgezogen; nun konnten sie wieder nach Hause. Nur Gladys war weniger zuversichtlich, obgleich der Befehl: »Säubert eure Höfe« so verheißungsvoll klang. Niemals hatte sie in all den

Jahren in Yang Cheng diese Aufforderung gehört. Allerdings waren auch noch niemals vorher Japaner bei ihnen eingedrungen.

Gladys bestand darauf, daß alle zunächst in ihrem Dorf blieben, bis sie selbst die Situation näher erforscht habe. Zusammen mit einer Frau aus Bei Chai Chuang ging sie wieder über die Berge und hinunter zur Stadt. Während sie noch die Felsen durchkletterte, wurde es Gladys immer mehr zur Gewißheit, daß innerhalb der alten Mauern Entsetzliches auf sie wartete. Sie fühlte es in ihren Gliedern, an der Trockenheit ihres Mundes. Nichts bewegte sich, kein Geräusch war zu hören, kein aufsteigender Rauch zu sehen, keinerlei Leben zu spüren – alles schien wie unter einem tödlichen Druck erstickt.

Das Westtor stand offen; sie gingen langsam unter dem Bogen hindurch. Sie fanden eine Stadt der Toten! Hohläugige Leichen überall in den Straßen und Gassen, die meisten niedergemetzelt, nur wenige erschossen. Auf allen Plätzen, in den Tempeln, in den Basaren lagen die Toten – ausgestreckt oder zusammengeduckt, in grotesken Verrenkungen, Hände und Füße von sich gestreckt; auch Frauen und Kinder dazwischen. In der eckigen Steifheit des Todes lagen sie wie Holzblöcke am Boden, und die Hunde, diese schrecklichen herrenlosen Hunde, waren zu Menschenfressern geworden angesichts dieses Überflusses an Fleisch. Die Luft roch nach den Toten. Mit gefaßtem Gesicht ging Gladys die Hauptstraße entlang. Sie vergoß keine Tränen. Sie war jenseits von Mitleid und Tränen. Das Gefühl versagte vor diesen Leichenbergen in einem riesigen Totenhaus.

Eine kleine Gruppe von Menschen drängte sich vor dem Yamen zusammen. Gladys bahnte sich einen Weg durch die unschlüssig Wartenden, und in einem der inneren Zimmer fand sie den Mandarin. Sein Gesicht war grau.

Ohne Zögern begann Gladys zu sprechen. »Wir müssen sie begraben«, sagte sie erschöpft.

Er nickte und strich sich mit der Hand über die Stirn. Wie Gladys war er erst heute morgen von seinem Bergdorf nach Yang Cheng gekommen, nachdem er von den Ereignissen gehört hatte. Von den Japanern war nichts mehr zu sehen in der Umgebung, und gleich ihr waren einige Bewohner nach Yang Cheng zurückgekehrt, um ihr Leben dort wieder aufzunehmen. Was sie hier antrafen, hatte keiner von ihnen erwartet. Wutentbrannt durch den Widerstand der Nationalchinesen, die den Truppen den Durchmarsch sperrten, hatten die Japaner die Stadt umzingelt, die Tore zerstört und alle Männer, Frauen und Kinder niedergemacht, die sie drinnen fanden. Nicht einmal Tschingis-Khan hätte gründlichere Arbeit leisten können.

Außerhalb des Westtors wurde am Rande des Friedhofs, der schon die Opfer des Bombenangriffs aufgenommen hatte, ein tiefer Graben ausgehoben und die Toten in hohen Haufen hineingeworfen. Gladys fand selbst im Hof der »Herberge zur Sechsten Glückseligkeit« drei Leichen, die sie am Berghang begrub. Bis zum späten Nachmittag blieb sie noch in der Stadt, aber übermannt von Schmerz und ganz elend vom Erleben dieses Tages, beschloß sie, die Nacht nicht mehr hier zu verbringen, sondern sofort nach Bei Chai Chuang zurückzukehren. Sie ging durch die Straßen, vorbei an der gräßlichen Prozession der Bewohner, die die Leichen zu dem großen Graben brachten, und verließ die Stadt der Toten durch das Westtor.

Gladys sah zurück nach Yang Cheng, das ihr in langen Jahren zur geliebten Heimat geworden war. Die Sonne stand niedrig, und die zerstörten Pagoden waren ohne ihre zierlichen Dächer nur noch plumpe Massen, die dunkel gegen den Himmel starrten. Über die schrecklichen Zerstörungen senkten sich die Schatten des Abends. Die

Mauern stiegen noch immer gewaltig und mit mächtigem Schwung aus dem Fels. Man glaubte, eine unversehrte Stadt zu erblicken, eine Bergstadt voller Frieden und Schönheit, die ein wehrhaftes Volk sich in alter Zeit klug und mit weiser Voraussicht aufgebaut hatte. Aber Gladys wußte, daß trog, was ihr da vor Augen lag, eine leere Schale, eine Hülse – zwei kurze Wochen hatten Yang Cheng vernichtet.

Sie konnte wohl zurückkehren und wieder in dieser Stadt leben, konnte das Dach ihrer Herberge erneuern; aber nie mehr würde es dasselbe sein. Keine Säuberung, kein Wiederaufbau konnte jemals die Erinnerung an diese schaurige Ernte des Todes auslöschen, diesen furchtbaren Anblick vergessen machen. Die Zeit des Friedens war vorbei. Das windgefegte Land in der großen Bergeinsamkeit, das sie so geliebt hatte, war zum Schlachtfeld geworden. Traurig ging sie den steinbesäten Weg weiter und kletterte langsam über die Berge, dem Dorf Bei Chai Chuang entgegen.

Wie immer, war sie gleich nach der Morgendämmerung aufgestanden. Zehn Tage waren seit der Einnahme von Yang Cheng vergangen. Gladys verließ den Raum, den sie mit zehn anderen Frauen und Kindern teilte, ging über die Galerie die Treppe hinunter in den Hof. In der Küche leerte sie im Nu mit ihren Eßstäbchen eine dampfende Schüssel voll Hirse und schluckte brühheißen Tee aus einer kleinen chinesischen Schale. Draußen war es kalt, denn die Sonne hatte sich noch nicht über die Bergspitzen erhoben, und die Luft hatte einen würzig-scharfen Geruch. Einen Augenblick sah sie hinunter in das Tal und wieder hinüber zu den entfernten Höhen. Dann eilte sie zu ihrem im Dorf improvisierten Hospital, um mit ihrer täglichen Arbeit zu beginnen. Als sie die Höhle betrat, hoben die zehn Patienten die Köpfe und grüßten sie.

Gladys trat energisch und fröhlich auf und versuchte, jenen Krankenschwestern zu gleichen, die ihr seit ihrer frühesten Kindheit durch ihr forsches, fröhliches Wesen so imponiert hatten.

»Guten Morgen«, sagte sie. »Habt ihr gut geschlafen? Höchste Zeit, daß ihr eure Medizin schluckt.«

Die Hospitalhöhle lag noch innerhalb der Dorfmauer, die sich so an den Bergabhang anschmiegte, daß man aus einiger Entfernung den gewachsenen Fels vom gemauerten Wall nicht unterscheiden konnte. Der Berg hing schützend wie ein Kliff über dem Dorf und fiel jenseits der Siedlung steil ab.

In Friedenszeiten wurde die Höhle im Sommer als Stall, im Winter aber, wenn der Schnee unaufhörlich fiel, als Speicher für die Lebensmittelvorräte benutzt. Mit Hilfe der Bauern hatte Gladys die Höhle gesäubert und als Hospital eingerichtet, denn es fehlte jede Möglichkeit, die Verwundeten von Yang Cheng anderswo unterzubringen. Viele hatten sich trotz ihrer Verletzungen selbst hierhergeschleppt, andere waren getragen worden, um hier Zuflucht und Rettung zu finden. Gladys arbeitete sich schnell ein, als ob sie ahnte, daß nur wenige Wochen später noch weit mehr Unfälle ihre Hilfe erfordern würden. Japanische Flugzeuge feuerten auf Erkundungsflügen mit Maschinengewehren, und wenn sie gerade Lust hatten, warfen sie auch Bomben. Militärpatrouillen schossen auf jeden Dorfbewohner, den sie bei der Feldarbeit oder am Bergabhang sahen. Francis, einer ihrer kleinen Schutzbefohlenen, wurde nahe bei seinem elterlichen Hause von einem Flugzeug angegriffen, eine Kugel durchschlug seine Hand und trennte drei Finger ab.

Bald verbreitete sich die Nachricht von dem improvisierten Hospital in Bei Chai Chuang. Die meisten Verletzungen entstanden durch Maschinengewehrfeuer. Gladys behandelte die Wunden, so gut sie es vermochte, auf primitive Weise zwar, aber erfolgreich. Sie besaß Rizinusöl,

Schwefel und das unvermeidliche Permanganat von Pottasche, dazu eine Metallspritze von einer Größe, die fast an ihres Vaters Rosenspritze heranreichte, mit der er nach Feierabend in Edmonton so eifrig tätig war.

In der Höhle kochte Chung Ru Mai, die sie die Bibelfrau nannten, das Wasser ab, in dem Gladys die heilenden Kristalle auflöste. Sie füllte vorsichtig ihre Spritze und wandte sich dem ersten Patienten zu. Es war ein junger Bauer von den Feldern nahe Yang Cheng. Eine Kugel war durch seine Wade gedrungen. Er lächelte, als sie sich ihm näherte, und zog sein blaues baumwollenes Hosenbein hoch.

»Halten Sie die Schüssel darunter«, wies Gladys ihn an. Die Wunden mit lila Permanganat auszuspritzen – das war ihre Therapie. Sie hatte Erfolg, denn nur einer ihrer Patienten starb. Auch er war ein junger Bauer gewesen. Eine japanische Kugel hatte seinen Ellbogen zerschmettert und war durchgeschlagen bis in den Magen. All ihr Spritzen, all ihre Fürsorge und Geduld konnten ihn nicht retten.

Die Frühjahrsoffensive der Japaner entlang der uralten Mauleselpfade bis zum Gelben Fluß war offensichtlich nur ein vorbereitender räuberischer Überfall. Im Herbst wurden ihre Armeen aus Tsechow abgezogen und nach Suan verlegt. Die Operationen in Nordchina in diesen ersten Monaten des Krieges waren nur Übungen in schwierigem Terrain gewesen, und erst vom nächsten Frühling ab marschierten sie dann, den alten Handelswegen folgend, tiefer in die Berge hinein. Jedes Widerstandsnest wurde mit der Brutalität überwältigt, die seit den Tagen der frühesten mongolischen Invasionen jeden Feind, der von Norden kam, charakterisiert hatte. Nachdem sie durch Yang Cheng gezogen waren, drangen die Japaner weiter vor bis Chauchun. Dort verhafteten sie einen großen Teil der Bevölkerung, darunter auch Hsi-Lien, den Maultiertreiber, den Gladys so gut kannte. Eine

Vorausabteilung hatte ihn zu Hause bei seiner Familie überrumpelt, als er mit seiner Frau und seinen zwei Kindern bei der Mahlzeit saß. Grinsend stießen ihn die eckigen kleinen Japaner aus dem Hause hinaus. »Du bist ein guter, kräftiger Maultiertreiber«, sagten sie. »Du wirst unser Munitionsträger sein, und dir und deiner Familie soll dann nichts geschehen. Verstehst du?«

»Aber ich kann das nicht«, sagte Hsi-Lien zitternd. »Ich bin Christ. Ich bin Pazifist. Wenn ich eure Kugeln trage, würde ich euch helfen in eurem Krieg. Ich kann das nicht tun.«

Sie brachten ihn zu einem Offizier, und Hsi-Lien stand auch hier zu seiner Überzeugung.

»In diesem Falle«, sagte der Offizier liebenswürdig, »werden wir dir zeigen, wie wir Christen behandeln, die sich weigern, uns zu helfen.«

Sie banden ihn an einen Pfahl vor seinem eigenen Hause, verbarrikadierten die Tür, so daß seine Frau und die Kinder nicht mehr herauskonnten, dann setzten sie das Haus in Brand. Unter den höhnenden Zurufen der Japaner hörte er die Schreie der gefangenen Frau und der Kinder, die ihn fast zum Wahnsinn trieben. Das Feuer war schon erloschen und die Japaner nach Yang Cheng abmarschiert, wo sie furchtbar wüteten; ihn aber hatten sie an seinem Pfahl hängen lassen, erst beim Einbruch der Nacht krochen Hsi-Liens Nachbarn von den Hügeln herunter und befreiten ihn. Vor Verzweiflung völlig von Sinnen, rannte er den Bergen zu. Er hatte gehört, daß Gladys in Bei Chai Chuang war.

Er taumelte in ihre Lazaretthöhle, als sie gerade die Spritze für die Verwundeten vorbereitete. Er konnte nur unzusammenhängende Wortfetzen stammeln, und es verging einige Zeit, ehe sie das Entsetzliche in seinem vollen Umfang erfaßte. Gladys hatte schweigend zugehört. Sie konnte nichts tun, um ihn zu trösten; nur der Toten konnte man gedenken an der Stelle, wo sie hingemordet worden waren. Eine kleine Gruppe – Gladys, die Bibelfrau, zwei kräftige Bauern und der einsame Hsi-Lien – wanderte gemeinsam den Weg über die Berge nach Chauchun. In der Abenddämmerung erreichten sie den Ort und sammelten sich mit einigen Dorfbewohnern in Hsi-Liens früherem Hof, der nun hochauf mit verkohlten Trümmern gefüllt war.

Gladys stand auf einem Trümmerhaufen, ein wenig über den anderen, und sie alle senkten die Köpfe, als sie aus ihrer Bibel vorlas:

»Euer Herz erschrecke nicht. Glaubet an Gott, und glaubet an mich. In meines Vaters Hause sind viele Wohnungen. Wenn's nicht so wäre, so würde ich zu euch sagen: Ich gehe hin, euch die Stätte zu bereiten. Und wenn ich hingehe, euch die Stätte zu bereiten, so will ich wiederkommen und euch zu mir nehmen, auf daß ihr seid, wo ich bin.«

Gladys blickte Hsi-Lien an, den Maultiertreiber, der mit gebeugtem Kopf vor ihr stand. Tränen rannen über seine Wangen – ein Mann, der Sohn, Tochter, Frau und Haus verloren hatte. Das Mitleid mit ihm drückte ihr das Herz zusammen. Als sie zurückging über die Berge nach Bei Chai Chuang, nahm sie ihn mit sich.

Im Herbst und Winter und im zeitigen Frühling 1939 teilte Gladys ihre Zeit zwischen Bei Chai Chuang, Yang Cheng und den Dörfern der Provinz, wo kleine christliche Gemeinden entstanden waren. Ihre Arbeit als Fußinspektorin war überflüssig geworden – ein Luxusberuf, der die Bombenangriffe nicht überlebte. Wichtigeres gab es nun zu tun, als Füße zu untersuchen. Die »Herberge zur Sechsten Glückseligkeit« war wie ausgestorben. Der Handel entlang der alten Straße hatte aufgehört, denn seit Luan in Feindeshand war, konnte man nicht über Tsechow hinausgelangen, und nur noch wenige ihrer alten Freunde unter den Maultiertreibern suchten die Herberge auf, seit sich die Strecke so verkürzt hatte. Chang, der Koch, war verschwunden, und mit ihm der gute Geist des Hauses. Als die Japaner in Yang Cheng eindrangen, war er in sein Heimatdorf in den Bergen geflohen. Gladys hat nie erfahren, was weiter mit ihm geschah; jedenfalls kehrte er nicht wieder, und nur die Nachricht von seinem Tode erreichte sie. Wie er starb, darüber fehlte jede Nachricht. Chang war ein alter Mann, und sein Tod konnte durchaus natürliche Ursachen haben; aber sie glaubte nicht recht daran. Er war ein so rebellischer, ungeduldiger Alter gewesen, daß die Vorstellung eines ruhigen, friedlichen Todes in diesen Zeiten nicht seiner Natur entsprach. Gladys trauerte um Chang; er war immer ein zuverlässiger Freund gewesen, gerade wenn sie Freundschaft am nötigsten brauchte.

Sie war oft knapp an Geld in diesen Tagen. Von Zeit zu Zeit sandte ihre Mutter eine Postanweisung, und bei dem günstigen Wechselkurs konnte sie mit wenigen Shillingen monatelang auskommen. Zwar bedeutete Geld nicht viel, aber Gladys, die vollständig mit ihrem Lebensraum und dessen Menschen verwachsen war, handelte wie sie alle: Wer in diesen schlimmen Jahren Nahrung und Unterkunft hatte, teilte beides mit den anderen.

Entsetzen fuhr wie ein Sturm durch die Straßen Yang Chengs, als sich im Frühling 1939 wieder die Nachricht verbreitete: Die Japaner nähern sich dem Hochland! Trotzdem verließ die Bevölkerung Haus und Hof nur widerstrebend; immer noch hofften die Menschen, der japanische Vormarsch könnte durch irgendein Wunder aufgehalten werden. Vielleicht waren alle Schrecken der Vergangenheit nur ein böser Traum gewesen – das Furchtbare konnte doch nicht noch einmal geschehen. Aber die Anordnungen des Kommandeurs der chinesischen Nationalarmee zerstörten alle Illusionen. Sie waren eindeutig. Die »Strategie der verbrannten Erde« wurde befohlen. »Verbrennt eure Leichen. Zerstört eure Häuser. Nirgends darf der Angreifer ein Obdach finden!« Verzweifelt sahen die Bauern, wie die Hirse- und Reisfelder, von denen doch ihre ganze Existenz abhing, in Brand gesteckt wurden. »Was sollen wir tun?« fragten sie. »Wie sollen wir ohne Korn leben?«

»Geht in die Berge«, war die Antwort. »Wohnt in den Höhlen und an den Abhängen, sät euer Korn in die Spalten und Klüfte, überall dort, wo ihr noch eine Krume guter Erde findet. Zehrt an den Eindringlingen wie Heuschrecken! Stehlt ihre Vorräte! Tötet die Männer! Nehmt die Gewehre von den Toten und gebraucht sie gegen den Feind. Nur so können wir China retten.«

Gladys sah kummervoll zu ihrem klaffenden Dach hinauf. Die Bomben und das Winterwetter hatten die »Politik der verbrannten Erde« bereits befolgt.

Der Mandarin war äußerst beunruhigt, er forderte Gladys auf, ihn zu besuchen. »Diese ›Politik der verbrannten Erde‹ ist schwer durchzuführen. Wir haben fast alles getan, was die Soldaten forderten – aber wie es mit der Pagode des Skorpions werden soll, das weiß ich nicht ...«

»Was ist damit?« fragte Gladys. »Ein häßliches altes Ding!«

»Sie wissen vielleicht, daß sich an diesen Tempel eine Legende knüpft. Vor Hunderten von Jahren, so wird erzählt, suchte ein Riesenskorpion unsere Berge heim und tötete viele Menschen. Doch während er schlief, schleppte das Volk große Steinblöcke herbei und errichtete eine Pagode über dem Skorpion, so daß er für immer gefangen saß. Nun fürchten die Stadtbewohner, daß der Skorpion entkommt, wenn sie sein Gefängnis niederreißen.«

Gladys' Brauen zogen sich zusammen: »Glauben Sie etwa an diese Altweibergeschichte?«

Er lächelte. »Nein, ich glaube nicht daran; darum wünsche ich, daß Sie und Ihre Christen den Befehl zur Zerstörung ausführen.«

»Mit dem größten Vergnügen«, entgegnete sie kurz

und nicht ohne die Befriedigung des guten Christen, dem man die Vernichtung eines Werkes der Abgötterei gestattet.

»Ich will auch die Leute von Bei Chai Chuang herbringen, und gleich morgen früh werden wir uns diesen gräßlichen Heidentempel vornehmen.«

»Wenn ihr damit fertig seid«, fuhr der Mandarin fort, »gebe ich ein Fest, und ich möchte gern, daß Sie daran teilnehmen. Es wird wohl das letzte sein, das jemals in Yang Cheng gefeiert wird, denn wir müssen alles, was hier noch heil ist, zerstören. Am Tage dieses Festes möchte ich meinen Gästen etwas mitteilen, das Sie hören sollen.«

Hundert kräftige Christen, ausgerüstet mit den verschiedensten Werkzeugen, erschienen schon früh am nächsten Morgen bei der Pagode. Es dauerte nicht lange, dann waren die Steine auseinandergeschlagen und zu Boden geschleift.

Am nächsten Tag wurde des Mandarins Fest gefeiert. Zu ihrer Überraschung fand Gladys, die wie gewöhnlich die einzige Frau unter den Anwesenden war, dieses Mal ihren Platz direkt neben dem Mandarin – den Ehrenplatz zu seiner Rechten. Das war noch niemals der Fall gewesen. Alle bedeutenden Persönlichkeiten von Yang Cheng waren zugegen; der Gefängnisdirektor, zwei reiche Kaufleute, mehrere Beamte, zusammen etwa zwölf Gäste. Das Essen war einfach, im Gegensatz zu den üppigen Festen, denen sie in früheren Jahren beigewohnt hatte und die sich stets über viele Stunden ausdehnten.

Gegen Ende des Festes stand der Mandarin auf und hielt eine Ansprache. Er erinnerte daran, wie Ai-weh-deh nach China gekommen war, wie sie gearbeitet hatte für alle, was sie für die Armen getan hatte, für die Kranken und die Gefangenen. Er sprach von dem neuen Glauben, Christentum genannt, den sie hier verkündet und über den er bei vielen Gelegenheiten mit ihr diskutiert hatte.

Gladys fühlte sich etwas verwirrt. Das alles klang wie die Rede eines Vereinsvorstandes drüben in England, so daß sie sich ein wenig frech und neugierig fragte, ob er ihr vielleicht zum Schluß eine Ehrenurkunde oder eine silberne Teekanne als besondere Auszeichnung überreichen würde; doch am Ende der Rede wandte er sich, sehr ernst geworden, ihr zu und sagte feierlich: »Ai-weh-deh, ich möchte Ihren Glauben annehmen. Ich möchte Christ werden!«

Ein Gemurmel der Überraschung lief um den Tisch. Gladys war so erstaunt, so tief berührt, daß sie kein Wort hervorbrachte. Die Versammelten nickten und lächelten, und sie war sich bewußt, daß eine Antwort von ihr erwartet wurde. Sie stand auf und brachte stammelnd ihre Überraschung, ihre Freude und ihren Dank zum Ausdruck. Der Mandarin sah, wie verwirrt sie war, und half ihr. »Wir wollen später darüber reden, Ai-weh-deh«, sagte er, und sie war froh über seinen Vorschlag. Zu heftig bewegte sie das Gefühl, daß ihr hier die wichtigste Bekehrung all ihrer Chinajahre geschenkt worden war; sie vermochte selbst noch kaum daran zu glauben. Das Gespräch wandte sich nun wieder dem Vormarsch der Japaner zu. Wie würden sie dieses Mal mit der Stadt verfahren?

Der Gefängnisdirektor hatte seine eigenen Sorgen. Als der Feind das erstemal erwartet wurde, ließ er seine Gefangenen fesseln und abmarschieren, in das Land hinaus. Damals hatten sie, aneinandergekettet, die Zeit in einer Berghöhle abgewartet, und die Bevölkerung mußte nicht fürchten, daß die Verbrecher in den Wirren des Angriffs sich befreiten und in die aus der Ordnung geworfene Stadt stürzten. Aber sie zu bewachen und außerdem mit Essen zu versorgen war äußerst schwierig gewesen; er konnte diese Aufgabe nicht noch einmal auf sich nehmen. Sollte er nun die Gefangenen freigeben oder sie hinrichten lassen? Man stimmte darin überein, daß die Hinrichtung der sicherste Weg sei. Mörder und verwegene, skrupellose Burschen befanden sich unter den Häftlingen. Gladys protestierte. Es müsse sich doch eine menschlichere Lösung finden: Warum sie nicht zu ihren Freunden oder Verwandten entlassen, die für ihr weiteres Verhalten verantwortlich gemacht werden müßten? Der Gefängnisdirektor nickte bedächtig. Er wollte es versuchen. Aber wenn die Japaner heranrückten und eine Reihe Gefangener noch keine Bürgen gefunden hätten, so müsse er diese im Interesse der allgemeinen Sicherheit eben doch köpfen lassen. Am Ost- und Westtor waren am nächsten Tag Plakate angeschlagen, die Freunde und Verwandte aufforderten, einem Gefangenen Kost und Wohnung zuzusichern. Sie mußten zugleich die Bürgschaft für sein Verhalten übernehmen, außerdem hatten sie zum Zeichen ihres guten Willens neunzig Zhen zu zahlen. Der Stadtausrufer verkündigte in den Straßen den gleichen Beschluß.

Würde die Amnestie Erfolg haben? Gladys suchte am nächsten Abend das Gefängnis auf, um sich danach zu erkundigen. Das Resultat war recht enttäuschend: Zwölf der Männer hatten noch niemanden gefunden, der sie aufnehmen wollte oder konnte. Als Gladys den engen, niederdrückenden Hof betrat, kamen Feng, der buddhistische Priester, und Sheng-Li, mit dem sie zuweilen schon lange Gespräche geführt hatte, auf sie zu, um sie zu begrüßen. Nach lokalen Begriffen war Sheng-Li ein gebildeter Mann. Er konnte lesen und schreiben und verstand sich ausgezeichnet auf Geldgeschäfte. Für dieses Gebiet brachte er vielleicht zu viele Fähigkeiten mit: Er hatte nämlich einen Tucheng gefälscht, ein Steinsiegel, das von wohlhabenden Leuten benutzt wird, um ihre Amtspapiere zu stempeln. Jedes Siegel trägt deutliche, ganz charakteristische Markierungen. Sheng-Li hatte den Tucheng eines reichen Kaufmanns gefälscht und bezog infolgedessen angenehme Einkünfte, bis sein Vergehen entdeckt wurde.

Er war ein fröhlicher kleiner Mann, und Gladys hatte

ihn sehr gern. Fünfzehn Jahre Gefängnis hatte er noch abzusitzen, und voller Mitleid erbot sich Gladys, für ihn zu bürgen. Beim Verlassen des Hofes aber folgten ihr Fengs Augen so niedergeschlagen, daß sie sich zurückwandte und sagte, sie wolle die neunzig Zhen zahlen und auch noch für ihn die Bürgschaft übernehmen. Gefolgt von den beiden Befreiten ging sie zurück zu der »Herberge zur Sechsten Glückseligkeit«, um mit den Vorbereitungen für ihre Umsiedlung nach Bei Chai Chuang zu beginnen. Dieses Mal wollte sie rechtzeitig vor dem Eintreffen der Japaner über alle Berge sein. Früh am nächsten Morgen nahm Gladys Abschied vom Mandarin und vom Gefängnisdirektor, der sehr beunruhigt war, denn für acht seiner »Schützlinge«, darunter zwei abgeurteilte Mörder, wollte sich kein Bürge finden.

»Was haben sie verbrochen?« fragte Gladys.

»Die Götter in der Grünen Pagode hatten kostbare Juwelen in den Augen und Ohren«, erklärte der Direktor. »Die beiden Männer wurden von einem Priester beim Stehlen ertappt, und beim Versuch zu entkommen, haben sie ihn ermordet.«

»Hm –«, nickte Gladys. Sie konnte beim besten Willen nicht behaupten, daß sie die beiden gern um sich gehabt hätte; aber sie wollte sie wenigstens im Gefängnis besuchen.

Acht mutlose Augenpaare blickten ihr entgegen. Gladys sprach mit den Männern und hörte von ihnen, daß sie zwar alle in weit abgelegenen Dörfern Verwandte hatten; aber es bestand keine Möglichkeit mehr, die Nachricht von der Amnestie noch vor der Ankunft der Japaner dorthin gelangen zu lassen. Impulsiv wandte sie sich zu dem Direktor: »Ich kann nicht für jeden neunzig Zhen bezahlen, aber sie können mit mir kommen, ich bürge für sie. Sobald ich in Bei Chai Chuang angekommen bin, werde ich Boten zu ihren Verwandten in den Dörfern schicken.«

Sie war in Bei Chai Chuang, als ihr in den ersten Frühlingstagen die Botschaft überbracht wurde, daß Banditen ein Mitglied ihrer christlichen Gemeinde in einem Dorf nahe der Stadt Shin-Schui überfallen hatten. Obgleich er nur ein armer Mann war, hatte sich das Gerücht verbreitet, daß er Gold verborgen halte. Die Räuber hatten, aus den Bergen hervorbrechend, sein Haus überfallen und ihn gefoltert, um von ihm das Versteck des sagenhaften Goldes zu erfahren.

Mit einem ihrer Kinder, dem neunjährigen Thimothy, und der siebzehnjährigen Wan Yü, die in einem Dorf nicht weit von Shin-Schui lebte und ihre Eltern besuchen wollte, machte Gladys sich auf den Weg zu dem Ärmsten, um zu sehen, ob er Hilfe brauche. Sie fand ihn in seinem Haus, es ging ihm sehr schlecht. Die Bande hatte ihn mit rotglühenden Eisen fürchterlich zugerichtet; Gladys verband seine Wunden und versuchte, ihm seine Schmerzen zu erleichtern, so gut sie konnte. Das Dorf lag in einem ruhigen, versteckten Tal, die Feldterrassen waren noch grün vom Frühlingskorn, alles schien so friedlich und heiter, daß Gladys die Tage bei dem Kranken wie Ferien genoß. Shin-Schui war zweieinhalb Tagereisen entfernt, Yang Cheng sogar noch weiter. Jeden Morgen kletterte Gladys auf eine der umliegenden Höhen, ließ sich dort oben nieder und freute sich an den Wolken und dem sich weithin erstreckenden tausendgestaltigen Gebirge.

Diese friedliche Zeit aber war schnell vorbei. Von der kleinen christlichen Mission, die Gladys in Shin-Schui eingerichtet hatte, kam ein Bote angehetzt; er war fast den ganzen Weg gerannt.

Die Japaner hatten ein zweites Mal Yang Cheng eingenommen, und vielleicht schon morgen konnten sie Shin-Schui überfallen. Die Mission hatte zweihundert Flüchtlinge aufgenommen – konnte Ai-weh-deh sofort kommen und helfen?

Mit Thimothy und Wan Yü machte sie sich eilig auf den Weg. Das Dorf, in dem sie die erste Nacht verbracht hatten, lag noch keine drei Kilometer hinter ihnen, als das Geräusch eines Flugzeuges sie aufhorchen ließ, das direkt über ihren Köpfen zu einer weiten Kurve ansetzte. Sie warfen sich flach auf die Erde, und schon hörten sie in der Ferne die Bomben herniederpfeifen. Gladys wurde sofort klar, daß der Angriff Shin-Schui galt, das nur noch eine Tagereise von ihnen entfernt war.

Am nächsten Morgen kamen sie an und sahen, was ihnen schon allzu vertraut war. Alle Bewohner waren vor einem großen Tempel im Mittelpunkt der Stadt zusammengerufen worden, wo der Mandarin von Shin-Schui eine Ansprache hielt. Die Stadt war bombardiert worden; sie mußten also mit der Ankunft des Feindes bald rechnen. Jeder Einwohner sollte die Stadt noch vor Anbruch des nächsten Tages verlassen.

Während sie ihm zuhörte, prägte sich ihr das Bild fest ein: die große, schlanke Figur im Mandaringewand auf den grauen Steinstufen des Tempels, die Pagodendächer und die dunkle Stadtmauer als Rahmen, alles eingefaßt von dem heißen blauen Sommerhimmel und dem weiten Rund der Berge. Sie versuchte sich vorzustellen, wie oft im Laufe der Jahrhunderte sich diese Szene schon wiederholt haben mochte. Die Eindringlinge kamen fast immer von Norden und brachten Blut und Tod und Zerstörung. Dann floh die Bevölkerung in die Berge, und wenn der Feind abgezogen war, kehrte sie zurück, um ihre Toten zu begraben und ihre Häuser neu aufzubauen. Von Generation zu Generation hatte sich immer wieder das gleiche abgespielt. Waren es nicht fremde Eindringlinge, dann waren es ehrgeizige Generäle aus den eigenen Reihen, die einander bekriegten. Wer würde sich in zehn Jahren noch erinnern, an welchem Tage die Japaner angegriffen hatten, wer getötet worden und welcher Schaden entstanden war? Ja, die Mutter, die ihr Kind verloren hatte, würde es wissen, und die Frau, die um ihren Gatten trauerte. Auch sie würden alt werden und vergessen, aber die ewige Wiederkehr von Geburt und Tod, Saat und Ernte würde bleiben. Das Leben selbst war nicht auszutilgen: verbrenne es, töte es – niemals wird es ganz erlöschen. Fruchtbar wie die Läuse sind die Menschen und schwerer zu vernichten. Gladys fand, daß Gott in diesen Bergmenschen prächtige Geschöpfe erschaffen hatte. Sie würde sie niemals vergessen können; sie waren zu einem Teil ihres Lebens geworden, ihr so nahe wie die Haut auf ihrem Leib.

In diesem Jahr schrieb Gladys ihrer Mutter einen Brief, auf einen Fetzen Papier hingekritzelt, in dem es wie im Neuen Testament hieß:

»Wünschet mich nicht aus all diesem heraus und versuchet nicht, auf irgendeine Weise mich von meinem Werk abzuhalten, wie lange auch die Prüfung dauern möge, denn ich will nicht fliehen vor dieser Heimsuchung. Diese Menschen sind mir von Gott anvertraut, und ich will mit ihnen leben oder sterben für Ihn und Seinen Ruhm.«

Der Londoner Sommer war in diesem Jahr heiß und einschläfernd, und die Bevölkerung wartete auf den Krieg. Die Libellen glitten mit schimmernden Flügeln über die glatte, grauglänzende Oberfläche der Themse, und die Menschen hoben Schützengräben in den Parks aus, als Zuflucht vor den anderen Flügeln, die sich wohl bald in den Wolken über ihnen ausspannen würden. Hinter Winston Churchills gemütlicher Kontur barg sich der gesammelte Widerstand eines Volkes; bald würde er vor das britische Commonwealth hintreten und es mit den uralten Worten Christi anfeuern, sich der großen Zeit würdig zu erweisen.

Es war vielleicht nicht einmal so sonderbar, daß die Worte, die die kleine Frau aus der Tiefe Chinas schrieb, ebenso ein Echo des Neuen Testaments waren wie die des großen Staatsmannes: »Wünschet mich nicht aus all diesem heraus und versuchet nicht, auf irgendeine Weise mich von meinem Werk abzuhalten, wie lange auch die Prüfung dauern möge, denn ich will nicht fliehen vor dieser Heimsuchung.«

11

In dieser Nacht, im Hofe des kleinen Missionshauses in Shin-Schui, faßte Gladys ihren Entschluß. Sie mußte fliehen, wenn der Feind weiter vorwärts drang. Nach Yang Cheng konnten sie nicht mehr zurück, es würde schon überrannt sein, und sie mußte deshalb versuchen, mit Thimothy und Wan Yü wieder nach Bei Chai Chuang zu gelangen, wo ihre Freunde und die anderen Kinder auf sie warteten. Sicherheit gab es nur bei Menschen, die man kannte und denen man vertrauen konnte. Chinesische Banditen vereinigten sich neuerdings mit größeren Räuberbanden, die sich aus obdachlosen Dorfbewohnern gebildet hatten, und wuchsen zu starken Partisanenverbänden an. Gesetzlos und wild, konnten sie oft grausamer unter ihrem eigenen Volk wüten als die Japaner. Gladys überlegte, daß sie und die Ihren der Begegnung mit vordringenden Japanern ausweichen konnten, wenn sie in die Berge gingen; gegen streunende chinesische Horden gab es keinen sicheren Schutz. Trotzdem mußte sie handeln.

Es war merkwürdig, dachte sie, wie mittelalterlich die Kriegführung geworden war. Die Waffen waren modern, aber die Strategie bediente sich kaum je schneller Manöver und plötzlicher Überraschungen. Das Terrain widersetzte sich allen wissenschaftlichen Prinzipien der Kriegführung, und so wurde ein Bajonettkrieg, ein Halsabschneiderkrieg daraus. Der Feind bewegte sich schwerfällig zu Fuß; die Städte erwachten um Mitternacht von einer Stimme, die vor den Toren Drohungen ausstieß und zur Übergabe aufforderte. Wurde die Stadt trotzdem verteidigt, so waren Plünderung und Zerstörung ihr Los. Keine Genfer Konvention schützte Soldaten oder Bürger, kein internationales Gesetz konnte da helfen.

Ganz früh am nächsten Morgen wanderten Gladys, Wan Yü und Thimothy durch das Stadttor, mit ihren Bündeln unter dem Arm. Noch hing die Dunkelheit über den Tälern, aber die Wolken über den Bergkämmen wurden schnell von der aufsteigenden Sonne durchleuchtet, und mit gellender Stimme verkündeten die Hähne, daß der Tag und die Japaner nahten.

Sie waren noch keine zehn Minuten gegangen, als Gladys eine eigentümliche, unbehagliche Erregung in sich aufsteigen fühlte. Nur noch ein Marsch von gut zwei Kilometern lag vor ihnen, ehe sie den natürlichen Schutz der Felsen und Berghänge erreicht hatten. Eine immer stärker werdende Beklemmung und Angst legte sich Gladys aufs Herz, ohne sichtbare Ursache. Ihr Gehirn sandte kleine telegraphische Warnsignale aus: »Halt, halt!«, und sie wußte aus Erfahrung, daß sie ihren Eingebungen unbedingt vertrauen konnte. Vielleicht schickten die Japaner zu beiden Seiten ihrer vordringenden Truppen Patrouillen voraus? Vielleicht liefen sie in der Schlucht geradewegs einer solchen Patrouille in die Arme? Fast wäre ihr das schon einmal vor den Toren von Yang Cheng passiert.

Streng blickte sie Thimothy und Wan Yü an. »Wir gehen zurück!« sagte sie laut.

Erstaunt sahen sie zu Gladys auf. »Aber warum?« fragte Wan Yü.

»Ich weiß nicht. Aber wir gehen!« entgegnete sie; gegen diese entschlossene Stimme war keine Auflehnung möglich. Sie ergriff Thimothys Hand, drehte sich auf dem Absatz um und marschierte zurück zu den Stadttoren, Thimothy und Wan Yü hinter sich herziehend.

»Können wir nicht zu meinem Dorf gehen und dort

bleiben?« fragte Wan Yü eifrig. »Es liegt in einem Tal draußen vor dem Westtor. Mein Bruder wird für uns sorgen, er tut es sicher gern.«

»Gut, das wollen wir tun. Ich glaube, es ist zu gefährlich, wenn wir gerade jetzt versuchen würden, nach Bei Chai Chuang zu kommen.«

Sie hasteten durch das Osttor zurück. Die Straßen brodelten von Menschen. Männer, Frauen und Kinder, alle mit großen Bündeln und Haushaltgerät bepackt, strömten durch die Gassen zum Westtor. Als die drei so inmitten der Menge dahineilten, hörte Gladys eine Stimme hinter sich rufen: »Ai-weh-deh! Ai-weh-deh!« Sie sah sich um. Es war der Postmeister, ein kleiner, eifriger, wichtigtuerischer Kerl, den sie nur flüchtig kannte. Er schleppte ein umfangreiches, braun verpacktes und mit Bindfaden zusammengehaltenes Paket.

»Hier sind Briefe für Sie«, schnatterte er und versuchte vergeblich, sich durch die Menge näher an sie heranzurudern. »Ihre Post aus Yang Cheng! Und alle Postdokumente und Stempel sind auch drin. Können Sie bitte darauf aufpassen?«

»Aber warum wollen Sie das nicht selber tun?« rief Gladys ärgerlich zurück. »Warum packen Sie all Ihr Zeug mit meinen Briefen zusammen?«

»Ich fand es nötig. Bei Ihnen ist es am sichersten.«

»Aber es geht mich doch gar nichts an. Ich habe nichts mit dem Postamt zu tun ...«, begann sie und verstummte mitten im Satz. Im gleichen Moment hörten sie von dem Tor, durch das sie soeben in die Stadt zurückgekehrt waren, das Knattern von Feuersalven und die Schreckensschreie der Menschen. Die japanischen Vorausabteilungen! Wenn sie eine innere Stimme nicht gewarnt hätte, wären sie mitten in die feindliche Truppe hineinmarschiert. Sofort entstand eine Panik, alles drängte und rannte. Pakete und Bündel wurden in dem wilden Durcheinander weggeworfen oder verloren. Männer, Frauen und Kinder tauchten plötzlich wie Kaninchen aus ihrem Bau, aus Häusern und Gassen auf und vermehrten die Konfusion.

Der Postmeister – alle Verantwortung vergessend – warf Gladys das Paket vor die Füße und lief um sein Leben. Ohne zu überlegen, bückte sich Gladys und hob das Paket auf. Es war schwer und groß, sie konnte es nicht unter dem Arm tragen; so legte sie es oben auf ihr Bettzeug, umfaßte das Ganze mit beiden Armen und kämpfte sich weiter, fest entschlossen, die kostbaren Briefe von zu Hause nicht zu verlieren. Thimothy und Wan Yü rannten mit ihr; auch sie trugen schwer an Paketen mit Bibeln, die ihnen von der Mission übergeben worden waren.

Die Straße außerhalb des Westtors lief parallel mit dem schnell dahinplätschernden Chin-Fluß. Eine Furt, dreihundert Meter vom Stadttor entfernt, durchquerte ihn. Wan Yüs Dorf lag hoch oben in einem steilen Tal jenseits des Flusses. Die meisten der Stadtleute hasteten zu der Furt, und eingeklemmt in einen Schwarm von Flüchtenden, durchwateten auch Gladys, Thimothy und Wan Yü den Fluß, dessen Wasser Gladys bis an die Brust reichte. Sie ließ ihr Bettzeug im Stich, balancierte das Postpaket mit einer Hand auf dem Kopf und hielt mit der anderen den kleinen Thimothy. Mitten im Strom dachte sie plötzlich, wie lächerlich dieses Bild war: Gladys Aylward fliehend vor den Japanern, ein braunes Paket mit den Utensilien des Postamts von Shin-Schui auf dem Kopf! Aber sie konnte nicht gut im Fluß stehenbleiben, um zu lachen. Die Kleider klebten den dreien am Körper, als sie das andere Ufer erreicht hatten und sofort den Berghang hinaufzuklettern begannen, angespornt vom Knattern des Gewehrfeuers hinter ihnen in den Straßen der Stadt.

Wege gab es hier nicht. Sie keuchten aufwärts über Terrassenfelder zu einem weiten, von steilen Bergspitzen flankierten Tal und stiegen über Hirsepflanzungen noch höher hinauf. Den ganzen Tag hindurch kletterten sie und nahmen sich kaum Zeit für eine Ruhepause. Der wirre Lärm unter ihnen wurde allmählich schwächer. Das Tal dehnte sich über viele Kilometer aus, überall von Bergen eingefaßt. In regelmäßigen Zwischenräumen lagen hier kleine Dörfer mit ihren Büschen und Blumen, mit grünen Weizenfeldern im Flickwerkmuster der Terrassen. Wan Yüs Dorf war das letzte und höchste in diesem Tal, und ihr Bruder, der vom Feld hereingelaufen kam, nahm sie liebevoll auf. Zu jeder anderen Zeit wäre es hier oben idyllisch gewesen, denn vom Dorf neigte sich das Tal sanft hinab zum Chin-Fluß, dem sich windenden, sonnenglänzenden Streifen weit unten. Dort, wo das Tal mit der tiefen Schlucht des Flußbettes sich vereinigte, erhoben sich die Mauern der Stadt, die sie eben verlassen hatten und die nun in die Hände der Japaner gefallen war.

Jenseits, hoch in den Himmel ragend, lagerten die Berge mit ihren Kuppen und Zinnen. Es war Hochsommer, und in den geschützten Talterrassen blühten die Rosen, pelzfüßige Bienen summten um die duftenden Kelche, Schweine und Hühner grunzten und glucksten zufrieden bei ihrer eifrigen Forschungsarbeit. Hoch oben im Blauen zogen Adler ihre Kreise und spähten mit scharfen Augen nach dem ungewöhnlichen Rauch, der sich von den Dörfern erhob und die Ufer entlang und über die niedrigeren Abhänge zog, denn die Eroberer aus Nippon brannten und plünderten und mordeten. Von der alten Stadt Shin-Schui ausgehend, machten sie täglich räuberische Vorstöße ins Land hinein.

Gesegnet und gestützt durch ihre Staatsreligion, den Schintoismus, glaubten sie, daß ihr Reich älter und ehrwürdiger sei als jedes andere auf Erden; daß ihr Kaiser direkt von den Göttern abstamme und daß diese ihrem Volk – als ihren Kindern – die heilige Mission aufgetragen hätten, die übrige Menschheit zu »retten«; sie glaubten daran, daß ein japanischer Soldat nichts Unrechtes tun konnte, denn waren nicht alle ihre Kriege heilige Kriege? Sie verbrannten die Ernte auf den Feldern, vergewaltigten alte Frauen und junge Mädchen, stahlen die Lebensmittelvorräte und schossen Bürger und Bauern nieder, wo sie ihren Weg kreuzten.

Durch ein Loch im äußeren Wall des Hofes sah Gladys den Rauch und die Flammen aufsteigen, die deutlich genug von den Ereignissen dort unten erzählten.

In Wan Yüs Haus lebte ihre alte Mutter, ihr Bruder und seine Frau. Bald aber gesellten sich noch viele andere dazu, gehetzte Menschen, die vor den Japanern immer weiter geflüchtet waren und die endlich im Hause Wan Yüs zur Ruhe kommen sollten. Sie waren mit ihren Kräften am Ende. Zwei blinde alte Männer fanden hier Unterkunft, schwangere Frauen und andere mit Säuglingen oder einem halben Dutzend Kindern. Es waren auch Verwundete unter den Flüchtlingen, die nicht mehr über die Berge konnten. Gladys blieb nur das Gebet, daß Gott die Japaner fernhalten möge. Und wieder verwandelte sie ein Haus in einen improvisierten Verbandsplatz und eine Pflegestätte, wenn diese auch nur mit dem Allernötigsten versehen war.

Beinahe täglich verließen die Truppen ihr Hauptquartier in Shin-Schui, um systematisch die sieben Dörfer entlang der Flußufer zu plündern. Am Abend aber legten sie Wert darauf, vor Anbruch der Dunkelheit wieder innerhalb ihrer Mauern und schweren, verschlossenen Stadttore zu sein. Fast jede Nacht ging Gladys mit einigen Männern hinunter ins Tal; ihre Papierlaternen hoch erhoben vor sich hertragend, suchten sie Bewußtlose und Verwundete und brachten ihnen Hilfe. Gladys wußte, daß es nur eine Frage der Zeit war, bis der Feind seine Aufmerksamkeit auch auf die Dörfer weiter oben im Tal richten würde. Doch Wan Yüs Dorf war so entlegen, daß sie zu hoffen wagte, verschont zu bleiben. Ununterbrochen drängten

Flüchtlinge durch das Dorf in Richtung auf die jenseitigen Berge. Nachdem sie schon einige Wochen hier oben lebten, organisierte Gladys einen Wachdienst, um während der Tagesstunden das Loch im Wall zu kontrollieren.

Fünf Wochen nach der Besetzung von Shin-Schui dehnten die Japaner allmählich ihre Raubzüge immer weiter aus. Gladys mußte sich sagen, daß sie – obgleich das Haus voll von Alten und Kranken war – keine Gnade von den Japanern erwarten durfte. Da Partisanengruppen unermüdlich die feindlichen Unternehmungen behinderten, galt jedes Dorf und jedes Gehöft dem Feind als Versteck der Widerständler und wurde ohne Nachsicht ausgeräuchert.

Aber das Gerücht, daß die kleine Frau, der ein Gott mit magischen Schutzkräften innewohnte, im Dorf geblieben war, verbreitete sich weiter, und der Strom der Hilfesuchenden riß nicht ab.

An dem Abend, als die Japaner kamen, versorgte Gladys gerade eine kranke Frau in einem der oberen Räume, und noch ehe ihre Tür aufgerissen wurde, hörte sie Wan Yüs schrillen Schrei: »Sie sind da, sie sind da!«

Gladys rannte die Treppe hinunter und über den Hof zu dem Loch in der Mauer. Sie lugte hinaus. Ihr Haus war das erste im Dorf, nur ein kleiner Tempel, etwa fünfzig Meter entfernt, lag weiter unten im Tal. Von dort herauf hörten sie die Priester Hörner blasen, Trommeln schlagen und sahen den Rauch ihrer Opfer aufsteigen, womit sie die Japaner zu vertreiben hofften. Von ihrem Beobachtungsposten aus sah Gladys einen Trupp in Khaki gekleideter Männer die Terrassenfelder heraufkommen und sich nahe dem Tempel versammeln. Sie berieten sich; einige wandten sich dem Tempel zu, andere nahmen den Weg zu Wan Yüs Haus. Unweigerlich würden sie diesen Hof zuerst betreten – wenn Gladys sie nicht auf irgendeine Weise daran hindern konnte. »Versteckt euch schnell!« schrie sie Wan Yü zu. »Ich will versuchen, sie zurückzuhalten.«

Sie rannte zum Eingangstor. Sie wußte noch nicht, was sie tun wollte, sie wußte nur: Der Feind mußte aufgehalten werden und sollte sie ihn mit ihren bloßen Händen angreifen! Wenn sie jetzt den Japanern entgegenträte – würde nicht vielleicht der Anblick eines »fremden Teufels« an so ungewöhnlichem Ort sie für kurze Zeit zögern lassen? Vielleicht auch würden sie die anderen vergessen. Das Haustor war stark, die Riegel aus schwerem Eisen, aber als sie davorstand, schwand plötzlich all ihr Mut dahin. Sie lehnte sich mit dem Rükken gegen das Tor, um einen Halt zu finden; die geballte Hand drückte sie auf ihr Herz, um das wilde Schlagen zu unterdrücken, und blieb sekundenlang so stehen in ohnmächtiger Furcht und Unentschlossenheit. Auf einmal aber formte sich in der Wirrnis ihrer Seele so klar, als würde er neben ihrem Ohr gesprochen, ein Satz: »Laß dir an meiner Gnade genügen, denn meine Kraft ist in dem Schwachen mächtig.« Sie richtete sich gerade auf, und alle Furcht fiel von ihr ab. Sie wandte sich um, drückte mit beiden Händen die Klinke nieder, öffnete das schwere Tor und trat hinaus in den hellen Sonnenschein. Im gleichen Augenblick hörte sie vom Balkon hinter sich die schrille Stimme Wan Yüs: »Ai-weh-deh, sie gehen zurück! Sie gehen zurück! Sie gehen hinunter ins Tal! Sie gehen weg!«

Gladys fühlte die Sonne warm auf ihrem Gesicht; sie versuchte, zu Wan Yü zurückzurufen, aber ihr Gaumen war trocken, ihre Füße zitterten; sie setzte sich schnell nieder auf die Schwelle des Torwegs und atmete langsam und tief. Als sie ins Haus ging, hörte sie das befreite Weinen der Alten.

Die Japaner kamen nicht mehr zurück. Die Wochen vergingen, und im späten Sommer zogen sie ab von Shin-Schui, marschierten die Maultierstraße entlang nach Yang Cheng und weiter nach Tsechow, wo sie ihr Winterlager aufschlugen.

Als die Nachricht von ihrem Abzug Gladys erreichte, ging sie mit Wan Yü und Thimothy zurück nach Shin-Schui. Das braune Paket mit den Poststempeln nahm sie mit und gab es dem höchst verlegen dreinschauenden Beamten zurück. Sie gingen weiter über die Berge nach Bei Chai Chuang und dann den Maultierweg entlang nach Yang Cheng und der »Herberge zur Sechsten Glückseligkeit«.

Ein trübsinniger Anblick erwartete sie. Noch immer öffnete sich das zerstörte Dach zum Himmel; den Missionssaal hatten die Japaner als Stallung für ihre Pferde benutzt. Schmutzig war alles, aber soweit es möglich war, machte sie die Räume wieder bewohnbar.

Die meisten Einwohner kehrten nun aus den Berghöhlen und Bergdörfern heim und besserten die Schäden an ihren Häusern aus. Die alte Stadt erwachte langsam zu neuem Leben. Auch der Mandarin mit seiner Begleitung zog in den Yamen ein, der Gefängnisdirektor erschien mit den Wächtern. Vom Süden kamen die ersten Maultierzüge, und ein paar Kaufleute öffneten ihre Läden mit einem verschwindend kleinen Warenvorrat. Aber erst als der schwere Winterschnee die Pässe verriegelte, fühlten sich die Menschen sicher in ihren Betten.

Im Februar, als der Schnee zu weichen begann, beschloß Gladys, ihre Freunde in Tsechow, die Familie Davis, zu besuchen, selbst wenn die Stadt von den Japanern besetzt wäre: denn Gladys war beunruhigt, seit Monaten hatte sie nichts von ihnen gehört. Immerhin waren Nachrichten durchgesickert, daß die Einwohner von den Japanern gut behandelt würden. Das Missionsgelände in Tsechow lag außerhalb des Stadtwalles, und obgleich die Stadttore von den Japanern ziemlich streng bewacht wurden, konnten und wollten sie über das dauernde Hin und Her von Flüchtlingen und Bauern außerhalb der Mauern keine Kontrolle ausüben.

Gladys glaubte, daß es ihr gelingen müßte, als einfache

chinesische Bäuerin durchzukommen. Nachts erreichte sie Tsechow, als selbst die mutigsten Japaner sich schon hinter der Stadtmauer verbarrikadiert hatten. Warm und herzlich war der Empfang in dem befreundeten Haus.

Sie bestätigten ihr, daß sich die Japaner im allgemeinen erträglich verhielten. Es war nun das zweitemal, daß sie unter japanischer Besatzung lebten, und bis zum heutigen Tage waren sie nicht von ihnen belästigt worden. Ab und zu wurde die Mission von den Besatzungstruppen durchsucht, sie hatten aber kaum etwas zu beanstanden gefunden. Schon während der ersten Besetzung war das Verhältnis zwischen Feind und Einwohnerschaft recht gut gewesen. Nach Davis' persönlichen Erfahrungen erwiesen sich viele japanische Offiziere als sympathische Menschen, von denen einige – wenn auch nicht wirkliche Christen – doch zu seiner Überraschung an Gesprächen über das Christentum interessiert waren. Manchmal sogar besuchte eine Gruppe Soldaten seine Gottesdienste. Japan und England waren zwar noch immer befreundete Nationen, aber unter der Oberfläche spürte er schon damals die verborgene Feindschaft.

Er ermahnte Gladys, vorsichtig zu sein, sehr vorsichtig. Daß sie gerade jetzt nach Tsechow gekommen war, traf sich gut; vielleicht konnte sie die Leitung der Mission übernehmen, solange er abwesend war; er wollte nämlich zwei ältere europäische Damen, die in Tsechow verblieben waren, aus der Gefahrenzone bis nach Chifu an der Ostküste geleiten, was eine Reise von etwa zwei Monaten bedeutete.

Das Gebiet von Schansi war allmählich immer mehr zum Schlachtfeld geworden. Partisanen versteckten sich in den Bergen, die Truppen des örtlichen Kommandeurs hatten sich mit den Nationalisten Tschiang Kai-scheks vereinigt. Wie ein gereiztes Stachelschwein seine Stacheln aufrichtet zum Kampf, so starrte das ganze Gebiet von Widerstandsnestern. Gladys hatte beobachtet, wie mangelhaft die Nordtruppen ausgerüstet waren, und das Mitleid hatte ihr oft das Herz abgeschnürt. Es fehlte ihnen keineswegs an Mut; aber für vier bis fünf Mann war immer nur ein Gewehr vorhanden; im Gefecht warteten die anderen, bis der Schütze fiel, dann ergriff der nächste seine Waffe und setzte den Kampf fort. Aber als Tschiang Kai-scheks Truppen erschienen, besser ausgerüstet und nun verstärkt durch die heldenmütigen Nordtruppen, zeigten sie den Japanern, daß die Rolle eines militärischen Eroberers eine außerordentlich blutige Angelegenheit sein konnte! Zeitweilig wurde das Kriegsbild noch verwickelter, wenn kommunistische Truppen von Sechwan angriffen und ebenso emsig die chinesischen Nationalisten wie auch die Japaner attackierten. Es war ein verzweifelter Kampf, in dem Pardon weder gefordert noch gegeben wurde.

In der Mission in Tsechow, die von einem ausgedehnten ummauerten Gelände umgeben war, hatte David Davis versucht, eine gewisse Neutralität aufrechtzuerhalten. Nachdem er zu seiner Reise nach der Küste aufgebrochen war, hatte Gladys alle Hände voll zu tun, denn mehr als hundert Waisen- und Flüchtlingskinder und viele Heimatlose warteten auf ihre Hilfe. Ihre Scheu vor den Japanern überwand sie bald, und von den Quartiermeistern erbat und erhielt sie Lebensmittel für ihre Schutzbefohlenen. Die Japaner gaben ihr immer wieder Rätsel auf; und nie konnte sie ihre zeitweilige Höflichkeit und Großmut mit den schrecklichen Beweisen ihrer Grausamkeit in Einklang bringen. Die meisten japanischen Soldaten liebten die Kinder. Gladys erinnerte sich gern des Tages, als eine große Gruppe nach dem Dienst auf dem Missionsgelände erschien und pralle Säcke voll Zucker mitbrachte, deren Inhalt sie in große Wasserkrüge schütteten, worauf sie das süße Gemisch mit fröhlichem Lachen und Rufen an die jubelnden Kinder austeilten. Gladys war dankbar für diese Erinnerung – nur wenige andere glückliche Erinnerungen waren es, die die Japaner zurückließen. Wenn sie nach ihren Siegen in die Garnison von Tsechow zurückkehrten, erhielten die Truppen drei Urlaubstage. Die Stadttore wurden geschlossen. Die Orgien und Ausschweifungen in diesen Nächten hätten jeden mittelalterlichen Eroberer beschämt.

Nicht lange vor David Davis' Reise an die Küste hatte sich jene furchtbare Szene abgespielt, die Gladys nie vergessen konnte und die ihr die Verletzungen beibrachte, unter denen sie noch jahrelang zu leiden hatte. Das Missionsgelände war groß und unübersichtlich; Männerhof und Frauenhof lagen weit auseinander. Die Familie Davis wohnte nahe dem Männerhof und Gladys, wenn sie in Tsechow zu Besuch weilte, in nächster Nähe des Frauenhofs. Sie war deshalb die erste, die die Schreie und Rufe hörte, als ein Trupp japanischer Soldaten und Offiziere die Türen der Frauenräume rund um den Hof einzuschlagen begann. Mindestens hundert Personen hatten in der Mission Unterkunft gefunden, Flüchtlinge, getaufte und ungetaufte Obdachlose aus den Dörfern ringsum. Gladys war noch auf, obgleich es fast Mitternacht war, und eilte hinaus, um zu sehen, was der Lärm zu bedeuten hatte.

Als sie in den Hof einbog, sah sie ein japanischer Offizier, er schrie einem Soldaten, der mit dem Gewehr im Anschlag dastand, ein kurzes Kommando zu. Wortlos hob der Soldat den Gewehrkolben und ließ ihn auf Gladys' Kopf niedersausen. Sie stürzte hin, halb bewußtlos, und fühlte, wie der Kolben noch einige Male in ihren Körper hineinstieß, spürte, wie die Soldatenstiefel sie bearbeiteten, bis dunkle, schwindelnde Bewußtlosigkeit sie umfing. Als David Davis, der den Tumult gehört hatte, den Frauenhof erreichte, lag Gladys wie ein schlaffes Bündel Lumpen am Boden.

Entsetzt starrte David auf die Szene. Mehr als dreißig bewaffnete Japaner, auf Raub und Vergewaltigung aus, und schreiende, sich widersetzende Frauen, kaum bekleidet, bildeten ein wirres Durcheinander. Hier eingreifen zu wollen war ein Spiel mit dem Leben, aber Davis zögerte nicht eine Sekunde. Daß er, wenn er unbewaffnet gegen dreißig Soldaten vorgehen wollte, ein verlorener Mann war, lag auf der Hand. In diesem Moment aber kam es darauf an, Ausschreitungen zu verhüten. Instinktiv tat er den hier wohl einzig möglichen Schritt: »Betet!« rief er den Frauen zu. Seine Stimme spannte sich in verzweifelter Kraft und übertönte den Lärm des Überfalls: »Betet alle!«

Der japanische Offizier drehte sich blitzschnell zu ihm herum, ein wilder Fluch zischte zwischen seinen dünnen Lippen hervor, als er den Revolver zog, kurz zielte und abdrückte. Sein waffenloser Gegner war aus dieser Nähe nicht zu verfehlen! David hörte das »Klick« der Auslösung, das »Klick-Klick-Klick«, als der Offizier den Hahn wütend immer wieder zurückriß. Ob keine der Kugeln traf, ob die Pistole eine Ladehemmung hatte, ob sie überhaupt ungeladen war – David Davis wußte es nicht. Er blieb unverletzt. Fluchend änderte der Offizier seinen Griff, drehte den Revolver um, und ein mit brutaler Kraft geführter Schlag zerschmetterte David Davis' Mund und Wange. Er sank zu Boden, und der Offizier wandte sich wieder dem Frauenhause zu. Doch schon nach wenigen Sekunden brachte sich Davis taumelnd wie ein niedergeschlagener Boxer langsam auf die Knie. Blut rann über seine Jacke, der fade, warme Eisengeschmack drang in seinen Mund, als er mühsam die Lippen öffnete und rief: »Betet! Betet alle!«

Alle Frauen und Mädchen warfen sich auf die Knie, falteten die Hände und beteten laut. Der Anblick war so seltsam und packend, daß er auch dem Wildesten Einhalt gebot. Die japanischen Soldaten, die durch David Davis' Auftreten von den Frauen abgelenkt worden waren, blickten verdutzt und wußten nicht recht, was sie tun sollten. Der Offizier brüllte ihnen etwas zu, doch blieben sie betreten stehen. Nach einem zweiten Befehl erst wandten sie sich ab und schlenderten hinaus aus dem Hof; der Offizier schritt würdevoll hinterdrein. Eine Frau lief hin und schloß das Tor; die meisten Mädchen weinten im Übermaß des Gefühls, befreit zu sein.

David Davis erhob sich von den Knien. Die Frauen trugen Gladys ins Haus und brachten sie mit kalten Kompressen langsam zum Bewußtsein. Am nächsten Morgen stand sie schon wieder auf, fühlte sich zerschlagen und wund und konnte sich an das Geschehene kaum noch erinnern. Obgleich sie monatelang unter Schwächezuständen und quälenden inneren Schmerzen litt, ließ sie sich dadurch in ihrer Arbeit nicht stören. Während Davids Abwesenheit setzte sie ihre Besuche in Yang Cheng und allen einsamen Bergdörfern fort, in denen sie begonnen hatte, kleine christliche Gemeinschaften zu gründen. Im chinesischen Kalender war kein Sonntag vorgesehen, und so bildete sich die Gewohnheit heraus, den Tag von Gladys' Ankunft als Sonntag zu feiern. Dann wurden Choräle gesungen, und alle vereinten sich im gemeinsamen Gebet. In den kleinen Dörfern hoch oben in den Bergen spürte man nicht viel vom Näherrücken des Krieges; nur wenig Nachrichten waren bis hierher durchgesickert. Aber in den Orten näher bei Tsechow trafen die Menschen Vorbereitungen für die Flucht – die Bündel lagen gepackt und griffbereit, Kranke und Verwundete mußten gepflegt werden.

Im Frühling gab es schwere Gefechte rund um Tsechow. Die Nationalisten warfen starke Kräfte in die Schlacht, und die Japaner, die sich plötzlich in jedem Dorf und auf jeder Versorgungslinie angegriffen sahen, zogen sich in Richtung Luan zurück. Nationalistische Truppen rückten jetzt in die Stadt ein. Zwei oder drei Wochen danach kam die Bibelfrau, Chung Ru Mai, in die Mission gelaufen, um zu melden, daß vier vornehme Herren um eine Unterredung mit Gladys bäten.

»Wer sind sie?« verlangte Gladys zu wissen. Sie dachte an David Davis' Warnung, daß auf alle Fälle die Neutralität der Mission gewahrt werden müsse.

»Es sind führende Nationalisten«, gab die Bibelfrau Auskunft.

»Also laß sie wieder gehen. Sie dürfen nicht hier hereinkommen.«

Die Bibelfrau verschwand, kam aber nach einigen Minuten zurück: Die Besucher wünschten Gladys zu sprechen. »Sie müssen sie wohl empfangen«, sagte sie. »Sie wollen hier irgendwo bleiben.«

»Wenn sie glauben, daß wir sie hier in unserer Mission aufnehmen können, dann sind sie verrückt«, entgegnete Gladys erregt.

»Es sind einflußreiche Leute«, sagte Chung Ru Mai.

»Oh, wirklich? Das werden wir bald sehen.« Sie eilte zur Tür hinaus zu ihren Besuchern.

Die vier Herren in Zivilkleidung hatten inzwischen auch ohne Erlaubnis das Missionsgelände überquert und standen bereits vor der Haustür. Sie waren jung, und irgendwie schienen sie sich von den anderen Menschen, mit denen ihr Leben in China sie bisher zusammengeführt hatte, zu unterscheiden. Die vier verbeugten sich und grüßten Gladys mit dem höflichen Zeremoniell, das in China jedes Zusammentreffen einleitet.

Schroff fuhr Gladys sie an: »Es tut mir leid, aber Sie dürfen hier nicht eintreten. Dies ist Missionsgelände, und wir müssen unsere Neutralität wahren. Sie müssen das Grundstück sofort verlassen.«

Der Führer der vier war ein junger Chinese, dessen natürliche Würde sie an die Haltung des Mandarins erinnerte – des einzigen Menschen von persönlicher Würde, dem sie bisher in China begegnet war. Diese aufrechte Gestalt, dieses beherrschte Gesicht drückten eine Autorität aus, die sie bei chinesischen Menschen nur selten gefunden hatte.

»Es war nicht unsere Absicht, Ihnen lästig zu fallen«, sagte er.

»Wir glaubten, Sie könnten uns helfen.«

Gladys sah ihn zornig an. »Wie können Sie von mir Beistand erwarten? Sie führen Krieg! Und dieses Land gehört Gott! Wollen Sie uns bitte verlassen!«

Der junge Mann neigte ein wenig den Kopf, und seine Begleiter wandten sich dem Ausgang zu. Gladys fiel das dunkle, glänzende Haar über der hohen, blassen Stirn auf, die dunklen langgeschlitzten Augen unter schwarzen Augenbrauen, die klare, goldfarbige Haut und die enganliegenden Ohren an dem gut geformten Kopf.

Er sagte ruhig: »Es tut uns wirklich sehr leid, Ihr Mißfallen zu erregen, aber als wir in Chunking waren, riet uns der Generalissimus: ›Wenn Sie jemanden brauchen, dem Sie vertrauen können – dann wenden Sie sich an die christliche Mission.‹«

Gladys warf ihm einen scharfen Blick zu: »Was haben Sie mit dem Generalissimus zu tun?«

»Wir sind seine Repräsentanten. – Wir glaubten, Sie ständen auf der Seite Chinas.«

Der sanfte Vorwurf in seiner ruhigen Stimme war nicht zu überhören; er verwirrte Gladys ein wenig. Einen Augenblick zögerte sie: »Vielleicht sprechen wir doch besser drinnen weiter – wenn die anderen Herren draußen warten können.«

Er lächelte. »Danke sehr.« Die Begleiter entfernten sich durch das Tor.

Als sie sich in der Mission gegenübersaßen, erklärte er ihr, daß sie zum Nachrichtendienst Tschiang Kai-scheks gehörten. »Die Situation in Schansi ist verwickelt, und wir haben den Auftrag, zu erforschen, was hier eigentlich vor sich geht. Für die Verteidigung Chinas ist es ein lebenswichtiges Gebiet, und wenn wir irgendwo die Schärfe der japanischen Attacken abstumpfen können, dann wäre es gerade hier, wo das Terrain dem besser ausgerüsteten Feind wenig Hilfe bietet, wo Verbindungslinien leicht abzuschneiden sind und wo am Fuß der Berge der Gelbe Fluß eine mächtige Karriere bildet.

Die Lust, die Berge zu erobern«, fuhr er fort, »könnte den Japanern leicht vergehen, wenn man kleine, aber qualifizierte Einheiten hierherverlegen würde, die von der vorteilhaften, hochgelegenen Position aus operieren könnten.«

All dieses legte er ihr in seinem reinen Mandarinchinesisch dar, während seine dunkelbraunen Augen unverwandt auf Gladys gerichtet waren. »Ai-weh-deh –«, setzte er offen hinzu, »wollen Sie China helfen?«

Gladys atmete tief. Eine so direkte Frage hatte sie nicht erwartet. »Ich bin Chinesin – naturalisierte Chinesin«, sagte sie langsam, zögernd. Sie versuchte, die richtigen Worte zu wählen: »Schon lange bin ich in großer Sorge um dieses Land.«

»Besteht Gott auf Neutralität in allen Dingen?« fragte er ernst. »Ist er nicht gegen alles Böse?«

»Ja... aber...« Dieses Zögern war ihr ganz unähnlich. Sie verstand sich selbst nicht recht.

»Die japanischen Absichten in China sind böse, nicht wahr?« fuhr er fort. »China kämpft bis zum letzten Blutstropfen, um die Ausbreitung des Bösen zu verhindern. China *muß* diesen Krieg gewinnen.«

Gladys hatte nie so ernsthaft und genau über die sittlichen Hintergründe des Kampfes nachgedacht, der die vergangenen zwei Jahre ihres Lebens begleitet hatte. Sie hatte den Krieg als eine Art Seuche angesehen, die den Menschen auferlegt wurde; sie hatte die Japaner gehaßt, aber nicht Patriotismus war die Ursache dieses Hasses. Seltsam war es, daß dieser junge Mann mit der sanften Stimme sie zur inneren Auseinandersetzung mit diesen Fragen zwingen sollte!

Endlich sagte sie: »Ich will Ihnen helfen, soweit es mein Gewissen erlaubt.«

Er stand auf und verbeugte sich. »Das ist sehr freundlich von Ihnen«, sagte er liebenswürdig. »Wenn ich darf, würde ich gern wiederkommen und mich mit Ihnen weiter unterhalten ...«

Sie begleitete ihn an das Tor des Missionsgeländes und ging gedankenvoll, mit gesenktem Kopf ins Haus zurück. Zum erstenmal kam ihr zum Bewußtsein, wie lange sie schon in der rauhen Gemeinschaft des einfachen Volkes gelebt und dabei ganz vergessen hatte, daß Menschen so kultiviert und liebenswürdig sein konnten wie dieser junge Mann, und fast hatte sie auch vergessen, daß überall auf der Welt im Leben einer Frau der Mann eine Rolle spielt.

Es dauerte eine Woche, bis er wieder von sich hören ließ. Die Japaner waren viele Kilometer in Richtung Luan zurückgetrieben worden, und starke nationale Truppen waren rund um Tsechow zusammengezogen. Der chinesische Generalissimus und sein Stab hatten ihr Hauptquartier in der Stadt errichtet. Unter einem kleinen Vorwand kam der junge Mann und bat um Erlaubnis für seine Leute, dem Gottesdienst in der Mission beizuwohnen.

Gladys antwortete, sie würde sich freuen, wenn sie kämen; mehrere japanische Christen hätten regelmäßig den Gottesdienst besucht, als die Stadt von ihren Truppen besetzt war. Sie sah, wie sich seine Augenbrauen hoben, sie sah das schnelle, zornige Blitzen seiner Augen, und – sie spürte ihr eigenes Erröten.

»Ich bin nach China gekommen, um das Evangelium Christi zu predigen«, sagte sie etwas heftig.

Er neigte den Kopf wie zu einer kleinen Verbeugung; es war eine für ihn besonders typische Bewegung, und eine Würde und eine Bitte um Entschuldigung lag in dieser kleinen Geste, die jedesmal ihre Entrüstung beschwichtigte. Er fragte sie vieles; und er sprach von sich selber: wie er in Peking erzogen und auf der Staatlichen

Militärakademie in Nanking ausgebildet wurde; wie er ganz China bereist hatte, und vor allem, wie leidenschaftlich er sich sehnte nach einem starken, freien, von unbestechlichen Männern geführten Reich. Dann stand er auf, fast, als ob er fürchtete, zuviel gesagt zu haben. Als er sich zum Abschied verbeugte und bat, wiederkommen zu dürfen, um mit ihr zu plaudern, spürte sie, daß er nur gekommen war, um sie zu sehen. Der Gedanke kam wie ein kleiner bunter Vogel angeflogen und ließ sich in ihrer Seele wie auf einem jungen Maienzweig nieder. Voller Unglauben schüttelte sie den Kopf. Es war verwirrend. Als er gegangen war, blieb sie vor dem zerbrochenen Spiegel in der Ecke ihres Zimmers stehen, suchte ihr Gesicht darin und sah doch halb träumend durch ihr Spiegelbild hindurch. Sie war nicht mehr jung, aber ihre Augen waren groß und dunkel, und obgleich ihre Haut von der Sonne tief gebräunt war, hatten die Jahre doch nur wenige zarte Linien in ihr schmales Gesicht gezeichnet. Aber wie düster sah sie in dieser dunkelblauen, hochgeschlossenen Baumwolljacke aus! Gedankenverloren nahm sie eine weiße Blüte aus der Vase in der Ecke und steckte sie in eines ihrer schon leicht fransig gewordenen Knopflöcher. Und sie freute sich auf den nächsten Besuch...

Er kam an einem Abend, als sie gerade ihre Vorbereitungen für eine Reise nach drei abgelegenen Dörfern tief in den Bergen beendet hatte. Einsame und schwierige Pfade führten dorthin. Sie lachte und erzählte ihm davon und wunderte sich über seine Bestürzung, als sie die Route beschrieb.

»Treiben sich nicht Banditen in dieser Gegend herum?« fragte er.

»Ja, eine Menge.«

»Und Sie wollen allein gehen?«

»Aber ich bin fast immer allein unterwegs!«

»Das ist doch viel zu gefährlich für Sie! Und die Pässe sind hoch und steil. Wenn Sie stürzen und ein Bein brechen oder sich sonst irgendwie verletzen, können Sie tagelang liegen, ohne daß Sie jemand findet.«

Gladys sah fast verlegen zu ihm auf. In all den Jahren in China hatte sie noch niemals erlebt, daß jemand sich um sie sorgte, und nun kam dieser reizende junge Mann und schien ihretwegen ernsthaft beunruhigt. Es war für sie ein ganz neues Erlebnis, fast wie ein Geschenk. Wie wohl das tat!

»Es wird mir schon nichts passieren«, sagte sie. »Ich bin's gewöhnt, für mich selbst zu sorgen.«

»Seien Sie vorsichtig«, bat er. »Seien Sie nicht leichtsinnig.«

Eine Woche war sie unterwegs in dem bergigen Gebiet, und als sie zurückkam, wartete Linnan – seinen Namen hatte er ihr das letztemal gesagt – schon auf sie. Offenherzig ließ er sie seine Erleichterung und Freude spüren.

»Aber ich habe solche Reisen doch schon hundertmal gemacht«, protestierte Gladys verwundert, »darüber braucht man sich wirklich nicht aufzuregen.« Daß ein junger Hauptmann des Nachrichtendienstes wegen eines so unwesentlichen Persönchens wie Ai-weh-deh in Unruhe geriet, machte ihr Spaß. Und – sie konnte es sich nicht verhehlen – es schmeichelte ihr ein wenig.

Seine Besuche wurden nun immer häufiger, sie wurden gute Freunde. Beide waren gleich alt, beide mit einem scharfen, wißbegierigen Verstand begabt. Abends gingen sie oft mitsammen durch die engen Straßen von Tsechow, vorbei an den dunklen, von chinesischen Laternen nur düster erhellten Basaren, vorbei an den Wahrsagern und Geschichtenerzählern, den kleinen Imbißbuden, den Seidenhändlern und den lachenden und lästernden Soldaten. Einmal wanderten sie über die Felder rund um die alte, mauerbewehrte Stadt und sahen den Mond hinter den großen Tempeln und den mit Ziegeln gedeckten Pagoden untergehen. Er erzählte ihr von China, seinen Traditionen, seiner Kultur, seiner Schönheit und seinem Geist. Er vertiefte ihren Einblick in das Wesen eines Landes, das sie genau zu kennen glaubte, und erst nach diesem Gespräch wurde sie gewahr, daß sie es bisher überhaupt noch nicht gekannt hatte.

Jedesmal, wenn sie in den kommenden Wochen zusammenkamen, schien der ungeheure Abgrund zwischen ihren beiden so verschiedenen Welten ein wenig zu schwinden. Seine Stimme bezauberte sie. Ihr war der rauhe Bergdialekt so zur Gewohnheit geworden, daß die uralte Musik seiner klassischen und fließenden Mandarinensprache für sie ein endloses Entzücken war. Eines Abends, als er sich erhob, um Abschied zu nehmen, und sich wie gewöhnlich verbeugte, sah sie in dem sanften Lampenlicht in seinen Augen ein Verstehen, eine Vertrautheit wie nie zuvor. Fast schroff sagte sie ihm gute Nacht, und wieder und wieder fragte sie sich unruhig, ob sie wohl bei ihrem harten Leben jene frauliche Anziehungskraft bewahrt hatte, nach der der Mann verlangt und die ihn hält. Sie war Missionarin – sie hatte sich Gott geweiht. Aber Gott hatte aus ihr auch eine Frau gemacht, in der die natürlichen Ströme und Kräfte, die die Menschheit bewegen, lebendig waren. Wenn sie Liebe für einen Mann empfand, so konnte das doch nicht gegen den Willen Gottes sein.

Sie war gerade wieder von einer langen Fahrt in die Berge zurückgekehrt, als sie sich vor die andere große Frage gestellt sah: In zweien der Dörfer, die sie besucht hatte, fand sie japanische Truppen einquartiert. Sie hatte ihrer Anwesenheit wenig Beachtung geschenkt und sich sogleich ihrer gewohnten Arbeit zugewendet. Nach ihrer Rückkehr erzählte sie Linnan davon. Er war sehr interessiert und fragte nach allem, was sie über die Zahl der Truppen und ihre Waffen sowie über die Art ihrer Unterbringung wußte. Als sie bald darauf wieder das von den Japanern besetzte Gebiet bereiste, merkte sie sich die Regimentsnummern und Art der Bewaffnung sorgfältiger, weil sie wußte, daß er Wert auf ihren Bericht legte. Sie hatte ihr Wahl-Vaterland schon lange mit heißem Herzen geliebt; in diesen Monaten ihrer Freundschaft nun war sie ein ebenso glühender Patriot geworden wie er. Das Bild eines neuen, edleren China, das sich aus den Trümmern des Krieges und über dem Abgrund einer korrupten, unfähigen, erschöpften Gesellschaftsordnung erheben sollte, regte sie beide zu unerschöpflichen Gesprächen an.

Das nächste Ziel mußte sein: die Niederlage der Japaner zu beschleunigen und die Bildung einer neuen Gesellschaft auf christlicher Grundlage zu fördern, die die Armen und Beraubten in feste Rechte einsetzte. Was diesem doppelten Ziel diente, war allein wichtig. Wenn sie für die nationalen Truppen spionieren und Informationen von militärischem Wert unbeobachtet und ungehindert durch die japanischen Linien bringen konnte, dann wollte sie es tun. Wieviel bei dieser Tätigkeit ihrem Verlangen zuzuschreiben war, Linnan gefällig zu sein, und wieviel ihrem Wunsch, China zu dienen: sie versuchte nicht, diesen Zwiespalt zu entwirren. Sie wußte, daß sie sich nicht nur an einen Glauben halten konnte, sondern von nun ab auch an ein Ziel.

12

Als David Davis nach Tsechow zurückkehrte, fiel ihm und seiner Frau Jean auf, daß Gladys sich verändert hatte. Obgleich sie Linnan kannten und gern hatten und seine häufigen Besuche in der Mission begrüßten, schrieben sie diese Zusammenkünfte, die Fröhlichkeit und das Gelächter der beiden nichts anderem als einer Freundschaft zu. Allerdings glaubte David Davis aus Gladys' Heiterkeit einen Anflug von Hysterie herauszuhören. Sie wird überarbeitet sein, dachte er.

»Sie brauchen dringend etwas Ruhe, eine Erholungskur.« Er nahm sie ernst beiseite. »Und ich weiß gerade eine ausgezeichnete Gelegenheit dafür. In Lingchuang halten die Christen in der nächsten Woche eine kleine Konferenz ab. Wollen Sie nicht hingehen und ihnen helfen? Der Ort ist auch, soviel ich weiß, vom Krieg verschont geblieben. Es ist eine sehr reizvolle kleine Stadt wie Yang Cheng, und Sie werden sich dort wohlfühlen.«

Gladys lächelte vor sich hin; sie fand, daß sie das in letzter Zeit öfter tat. Mit dem Vorschlag war sie gern einverstanden. Es war ihr inzwischen klargeworden, daß sie Linnan liebte. Diese Liebe war vor allem eine Vertrautheit im Geistig-Seelischen und stärker als jede körperliche Begegnung. Niemals vorher war sie verliebt gewesen, und niemals vorher hatte sie geglaubt, es je zu erleben. Zehn Jahre lang hatte sie unermüdlich für ihren Gott gearbeitet, hatte die einfache Nahrung der Bauern gegessen und das kalte Wasser der Ströme getrunken; sie hatte auf den harten steinernen K'angs geschlafen und ihren mageren Körper zu einem harten, langen Tagwerk gezwungen. Dieses neue seelische und körperliche Hochgefühl war vielleicht nichts als eine Verzauberung, die vorüberging. Sie nahm diese Ferientage des Herzens als von Gott geschenkt hin. Wohlgemut brach sie nach Lingchuang auf, begleitet von der Bibelfrau Chung Ru Mai, Thimothy und Sualan. Sie packten ihre Sachen auf einen zweirädrigen Karren, vor den sie ein Maultier spannten – die Wege bei Tsechow machten den Gebrauch dieses Vehikels möglich –, und trieben das Tier über die Ebene.

Spät am Nachmittag – die Stadt war noch drei bis vier Kilometer entfernt, und die Sonne glitt schon hinter den Gebirgskamm – ließ ein allzu bekanntes Geräusch sie zusammenfahren, das ihnen schon oft Tod und Zerstörung angekündigt hatte. Sie sahen die silbernen Vögel vom heißen, verschleierten Himmel herabdonnern, hörten das Heulen der Bomben und spürten die dumpfen, erderschütternden Stöße. Voll Entsetzen beobachteten sie den Flug der Maschinen. Die Japaner bombardierten Lingchuang. Der Krieg rückte wieder näher. Keine Rede mehr von Ferien und Erholung!

Ungefähr fünfzehn Minuten brauchten die Geschwader, um ihrer Last ledig zu werden, dann flogen sie ab. Gladys faßte den Kopf ihres Maultiers und trieb es vorwärts. Es war dunkel, als sie die Stadt erreichten. Der Schaden war geringer, als sie erwartet hatten. Die Einwohner von Lingchuang hatten unterdessen durch Erfahrung anderer gelernt. Sie liefen nicht mehr auf die Straße, wenn Bombenflugzeuge über der Stadt kreisten, sondern krochen in ihre Keller oder bargen sich in den Wölbungen der Stadtmauer und beteten inständig zu den Vorfahren. Die christliche Mission war unbeschädigt geblieben, nur einige Scheiben waren eingedrückt, und dem Koch war der Teig für das Abendbrot zum Fenster hinausgeweht worden; er war sehr entrüstet und war nicht davon abzubringen, daß ihm der Teig gestohlen worden sei, sosehr man auch versuchte, ihm den Sachverhalt zu erklären.

Trotz dem Bombardement fanden sich die Leute aus den Dörfern zur Konferenz ein, und am nächsten Vormittag begann die Bibelarbeit und Unterweisung. Jeden Tag etwa um die gleiche Stunde erschienen japanische Flugzeuge und ließen ihre Bomben fallen, so daß Gladys ihre Religionsstunden wieder und wieder unterbrechen mußte, um Tote zu begraben und die Überlebenden zu trösten. Aber die Konferenz nahm trotzdem ihren Fortgang; die Mission blieb weiter unbeschädigt. Am letzten Abend – es war schon spät – verbreitete sich wie ein Lauffeuer das Gerücht, eine fremde Armee sei im Anmarsch auf die Stadt. Japaner? Partisanen? Kommunisten? Niemand wußte es. Gladys vermutete, daß es Japaner seien, denn es war anzunehmen, daß dieses tägliche Bombardement das Erscheinen der Truppe vorbereitet hatte. Die Konferenz war ohnehin zu Ende, man saß nur noch ein wenig beisammen, ehe man zur Ruhe ging. Es war ein großer Unterschied, ob man in einer von Japanern besetzten Stadt lebte oder in einer Stadt, die erst vom Feind eingenommen werden sollte. Unter solchen Umständen war es besser, Zuflucht in den Bergen zu suchen. Die Dorfältesten, die in größerer Zahl an der Konferenz teilgenommen hatten, beschlossen, in der ersten Dämmerung des nächsten Tages auseinanderzugehen. Alle legten sich, ihr Gepäck griffbereit zur Hand, für ein paar kurze Stunden nieder, aber Gladys fand keine Ruhe. Sie wälzte sich unruhig auf ihrem Lager. Sie mußten unbedingt die Stadt beim ersten Tagesgrauen verlassen, das war klar. Auf keinen Fall durfte sich wiederholen, was sie in Shin-Schui erlebt hatten. Sie *mußten* so früh wie möglich hinaus. Ihre Befürchtungen bedrückten sie so sehr, daß sie – unfähig, ihre innere Unruhe noch länger zu ertragen – aufstand und die Bibelfrau, Thimothy und Sualan weckte.

»Wir verlassen Lingchuang«, sagte sie. »Wir gehen sofort!«

Die anderen erhoben keinen Einspruch: Sie hatten sich allmählich daran gewöhnt, ihren plötzlichen Launen und Eingebungen ohne langes Fragen Folge zu leisten.

Ein chinesischer Prediger aus Tsechow, der mit Frau und Kindern zu der Konferenz erschienen war, erwachte von dem Geflüster und sah mit ängstlich fragenden Augen auf.

»Sie werden nicht hinauskommen; die Stadttore sind noch geschlossen und werden vor Sonnenaufgang nicht geöffnet.«

»Dann sind wir die ersten, die draußen sind«, sagte sie fest. »Macht schnell, Sualan und Thimothy, packt eure Sachen!«

Zwei andere Männer, Bauern aus nahegelegenen Dörfern, die auf dem Fußboden schliefen, wurden durch die

Unruhe ebenfalls gestört. Sie setzten sich auf und murmelten verschlafen: »Wir kommen auch mit.«

Gladys' Entschlossenheit beeinflußte offenbar auch den Prediger. Er stieß seine Frau an, bis auch sie erwachte, und seine beiden schlaftrunkenen Kinder richteten sich ebenfalls auf und sahen Gladys mit vorwurfsvollen Augen an.

»Vielleicht ist es nur falscher Alarm«, sagte sie, »aber ich habe das Gefühl, ich müßte die erste sein, die durch das Tor geht, sobald es geöffnet wird.«

»Es sind noch mindestens drei Stunden bis zum Sonnenaufgang«, protestierte der Prediger.

Gladys holte tief Atem. »Ich kann es nicht erklären, aber wir gehen, um als erste draußen zu sein«, entgegnete sie bestimmt. »Lassen Sie sich bitte nicht stören, wenn Sie sich uns nicht anschließen wollen.«

Als die kleine Gruppe aus dem Missionshaus auf die dunklen, nachtkühlen Straßen hinaustrat, war sie noch um einige Personen angewachsen: ein junger chinesischer Arzt mit seiner allen Mutter, seiner Frau und seinem kleinen Baby hatten sich angeschlossen. Sie hatten Verwandte in Lingchuang besucht, und da sie Christen waren, hatten sie in der Mission Schutz gesucht, als das Bombardement begonnen hatte. Die Straßen waren leer. Unheimlich warf das Echo Thimothys Husten zurück. Sie kamen zu dem schweren Tor mit dem grüngeziegelten Pagodendach und machten in seinem schwarzen Schatten halt. Die Bauern hatten recht: Das Tor war geschlossen. Gegen die massiven Holzbohlen gelehnt, kauerten sich alle am Straßenrand nieder. Es war kalt und ruhig. Zwischen den Dächern funkelten hell die Sterne, in der Stadt war kein einziges Licht zu sehen. Die Kinder schliefen schnell wieder ein, auch die Erwachsenen fielen in einen leichten Schlaf. Nur Gladys konnte keine Ruhe finden. Sie streckte die Hand aus und berührte die rauhe Fläche des Tores. Es war aus hartem Holz. Die Gründer der

Stadt hatten es so fest gebaut, damit es jeder Attacke – so schwer sie sich ihre Phantasie nur auszumalen vermochte – standhalten konnte. Warum nur hatte sie plötzlich dieses dringende Bedürfnis überfallen, die Stadt zu verlassen? Wäre es nicht doch besser gewesen, wenn sie alle ruhig weitergeschlafen hätten? Schließlich wußte man ja nicht einmal genau, ob feindliche Truppen im Anmarsch waren; vom Mandarin war bis jetzt noch keine offizielle Bestätigung gekommen; niemand war aufgefordert worden, die Stadt zu verlassen. Diese hastige Flucht entsprang ihrer eigenen Eingebung. Nun gut, sie mußte sich also damit abfinden.

Die Wärme ihrer wattierten Jacke und die dunkle, beruhigende Nähe des schweren Holztores in ihrem Rükken hatten Gladys wohl in einen kurzen Schlaf gelullt. Das Krähen der Hähne weckte sie, die den heraufkommenden Tag ankündigten. Sie öffnete die Augen. Es wurde schon hell, der Torwächter machte sich bereits mit den gewaltigen Schlössern und Riegeln zu schaffen und brummte dabei ärgerlich über das menschliche Hindernis, das ihm im Wege war. Schon füllte sich die Straße hinter ihnen mit einer unruhigen Menge, die die Stadt nach Öffnung der Tore eiligst verlassen wollte. Offenbar war Gladys nicht die einzige gewesen, die in dieser Nacht von dunklen Ahnungen getrieben worden war. Nun endlich schwangen die schweren Flügel des Tores zurück, und ein befriedigtes Gemurmel erhob sich in der wartenden Menge, als nun die Straße zu den Bergen offen vor ihnen lag. Die Kinder lachten, am Abend hatte noch keins von ihnen geahnt, daß es so viel Aufregung geben würde. Vier Kilometer lang zog sich die Straße durch flaches Land dahin, zu beiden Seiten von Weizenfeldern flankiert; dann schwenkte sie in steiler Kurve hinauf in den Schutz der Gipfel.

Gladys fühlte sich wunderbar erleichtert, als sie mit Thimothy und Sualan dahinmarschierte. Ein lockerer, aber ununterbrochener Strom von Flüchtenden bewegte sich aus dem Stadttor ins Freie, und die Sonne streckte ihre ersten Strahlenfächer über den schartigen Grat des Gebirges. Sie waren etwa einen Kilometer wacker marschiert, als sie sahen, daß hinter ihnen der Flüchtlingsstrom nach beiden Seiten zurückwich. Einen entsetzlichen Augenblick lang glaubte Gladys, der Feind habe sie schon abgeschnitten, dann aber erkannte sie, daß die aufwärts galoppierenden Reiter chinesische Kavallerie waren, der Stolz der Nationalarmee. Es war ein prachtvolles Bild, die ganze Schwadron in grauen Uniformen und Schirmmützen, mit klappernden Steigbügeln, quietschendem Leder und hüpfenden Schwertern. Es war ein Anblick, der das Blut schneller fließen machte! Sie ritten in Schwadronformation, etwa zwanzig Reiter in einer Gruppe. Die Kinder jubelten, als sie inmitten einer Staubwolke an ihnen vorbeigaloppierten und die dröhnenden Hufe die Erde erzittern ließen. Gladys wunderte sich nur etwas über den grimmigen und entschlossenen Gesichtsausdruck der Reiter. Offenbar hatten sie einen Auftrag von großer Wichtigkeit auszuführen. Dann plötzlich wußte sie es! Den Lärm der schlagenden Hufe auf der harten Erde übertönte ein schriller, beharrlicher Ton aus der Luft: Gladys kannte ihn zu gut.

Im nächsten Moment ließ der hochaufheulende hysterische Ton der herunterstoßenden Flugzeuge jeden Nerv in tödlicher Angst erbeben, und für den Bruchteil einer Sekunde versagten Gladys' Muskeln den Dienst. Dann aber sammelte sie alle Kraft und rief mit sich überschlagender Stimme den Kindern zu: »In die Felder! Rennt, rennt! In die Felder! Werft euch auf die Erde!«

Sie stieß und puffte Thimothy und Sualan über den niedrigen Steinwall, der die Straße einfaßte, und trieb sie außer sich vor Angst wie Vieh vor sich her. Wütend schrie sie sie an, als jetzt das metallische Stottern der Maschinengewehre das Brüllen der Motoren durchbrach.

Sie warf sich auf den Boden und barg den Kopf in den Armen zu ihrem eigenen Schutz und um die Schreckensszene nicht ansehen zu müssen. Die Erde schüttelte sich, grausig zitterte der Schrei der getroffenen Pferde. Unvorstellbar waren die Stimmen der Tiere und Menschen, als die Maschinen über die Reihen der Flüchtenden und Reiter hinwegdonnerten und alles unter sich niedermachten. Offenbar hatten Aufklärungsflugzeuge am Abend vorher den Einzug der chinesischen Kavallerie in Lingchuang beobachtet, es war also mit Sicherheit anzunehmen, daß sie beim ersten Tageslicht den Schutz der Berge aufsuchen würden. Sie hatten richtig gerechnet; es war nun ein leichtes, das Werk der Vernichtung durchzuführen. Tote und Sterbende, Männer, Frauen und Kinder brachen zusammen gleich Marionetten, deren Drähte plötzlich losgelassen werden. Die Straße war verstopft von qualvoll sich windenden oder schon reglosen Körpern. Pferde ohne Reiter, mit blutunterlaufenen Augen, die Köpfe hoch emporgeworfen, sprangen über die kleine Mauer am Straßenrand und jagten in irrsinnigem Schrecken durch das Weizenfeld. Diese Schreie, diese Panik waren schrecklicher als alles, was Gladys jemals vorher erlebt hatte. Über der Stadt und entlang der Straße mit den von Maschinengewehrkugeln durchlöcherten, verdrehten, im Todeskampf sich bäumenden Körpern flogen die Maschinen wieder und wieder ihre dröhnenden Runden. Gladys' Finger gruben sich tief in die Erde; diese entsetzliche Spanne Zeit verrann langsam und schicksalvoll wie ein ganzes Menschenleben. Dann wandten sich die silbernen Teufel zu einem weiten Kreis, um das Blutbad zu übersehen und endlich abzudrehen und in der Ferne als winzige Punkte zu entschwinden.

Zitternd erhob sich Gladys. Der Anblick – vielleicht einem Landsknecht vergangener Jahrhunderte vertraut – war für Gladys Aylward – Missionarin, Christin und Frau – fürchterlich; ihre Phantasie hätte sich keine Hölle grauenerregender vorstellen können. Tote Pferde, tote Männer, Frauen und Kinder; klaffende Wunden, verströmendes Blut, Schreien und Jammern und Stöhnen in Todesnot. Fetzen und Stücke der mitgebrachten Habe weit umher verstreut, geplatzte und verlorene Bündel im Korn liegend, in das die Menschen Deckung suchend gerannt waren. Reiterlose Pferde hinkten oder galoppierten ziellos über das Gelände. Thimothy und Sualan klammerten sich an Gladys' Jacke, noch immer keines Wortes mächtig. Die zwei Bauern, der Prediger und der Doktor mit seiner Frau sahen Gladys hilfesuchend und stumm an. Dieses plötzliche Hineingerissensein in ein solches Gemetzel hatte ihre Entschlußkraft, ja sogar ihren Selbsterhaltungstrieb völlig gelähmt. Über die Hügel lebloser menschlicher Körper hinweg konnte man das Chaos am Tor erkennen. Menschen- und Tierleichen lagen übereinandergehäuft und verrammelten den Eingang. Innerhalb des Stadttors schrien die Menschen und halfen einander, um über den Berg von Körpern das Freie zu erreichen.

Jeder Schlag ihres Herzens rief Gladys zu: Flieh hinauf in die Berge, verlaß dieses gespenstische Schlachtfeld und verstecke dich in den Schluchten vor all diesem Grauen!

Stumm stand sie da. Hunderte von Verwundeten waren ohne Hilfe. Das Tor mußte so schnell wie möglich geräumt werden!

Sie sah hinüber zu dem chinesischen Arzt, einem mageren jungen Mann, dessen sehniger Hals von einem zu engen Kragen eingezwängt wurde. Erschrockene Augen blickten in die ihren, und sie verstand es gut: Er hatte gerade erst seine Ausbildung beendet und konnte sich mit seinen frischen Kenntnissen einer solchen Aufgabe schwerlich gewachsen fühlen! Mit einem tiefen Atemzug suchte sich Gladys zu beruhigen; dann zwang sie sich zu handeln.

Den zwei Bauern rief sie zu: »Ihr übernehmt die Frauen und Kinder und bringt sie in die Berge. Dort warten

Sie auf uns. Der Doktor und ich bleiben hier, und heute abend werden wir uns oben in den Bergen treffen.« Sie sah den Arzt an, während sie sprach. Nervös nickte er.

Die Frauen und Kinder suchten ihre geringe Habe zusammen und hasteten davon. Gladys winkte ihnen zu, drehte sich um und ging eilig mit dem jungen Arzt zurück zum Tor. Unterwegs sprach sie jeden unverletzten Mann an, munterte ihn auf, drohte und schalt, und so gelang es ihr tatsächlich, eine kleine Gruppe zusammenzubringen, die das Tor freimachen sollte.

Schreckensbleich und noch ganz benommen folgten ihr die Menschen. Einige, die weinend bei den Leichen ihrer Angehörigen kauerten, waren durch kein Zureden aus der Erstarrung ihres Leides zu lösen.

Sie kamen zum Tor. Tote Menschen, Pferdeleichen und Gepäckstücke waren hoch aufeinandergeschichtet, eine groteske Barrikade, über die die Stadtleute hinwegzuklettern versuchten. Angesichts der Aufgabe, die sie vor sich sah, hatte Gladys schnell ihre Geisteskräfte wiedergefunden, sie lief herum und schrie ihren Helfern Befehle zu. Sie zogen die Leichen zur Seite, so daß ein Durchgang frei wurde. Dann wandte sie sich zu den Verwundeten, und mit Hilfe des Arztes brachte sie ihnen die erste Linderung. Soldaten, deren Pferde getötet, die selbst aber unverletzt geblieben waren, halfen mit, und am späten Nachmittag erschien eine weitere Truppe, um das Schlachtfeld zu säubern. Gladys und der Arzt hatten vom Morgendämmern an alles getan, was in ihren Kräften stand, und beschlossen, zu den Ihren zurückzukehren. Das Militär hob Gräben aus für die Toten und trug das zerstreut herumliegende Eigentum, all diese erbärmlichen Bündel und Beutel, zu einem hohen Haufen zusammen, wo es später sortiert werden konnte.

Halb betäubt, blutbefleckt, erschöpft gingen Gladys und der junge Doktor langsam den Weg hinauf zu den Bergen. Sie waren zu müde, um zu sprechen, zu erschüttert, um das furchtbare Geschehen innerlich zu verarbeiten. Als sie ihre Kräfte noch einmal für den letzten Anstieg sammelten, fühlte Gladys plötzlich Tränen ihre Wangen herunterrinnen. Sie schluchzte und schnüffelte eine halbe Stunde lang, bis der Staub ihre Augen trocknete. Im Schutz einer Wegkehre fanden sie die Frau des Arztes und seine Mutter, Chung Ru Mai, den Prediger mit Frau und Kindern, Thimothy und Sualan. Gerüchte und Gegengerüchte hörte man überall. Hin und her gerissen von panischer Angst wußten die Menschen nicht, was sie tun, wie sie sich verhalten sollten; wo man hinhörte, überall wurde gekämpft. Gladys wußte, daß in dieser Situation der einzig sichere Platz nur in den Bergen war, weitab von jeder Siedlung. Es war kein ungewöhnlicher Aufenthalt für sie: Wie viele Nächte hatte sie in den letzten zwei Jahren unter freiem Himmel verbracht oder Zuflucht in dunklen, feuchten Berghöhlen gesucht! Das Korn, das sie bei sich hatten, reichte für mehrere Tage. Nach einer kurzen Besprechung kamen sie überein, daß ein Ausweichen in das Hochland das beste war, denn sollte der heutige Angriff Teil einer japanischen Offensive sein, so wären die fünf Städte Tsechow, Yang Cheng, Shin-Schui, Kaoping und Lingchuang schnell in Feindeshand.

Müde und in tiefer Niedergeschlagenheit stapfte die kleine Gruppe weiter, abseits vom Weg und immer höher hinauf in die Berge. Als es dunkelte, krochen sie unter einen Felsvorsprung; am nächsten Morgen setzten sie sich wieder in Marsch. Die alte Mutter des Arztes schalt und stöhnte, und sie alle wurden die nagende Angst nicht los. Nicht einmal die Berge, die sie schweigend und schroff umstanden, mit ihren engen Schluchten und steilen, nackten Wänden gaben ihnen ein Gefühl der Sicherheit. Den ganzen nächsten Tag suchten sie sich ihren Weg tiefer in das Gebirge hinein. Am Nachmittag entdeckten sie eine große trockene Höhle auf halber Höhe eines steilen Abhangs. Die Kinder und Frauen waren sehr müde und mochten nicht weiter; schwarze Gewitterwolken zogen sich zudem am Himmel zusammen und füllten den Horizont mit unheilverkündendem Violett. Als sie in die Höhle hineinkrochen, brach der Sturm los, und Regen klatschte vom Himmel herunter. Gladys saß zusammengekauert, die Arme um ihre Knie geschlungen, müde und elend, und beobachtete, wie der Regen gleich einer Wand aus Glas vor dem Eingang der Höhle hing. Aber schon wieder ließ ein Gedanke sie aufspringen: Sie ergriff den eisernen Kochtopf, den sie mitgenommen hatte, und stellte ihn hinaus, um das Wasser hineinlaufen zu lassen. Auf dem Boden der Höhle fand sie trockene Äste und alten Tierdung. Sie zerbrach das Reisig und schichtete es mit dem Dung zwischen zwei niedrige Felsbrocken, dann setzte sie den Topf fest darauf und zündete die Sträucher an. Über der hochlodernden Flamme begann das Wasser schnell zu kochen. Sie tauchte groben Zweigtee in das Wasser, und nach wenigen Sekunden saßen alle eng beieinander und nippten an ihren Schalen mit der dampfenden aromatischen Flüssigkeit. Sie legten noch mehr Holz auf das Feuer, und während es draußen dunkelte, huschten ihre Schatten die Wände hinauf bis zum Dach der Höhle. Und nun endlich – vielleicht wie einmal den Neandertalern – kam ihnen das Gefühl der Sicherheit. In einem zweiten Topf kochte Gladys ihre Ration Hirse, und sie spülten den körnigen Brei mit brühheißem Tee hinunter. Hunger und Durst waren nun gestillt, und in der Wärme des Feuers zog langsam Ruhe in ihre Herzen ein. Sie wurden müde, und als das Dunkel schwärzer wurde und der Regen mit wachsender Gewalt herunterprasselte, legten sie sich nieder und schliefen auf dem warmen, sandigen Boden der Höhle ein.

Sechs Wochen blieb dies ihre Wohnung; für ihr Lager holten sie sich trockene Binsen aus dem Tal. Die nächste Wasserstelle war zwar fünf Kilometer entfernt, aber sie sahen darin nur eine zusätzliche Sicherung. Ein Dorf lag nahe bei der Quelle, dort kauften sie sich Eier und Korn. Ihr Erscheinen verursachte keinerlei Aufsehen; Flüchtlinge waren ein gewohnter Anblick. Ihre schlimmsten Feinde aber waren die Wölfe, die hier heimisch waren. Fast jede Nacht stöberten sie in der Nähe der Höhle, und Gladys, der Arzt und der Prediger hielten abwechselnd Wache. Meistens genügte ein gutgezielter Stein, um sie davonzujagen; nur wenn zu viele kamen oder wenn sie frecher waren als gewöhnlich, zündete man ein Feuer an.

Unten in Lingchuang war Linnan in ein Drama verwikkelt, von dem Gladys nichts wußte. Die Absicht der Japaner, nach den Bombenangriffen das Heer nachstoßen zu lassen, war gescheitert und die Stadt noch immer in den Händen der Nationalisten. Kaum hatte Linnan von dem Überfall gehört, so eilte er in die Stadt. Er wußte, daß Gladys die Mission besucht hatte, war aber ohne Nachricht von ihr geblieben. Sie konnten ihm dort nichts weiter sagen, als daß Gladys am frühen Morgen die Mission verlassen hatte und seitdem nicht mehr gesehen worden war.

Als Hauptmann im Dienst der Nachrichtentruppe dieses Bezirks war es seine Pflicht, dafür zu sorgen, daß seine Leute die Verwüstungen der Schlacht beseitigten. Am zweiten Morgen nach seiner Ankunft in Lingchuang lag auf seinem Tisch ein Kirchengesangbuch. Soldaten, die nicht genau wußten, was es war, hatten es vom Kornfeld aufgelesen und brachten es zur Prüfung ihm ins Haus. Es war Gladys' Eigentum, er erkannte es sofort. Erregung und Unruhe erfüllten ihn. Er ging umher und befragte die Soldaten, die die Toten begraben hatten. Niemand konnte sich an eine »fremde Tote« erinnern. In zwei Fällen waren die Soldaten im Zweifel, wer in einer bestimmten Grube bestattet war; Linnan befahl die Wiederöffnung, damit er sich selbst überzeugen konnte. Dann, da Gladys nirgends zu finden war und ihm ihre

Vorliebe für die wilde Bergwelt einfiel, sandte er Boten in die nahen Dörfer, um sich nach ihrem Verbleib zu erkundigen. Bei jeder möglichen Gelegenheit forschte er selbst nach ihr.

Gladys in ihrer weitabgelegenen Höhle wußte nichts von alledem. Schon drei Wochen lebten sie hier in ihrem Unterschlupf, und das Gefühl des Geborgenseins machte die Unbequemlichkeiten eines fast steinzeitlichen Lebensstils wieder wett. Oft, wenn Gladys das Nörgeln der alten Dame oder das Schwatzen der anderen Frauen zuviel wurde, kletterte sie ein wenig die Abhänge hinauf, suchte sich einen geschützten Platz in der Sonne und las stundenlang in ihrer Bibel.

Eines Nachmittags saß sie so, bequem angelehnt an einen Felsbrocken, etwa einen Kilometer von ihrer Höhle entfernt ganz allein, als sie plötzlich eine Bewegung in ihrer Nähe hörte. Erschrocken sah sie auf. Ein Bauernjunge von fünfzehn oder sechzehn Jahren stand da in zerschlissenem blauem Jackett und ebensolchen Hosen, den Strohhut auf dem Kopf. An seinem Arm hing ein Korb mit einem halben Dutzend Eier. Gladys' Mißtrauen war sofort wach. Der Bursche sah sie an.

»Wer bist du?« fragte sie scharf.

»Ich möchte Eier verkaufen«, antwortete er.

Gladys' Augen kniffen sich zusammen bei dieser offensichtlichen Lüge. »Warum willst du sie gerade hier verkaufen?« Ihrer Stimme hörte man die verhaltene Energie an. Er blickte mit stumpfem Gesichtsausdruck auf sie: »Ich weiß nicht.«

»Du bist doch nicht über die Berge gewandert, um mir hier Eier zu verkaufen«, sagte sie feindselig. »Nicht wahr?« Er senkte die Augen und scharrte verlegen mit den Füßen.

»Du kannst nun wieder nach Hause gehen und den Leuten, für die du spionierst, sagen, daß wir alle hier sind«, schloß sie wütend.

Hatte vielleicht ein Banditenführer hier in der Gegend oder eine kommunistische Gruppe Wind von den Fremden bekommen, die in der Nähe kampierten, und hatten diesen Jungen geschickt, um Näheres zu erfahren? Sicher hatten sie ihm eine kleine Belohnung versprochen. Sie beobachtete ihn, solange sie ihn über die Hänge klettern sah, dann eilte sie zur Höhle zurück. Die anderen hörten ihren Bericht niedergeschlagen an. Da es schon spät am Nachmittag war, sagte sie: »Wir müssen morgen ganz in der Frühe fort und ein neues Versteck suchen.«

Beim ersten Morgenlicht drängte sie, die Höhle zu verlassen, aber die anderen trödelten noch immer, der Aufbruch zögerte sich hin. Die alte Dame wollte überhaupt nicht gehen und protestierte. Die Arztfrau mußte erst ihr Kleines an die Brust legen. Die Frau des Predigers suchte langsam ihre Siebensachen zusammen.

Schließlich riß Gladys die Geduld. »Also gut«, sagte sie, »dann gehe ich voraus und warte am Ende des Hochtals auf euch. Bitte, beeilt euch nun.« Sie zeigte in die Richtung, die sie zu nehmen gedachte, und machte sich mit Thimothy auf den Weg. Sie wußte, daß ihr Fortgehen die übrigen zur Eile antreiben würde; weder der Doktor noch der Prediger besaßen irgendwelche Führereigenschaften. Sie erreichte mit Thimothy das Ende des Tales, dort kletterten sie noch eine kleine Anhöhe hinauf. Als sich der Blick über den Grat öffnete, sah Gladys, vor Schreck erstarrt, über die Breite des Tales ausgeschwärmt und gerade auf sie zukommend, eine kleine Gruppe von Reitern. Für Gladys war sofort klar: Die suchten nach ihr und den Leuten, die mit ihr waren. Schnell befahl sie Thimothy: »Lauf zurück und sage den anderen, daß sie dem Tal in der entgegengesetzten Richtung folgen sollen. Sage ihnen, sie sollen so weit wie möglich gehen und sich dann verstecken.«

Thimothys Augen blickten sie erschrocken an. »Und du?« fragte er ängstlich.

»Wenn sie mich haben, werden sie wohl zufrieden sein«, antwortete sie. Der kleine Kerl zögerte noch. »Nun los! Tu, was ich dir sage, Thimothy!«

Sie blickte ihm nach, wie er das Tal hinab zurücklief, dann wandte sie sich den Reitern zu und ging ihnen einfach entgegen. Auf Rufweite herangekommen, legte sie die Hände an den Mund und schrie ihnen zu: »Falls ihr mich suchen solltet – hier bin ich.«

Sie wußte, daß die Kommunisten meistens erst schossen und dann erst nachsahen, wen sie erwischt hatten. Sie fühlte keine Furcht mehr, eher Ärger, daß sie von einem jungen Idioten mit einem Eierkorb verraten worden waren.

Der Wind trug ihre Stimme gut, und gleich darauf zeigte der Führer der Reiter mit der Hand zu ihr hinauf und zwang sein Pferd erst zum Trab, dann zum Galopp hangaufwärts, und jetzt erst sah sie verwundert, daß es ein Offizier der Nationalarmee war. Als er sein Pferd ein paar Meter vor ihr in einer Wolke von Staub und mit stampfenden Hufen zum Halten brachte, ihm die Zügel über den Kopf warf, sich aus dem Sattel schwang und auf sie zulief, erkannte sie – Linnan!

Einen Augenblick lag sie in seinen Armen. Dann erzählte er ihr erregt, was geschehen war – wie er überall in der Umgebung der Stadt die Leute aufgefordert hatte, nach ihr zu forschen und sich eine Belohnung abzuholen, wenn sie etwas über Ai-weh-dehs Verbleib wußten. Der Bauernbursche hatte ihm die heiß erwünschte Information gebracht.

Sie gingen miteinander zur Höhle, wo sie die kleine Gesellschaft im Aufbruch fanden; alle standen nun um Gladys und Linnan herum und lachten und scherzten in der plötzlichen großen Erleichterung. Linnan konnte ihnen einen genauen Lagebericht geben: Überall flackerte noch der Kampf – es war zunächst sicherer, in der Höhle zu bleiben. Er würde von Zeit zu Zeit einen Boten mit

Lebensmitteln heraufschicken und ihnen Bescheid geben, wenn die Situation es erlaubte, nach Tsechow oder Yang Cheng zurückzukehren. Um diese beiden Städte wurde noch wild und erbittert gerungen. Und tatsächlich sahen Gladys und die Kinder oft, wenn sie in den nächsten drei Wochen einen Felsen in der Nähe hinaufkletterten, weit hinten über den Bergen japanische Flugzeuge, die sich auf Tsechow hinunterstürzten. Schließlich aber waren es doch die Japaner, die weichen mußten, und als Gladys mit den Ihren nach Tsechow zurückkehrte, war die Stadt noch immer fest in chinesischen Händen.

13

Wie sie erwartet hatte, konnte Gladys, als sie den Berggrat erreicht hatte, den Rauch der japanischen Biwakfeuer unter sich erkennen. In blaßblauen Spiralen stieg er langsam zum klaren Abendhimmel auf. Die Talsohle selbst, auf der der Feind lagerte, war hinter einem großen Felsvorsprung verborgen. Gladys hatte schon öfters in den Sommermonaten, seit sie die Berge verlassen und nach Tsechow zurückgekehrt war, ähnliche Aufträge übernommen. Sie hob die Hand zum verabredeten Zeichen, und der junge Offizier der Nationalarmee kletterte nun gleichfalls auf den Grat zu ihr hinauf. Seine Füße lösten ein paar Steine vom Felsen, und sie blickte ihnen nach, wie sie abwärtshüpften bis in die Nähe des Trupps Soldaten, die, die Gewehre mit dem Lauf nach vorn fest unter den Arm geklemmt, sich am Berghang entlang vorwärtspirschten. Sorgfältig strich der Offizier mit dem Fernglas das Tal ab.

»Siebzig sind es etwa, sagen Sie?« fragte er.

»Ich habe sie heute früh so sorgfältig wie möglich gezählt«, erwiderte Gladys. »Ich kann mich nur um wenige geirrt haben.«

»Ja, es ist bestimmt anzunehmen, daß sie morgen bei Tagesanbruch auf der Straße nach Tsechow abziehen werden«, sagte er eifrig.

»Überall sind Posten aufgestellt, Sie müssen also sehr vorsichtig sein«, warnte ihn Gladys. »Einer hat mich heute morgen entdeckt, als ich über den Grat wollte, aber zum Glück war die Schlucht dazwischen, er konnte gar nichts machen.«

Der Mann nickte, er hörte kaum mehr zu; im Geist suchte er schon den günstigsten Platz für das Maschinengewehr und verteilte seine Leute so, daß sie das ganze Tal bestreichen konnten. Gladys war in den Plan eingeweiht – der Angriff sollte beim ersten Tageslicht beginnen, die Chinesen von beiden Seiten in das natürliche Becken einfallen, wo die Japaner, durch das vorbereitende Feuer überrascht, verwirrt wären. Die Nationalisten hatten nur dreißig Mann, doch waren es Nordtruppen, große, zähe junge Männer, die sich heldenmütig und haßerfüllt schlugen. Sie sollten sich auf die Japaner stürzen und das Gefecht mit einem blutigen Nahkampf beenden. Bis zum letzten Mann würde der Feind kämpfen und bis zum letzten Mann vernichtet werden. Natürlich mußte man auch auf seiten der Chinesen mit Verlusten rechnen.

»Sie werden jetzt wohl zurückgehen?« fragte der Offizier und wandte sich wieder Gladys zu. »Sie haben uns gut geführt, Ai-weh-deh.«

»Ja, ich gehe wieder zurück«, sagte sie müde.

Sie war seit Sonnenaufgang auf den Füßen, hatte die kleine christliche Gemeinde in Po-Roen-Tsun, einem einsamen Dorf in den Bergen, frühmorgens verlassen, um nach Yang Cheng zu gehen. Auf ihrem Weg quer durch das Gebirge hatte sie beobachtet, daß japanische Truppen vorsichtig längs des trockenen Flußbettes ihren Weg nahmen. Sofort sagte sie sich, daß es ungewöhnlich leichtsinnig von ihnen war, sich in so kleiner Zahl so weit in die Berge hineinzuwagen. Wo die nationalistischen Truppen lagerten, wußte sie; sie beschloß, einen Umweg zu machen, um eines ihrer Lager, das in den Bergen gut versteckt lag, aufzusuchen. Auf ihre Nachricht hin wurden ihr sofort ein Offizier und dreißig Mann beigegeben, um sie zu begleiten; sie besaß zwar einen vom Kommandierenden General in Tsechow unterzeichneten Paß, doch brauchte sie ihn meist nicht einmal vorzuzeigen: Die Führer der nationalistischen Einheiten in diesem Teil Schansis wußten, wer sie war. Sie kannte die Berge in diesem Gebiet weit besser als die Bewohner der Gegend und selbstverständlich besser als die Truppen. Ihre jahrelangen Wanderungen über die Pässe und Sättel oder durch die Täler, zu Fuß oder auf dem Maulesel, fern jeder menschlichen Siedlung, hatten ihr eine ungewöhnliche Kenntnis des Gebirges von Nord-Schansi vermittelt.

Es war nicht das erstemal, daß sie ihre Fähigkeiten für die Nationalisten eingesetzt hatte. In diesem fast mittelalterlich-primitiv geführten Krieg gab es keine festen Stellungen. Die Japaner hielten die Städte besetzt und ließen ihre Divisionen auf allen passierbaren Verbindungswegen vorgehen. Die Nationalisten dagegen lebten in den Bergen und wandten die Taktik von Partisanen und das Prinzip der »Verbrannten Erde« an.

Mit ihrer Bibel kam Gladys sowohl durch japanisch besetzte wie durch nationalistische Orte. Auch wenn die Japaner wußten, daß sie sich in ihrem Terrain aufhielt, nahmen sie keine Notiz davon, denn sie unterschied sich nicht von den Tausenden von Flüchtlingen, die überall im ganzen Land in Bewegung waren. Sie ahnten nicht, daß Gladys die jeweiligen Stellungen des Feindes sorgfältig notierte und diese Informationen an die nationalchinesischen Truppen weitergab, ja diese sogar dorthin führte, wo sie den Feind angetroffen hatte. Gladys wußte genau, was sie tat, und schämte sich ihrer Handlungen nicht. Sie war den amtlichen Akten nach wie in ihrem menschlichen Empfinden Chinesin geworden. Hätte sie in London gelebt und England wäre in Gefahr gewesen – sie hätte genauso gehandelt. Ihr Herz hatte sich dazu durchgerungen, diesen Kampf mitzukämpfen, auch wenn ihr Gewissen nicht uneingeschränkt dazu ja sagen wollte.

Es war schon fast dunkel, als sie wieder in das Dorf gelangte, wo sie mit den Nationaltruppen Verbindung aufgenommen hatte. Der Dorfälteste ging ihr entgegen – ein freundlicher alter Mann, über dessen verblichener blauer Baumwolljacke eine dünne Strähne weißer Haare von seinem Kinn herabpendelte.

»General Ley ist hier«, flüsterte er. »Er besuchte mich, wir sind alte Freunde. Als er hörte, Sie könnten zurückkommen, wollte er auf Sie warten. Er möchte Sie sehr gern kennenlernen.«

Gladys beschleunigte ihre Schritte; sie hatte schon viel von General Ley gehört, war ihm aber noch nie begegnet. Er war in der Provinz bereits zur legendären Figur geworden, katholischer Priester, Europäer – doch welcher Nation er eigentlich angehörte, wußte sie nicht. In dieser Zeit erstarkenden Nationalgefühls sprach man allgemein Chinesisch, und niemand fragte den anderen nach Privatangelegenheiten. Später hörte sie einmal, er sei Holländer, doch war das nur eine Vermutung.

Als die Japaner in Schansi einfielen, hielt es Ley nicht aus, die Hände in den Schoß zu legen und sich auf Gottes Gnade zu verlassen. Als streitbarer Christ besorgte er Waffen für seine Gemeindemitglieder und kämpfte mit ihnen gemeinsam. Jetzt war er Führer einer großen Partisanentruppe. Sie lebten in den Bergen und setzten den Japanern zu, wo und wie sie immer konnten. So kam es, daß Gladys dem Mann mit einer gewissen Spannung entgegensah, dem es gelungen war, diese harte Wirklichkeit mit seinem christlichen Gewissen zu versöhnen.

Im ungewissen Licht des Zimmers sah sie ihn stehen, breitbeinig, die Arme hinter dem Rücken verschränkt, eine stämmige Gestalt, in den langen schwarzen Priesterrock gekleidet. Sein kurzgeschnittenes Haar war blond, sein Gesicht großflächig und von Gedankenarbeit geprägt, der Mund entschlossen und doch biegsam, bereit zum Lächeln. Nur seine Augen, dachte sie, blickten traurig und einsam.

Er lächelte und streckte die Hand aus. »Ai-weh-deh! Wir folgen dem gleichen Ziel, obwohl Sie eine Frau sind und ich ein Mann, Sie eine Protestantin und ich ein Katholik.«

»Ich bin sicher, daß wir vieles gemeinsam haben, General Ley«, sagte sie und lächelte zurück.

»Ja, denn wir haben einen gemeinsamen Feind«, antwortete er, plötzlich wieder düster. Das Lachen war aus seiner Stimme geschwunden, seine Augen waren ernst. »Kommen Sie, setzen Sie sich und lassen Sie uns ein wenig miteinander reden. Sie sind sicher müde und hungrig?«

Mit ihren Stäbchen die Teigschnüre aus den Eßschalen hebend, saßen sie sich beim flackernden Licht der Öllampe gegenüber, und beide fühlten sich von einer Atmosphäre warmer Freundschaft umfangen, wie sie nur selten einem ersten Zusammentreffen beschieden ist. Sie sprachen von den verschiedensten Dingen.

Der größte Teil der Truppe Ley hielt sich in Berghöhlen unweit des Dorfes auf. In der kommenden Nacht sollten sie hier durchziehen, um die Handelsstraße zwischen Tsechow und Kaoping unter Feuer zu nehmen. Die Aktion war durch ausgezeichnete Informationen vorbereitet.

»Viele Japaner werden morgen das Leben lassen«, sagte er ernst. »Mit dem Maschinengewehr werden wir sie niedermähen, sowie sie in Reichweite kommen.« Es war nicht schwer für Gladys, die die bittere Ironie in seiner Stimme mit Erschütterung heraushörte, seine innere Verzweiflung zu erraten. Es war schon deshalb nicht schwer, weil der gleiche Konflikt ihr eigenes Herz beunruhigte.

»Viele Japaner werden das Leben lassen« – es klang so ganz anders, als wenn sonst ein militärischer Kommandeur ankündigte: »Wir werden ihre Verbindungslinien abschneiden!« oder: »Wir wollen ihren Nachschub abfangen!« oder: »Wir werden ihnen tüchtig eins auswischen!« Er scheute sich nicht, die wunde Stelle zu berühren. »Wir werden viele töten«, wiederholte er. Ihre Augen trafen sich über dem Lämpchen. Das aufwärtszüngelnde gelbe Licht warf tiefe Schatten. Sie verstand; und er wußte, daß sie verstand: dieses Problem, quälend für sein christliches Gewissen. Auch sie hatte in unzähligen stillen Gebeten versucht, irgendeinen klaren Weg zu finden, dem sie ohne Zögern folgen, auf dem sie ihr Handeln aufbauen konnte.

Sollte er – oder sollten sie – beiseite stehen und zusehen, wie die Kräfte des Bösen mit brutaler Gewalt in jede Ecke ihrer Provinz griffen – oder sollte er – sollten sie beide – das Schwert aufnehmen und im Namen Gottes die schlimme Hand treffen, wo ihr Griff ihnen nahekam? Die Politik der Japaner war einfach. Seit Jahren hatten sie ein Beispiel dieser »Politik der Herrenrasse« in ihrer Kolonie Nordkorea geliefert. Die Japaner waren Aristokraten, die Koreaner Sklaven! Kein Koreaner wurde zur höheren Erziehung zugelassen; kein Koreaner konnte zu einem bedeutenderen Verwaltungsposten aufsteigen. Sie wurden auf ein proletarisches oder bäuerisches Niveau gedrückt und dort gehalten. Hitler wandte die gleichen Prinzipien auf der anderen Hemisphäre an, und schon wurden sie auch den Teilen Nordchinas aufgezwungen, die in der Hand des Feindes waren.

In seiner abgelegenen Mission in Süd-Schansi hatte Ley, der junge katholische Priester, seine Entscheidung allein in der Auseinandersetzung mit seinem Gott und seinem Gewissen zu treffen. An einem klaren, kalten Morgen hatte er seine Christen im Hof der Mission versammelt und gesagt: »Wir werden den Feind mit der einzigen Waffe, die er kennt, bekämpfen: Gewalt! Wir werden ihn töten, wenn er schläft oder wenn er unvorbereitet ist. Wir werden ihn aus unseren Bergen treiben, ganz gleich unter welchen Opfern.«

Seine Soldaten – der Kern bestand aus den Christen seiner Gemeinde – waren bronzebraune Nordchinesen mit arbeitsharten Muskeln und einem von den Ahnen überkommenen Zug banditenhaften Freiheitssinnes; sie waren ihm in fanatischer und wilder Liebe ergeben. Er lehrte sie die Taktik der Kriegführung. Sie schlugen mit verheerender Plötzlichkeit zu, töteten alle Japaner, deren sie habhaft werden konnten, erbeuteten ihre Lebensmittel und Waffen und zogen sich mit der gleichen blitzhaften Schnelle wieder in ihre Berge zurück.

So ging es schon seit vielen Monaten.

Er saß auf dem rauhen Backstein-K'ang im Hause des Aldermanns und sah Gladys über den Tisch hinweg an. Seine Mundwinkel hoben sich ironisch, als er sagte: »Eine gemeinsame große Sache – nicht wahr, Ai-weh-deh?«

Sie kratzte den letzten Rest der Mahlzeit vom Boden ihrer Eßschale. »General Ley?« sagte sie nachdenklich. »Warum nennt man Sie General?«

»Eine Ehrenbezeichnung – aus der Luft gegriffen«, antwortete er, und über sein bewegliches Gesicht glitt jetzt wieder ein Lächeln. »Die Männer haben so etwas gern; wenn sie unter einem General dienen, haben sie mehr Gesicht. Es ist eine rein rhetorische Wendung.«

Sie zögerte einen Augenblick. »Haben Sie keine Angst, daß die Japaner Sie fangen?« Sie wußte, daß es eine naive Frage war.

»Oft, sehr oft. Und Sie?«

»Ich denke kaum daran.«

»Ich habe viel von Ihnen gehört, Ai-weh-deh«, sagte er nachdenklich.

»So? Was haben Sie denn gehört?«

»Manchmal klettern Sie stundenlang dicht hinter den

japanischen Linien herum, um Informationen für die chinesische Armee zu sammeln. Das wird wohl stimmen?«

Sie hörte den leise anklagenden Ton in seiner Stimme und sah ihn verwundert an. »Ja«, gab sie ruhig zurück.

Sein Blick hielt sie fest. »Haben Sie nicht die Empfindung, daß Sie die Stellung, die Gott Ihnen zugewiesen hat, verraten?« fragte er kalt.

»Ich verstehe Sie nicht«, entgegnete Gladys verwirrt, und langsam stieg zornige Erregung in ihr hoch. Dann brach eine Flut von Worten aus ihr heraus. »Gott sieht den Unterschied zwischen Recht und Unrecht!« rief sie heftig aus. »Wir können den Unterschied wohl auch erkennen, nicht wahr? Unser Herr trieb die Wechsler mit Peitschen aus dem Tempel. Die Japaner überschwemmen unser Land plündernd, brennend und mordend. Wir müssen sie austreiben, und zwar mit allen Mitteln, die sich dafür eignen. Die Menschen, die dieser Feind tötet, sind meine Landsleute: gesetzlich, moralisch und geistig meine Landsleute; und ich werde immer tun, was ich kann, um sie zu beschützen und ihnen zu helfen...«

Plötzlich hielt sie mitten in ihrer leidenschaftlichen Rede inne – General Ley lächelte.

»Sie lächeln, um mich unsicher zu machen!« sagte sie vorwurfsvoll. Trotzdem spürte sie, wie wohl es tat, sich das alles einmal vom Herzen zu reden.

Ley nickte langsam: »Ja...«

Er schwieg, und Gladys sah, wie ein schwerer Seufzer seine Brust unter dem Priestergewand weitete.

»Wir stellen uns ja selbst diese Frage, Ai-weh-deh, nicht wahr? Und wir beantworten sie zu unserer eigenen Beruhigung; vor jedem menschlichen Gericht könnten wir mit bestem Gewissen auftreten und uns verteidigen – und doch verfolgt uns der Gedanke – unerbittlich –: Wird eine solche Antwort auch vor Gottes Richterstuhl gelten?«

Sie erwiderte nichts. Sie wußte, daß es nicht nötig war;

er prüfte nur laut sein eigenes Gewissen. »Ich bin christlicher Priester«, fuhr er langsam fort. »Ich bin in dieses Land gekommen, um die Unwissenden zu belehren und den Kranken zu helfen und das Wort Gottes denen zu bringen, die noch nie davon gehört haben. Und trotzdem liegen auf dem Schlachtfeld die Leichen der Menschen, die ich töten half – ja die ich selbst getötet habe mit diesen meinen eigenen Händen!« Er streckte die Hände mit einer schnellen, wütenden Bewegung aus. »Aber Neutralität – hat sie denn einen Sinn? Überall in der Welt, Ai-weh-deh, wird gekämpft gegen den gemeinsamen Feind, das Böse. Und wenn nicht jeder Mensch diesen Kampf geistig, moralisch und körperlich mitkämpft, auf welchem Gebiet es ihm eben möglich ist – wie können wir dann jemals siegen? Ich bin ein Mann, Ai-weh-deh, ein Mann ebensogut wie ein Priester. Sie wissen selbst genau, was die Japaner getan haben, wie sie töten und plündern und schänden. Wird von einem christlichen Mann erwartet, daß er dabeisteht und zusieht, während der Schrecken immer weiter um sich greift? Ich kann es nicht, und ich werde es auch nicht tun!«

Seine Stimme klang scharf und böse, seine Augen glühten sie über den Tisch hinweg an. Dann aber erlosch sein Zorn so schnell, wie er gekommen war. Er sah auf seine Hände nieder, die noch immer ausgestreckt vor ihm auf dem Tisch lagen, und strich mit ihren Flächen an seinem schwarzen Gewand hinab, als wollte er einen Fleck abwischen. »Gott wird über mich zu Gericht sitzen«, schloß er müde.

Beide schwiegen und hingen ihren Gedanken nach. Dann hoben sich seine Augen wieder, ein Lächeln, halb ironisch, halb hilflos, öffnete seine Lippen: »Ich gehöre einem Orden an, der an den Segen der Beichte glaubt«, setzte er dann ruhig hinzu.

Gladys erwiderte seinen Blick: »Ich verstehe Sie gut«, antwortete sie ihm nur. Sie fand keine anderen Worte, obgleich ihr Herz sich danach sehnte, ihr Mitgefühl, ihr Mit-Leiden auszudrücken, ihn fühlen zu lassen, daß er nicht allein sei. Wie konnte sie ihm helfen? Sie wußte keinen anderen Weg als den, welchen sie selber ging – niemand konnte ihm seine Bürde abnehmen oder sie mit ihm teilen. Zwischen ihren Konfessionen gab es keine Verschmelzung. Aber eines spürte sie bei dieser Begegnung: Ley und sie, zwei Fremde, die sich fern ihrer Heimat hier getroffen hatten, nahmen von dieser Aussprache einen Trost mit, keinen sehr umfassenden Trost, aber doch einen Trost, der ihnen bleiben würde. Zwei winzige Splitter der Menschheit, die der Strom des Krieges für einen Augenblick zueinandergespült hatte, fanden doch in dieser Stunde eine menschliche Haltung, die Würde genug besaß, um nun nicht mehr verlorenzugehen. Sie ahnte nicht, daß in all den kommenden Jahren solche Begegnungen das Wesentliche im Verkehr der Menschen werden sollten – unter jedem Breitengrad, in jedem Klima. Das Wachsen und Reifen von Freundschaften wurde durch Trennungen zerschlagen, die Regeln zivilisierten Verhaltens von den brutalen Notwendigkeiten des Krieges. Die wenigen schicksalhaften Augenblicke vor der Schlacht, vor der Gaskammer, vor der Einschiffung, der Operation, der fallenden Bombe waren oft das einzige, was Millionen von Männern und Frauen als Trost blieb auf ihrem kurzen und bitteren Weg in den Tod. Von diesen Minuten, Stunden oder Tagen konnte für den Sterbenden Sinn oder Unsinn seines Sterbens abhängen; solche menschlichen Bemühungen mochten dem possenhaften Verhalten des Homo sapiens einen Schein von Vernunft leihen, den Glauben an die sinnvolle Führung Gottes wieder aufrichten, diesen Glauben, der durch nichts Irdisches zu ersetzen ist, weil er allein der Seele Ruhe gibt, wenn ringsum die Verwirrung wächst.

Der Docht in der irdenen Lampe war heruntergebrannt. In der Dunkelheit verließ General Ley das Haus des Dorfaldermannes, sein langer schwarzer Rock flatterte ihm um die Beine, als er durch die Berge zurück zu seinen Männern ging. Gladys traf ihn später noch zweimal, aber stets in Gegenwart vieler anderer, und nie fanden sie Zeit, mehr als ein Lächeln und einen Gruß auszutauschen. Nach vielen Monaten hörte sie in Tsechow von seinem Tod. Er war durch die Hand der Chinesen gefallen, so lautete der Bericht, doch stritten sowohl Nationalisten als auch Kommunisten jede Beteiligung ab. Vor Gottes Richterstuhl wird er die rechte Antwort wissen, dachte Gladys traurig.

Die Chinesen hielten das Gelände um Tsechow mit grimmiger Zähigkeit während des ganzen Herbstes, Winters und bis in den Vorfrühling des Jahres 1940 hinein. Während dieser Monate schloß Gladys Freundschaft mit dem chinesischen General, dessen Hauptquartier in der Stadt lag. Durch Linnan dort eingeführt, war sie bald ein willkommener Gast in seinem Hause; nach einigen ihrer erfolgreichen Erkundungen übergab er ihr die Kennmarke, die sie den Feldtruppen gleichstellte.

Für Gladys war es eine Zeit wechselvoller, aufregender Tätigkeit. David Davis hatte Tsechow im vorigen Herbst verlassen, um Frau und Kinder und einige Europäer an die Küste zu begleiten, da sie ohne seine Tatkraft wahrscheinlich niemals bis dorthin gelangt wären. Er wollte sobald wie möglich zurückkehren. Gladys hielt sich teils in Yang Cheng, teils in Bei Chai Chuang auf und durchstreifte das ganze Gebiet. Wenn sie ihre kleinen christlichen Gemeinden auf dem Lande und in den Bergen aufsuchte, nützte sie ihre Fahrten zielbewußt dazu aus, Informationen und Lageberichte für die chinesischen Truppen zu sammeln.

Es haben sich sicher wenige Liebesgeschichten unter so außergewöhnlichen Umständen abgespielt wie die zwischen Gladys und Linnan. Sie trafen einander in den unwahrscheinlichsten Augenblicken mitten in den Bergen, in ausgebombten Dörfern, in zerstörten Städten. Sie sprachen miteinander in den sonderbarsten Situationen zwischen Schlachten oder Geburten oder Taufen. Sie tauschten Zettel mit Nachrichten, nahmen schnell miteinander eine Mahlzeit ein und träumten von der Zukunft, an der sie gemeinsam für China arbeiteten. Seine Zärtlichkeit für sie war immer unverändert, dankbar nahm sie das Geschenk seiner Wärme und Sorge an. Auch über ihre Heirat sprachen sie: Er drängte auf sofortige Verbindung, auf ein gemeinsames Leben, so gut es eben ging, ob es nun Krieg war oder nicht. Aber Gladys sagte nein. Erst mußte der Krieg gewonnen sein. Unbewußt nahm sie das harte Gesetz für die Partisanen Titos vorweg, der jeden romantischen Abweg seiner Kämpfer schwer bestrafte. Unumstößlich galt für sie der Grundsatz, daß die Vernichtung des Feindes vorgehe; ihr persönliches Glück, ihre Heirat mußte warten.

Sie schrieb ihrer Familie nach England, daß sie im Begriff stehe, einen Chinesen zu heiraten; sie hoffe herzlich, daß man zu Hause Verständnis für diesen Entschluß aufbringe. Ihr Vater schrieb zurück, wenn sie ihres Glückes mit diesem Mann sicher sei, würden sie alle ihre Freude teilen. Den Brief las sie in einer Höhle nicht weit von Yang Cheng. Sie hatte in der Stadt einige ihrer schon vor Jahren getauften Christen besucht und war nun auf dem Rückweg. Wie dieser Brief über den Gelben Fluß gekommen und sie in den Bergen erreicht hatte, das blieb ihr ein Rätsel; jedenfalls hatte ihn ein Bote aus Yang Cheng ihr überbracht. Sie weinte ein bißchen, als sie ihn gelesen hatte, denn sie hatte noch nichts gegessen an diesem Tag als eine Schale voll gekochter grüner Kräuter, die sie an den Hängen gesammelt hatte, und so war es ihr wohl etwas leer im Kopf zumute.

Als der Frühling kam, rückten die Japaner jeden Tag näher an Tsechow heran, das für sie von großer strategischer Bedeutung war. In den Feldern und in den Dörfern im Umkreis einer Meile leisteten die Chinesen heldenhaften Widerstand. Ein ständiger Strom von Verwundeten bewegte sich stadteinwärts durch die Tore; selbst das Gelände der Mission wurde zum Verbandsplatz. Oft ging Gladys mit den Trägern hinaus und bemühte sich um die Verletzten, die auf ausgehängten Türen in die Stadt getragen wurden, denn die vorhandenen Tragbahren reichten bei weitem nicht aus.

Flüchtlinge drängten sich in der Mission und zogen täglich zu vielen Hunderten durch die Hauptstraße. Die Japaner führten immer neue Verstärkungen heran und drückten unaufhaltsam gegen die Verteidigungslinie. Der Lärm des Gewehr- und Artilleriefeuers riß nicht mehr ab.

Und trotzdem war Gladys entschlossen, ihren Posten nicht zu verlassen. Sie hatte nun schon so oft unter japanischer Besatzung gelebt, daß sie es richtiger fand, ihren Leuten gegen die schlimmsten Ausschreitungen japanischer Truppen beizustehen, falls es dazu kommen sollte. Nur die Kinder machten ihr Sorge. Die Mission in Tsechow hatte sich von ihrer Gründung an in besonderem Ausmaß der Waisen angenommen; fünfzig Kinder wuchsen hier auf. Ihre Zahl hatte sich jedoch in den letzten schweren Monaten schnell vergrößert, es waren jetzt über zweihundert kleine Chinesen zu versorgen.

Gladys wußte, daß Mrs. Tschiang Kai-schek in der weit entlegenen Provinz Schensi eine Stiftung für Kriegswaisen ins Leben gerufen hatte. Waisenkinder aus den vom Krieg verwüsteten Gegenden wurden in der Hauptstadt Sian gesammelt; sie fanden dort Unterkunft, Essen und Kleidung und erhielten sogar etwas Schulunterricht. Im Winter hatte Gladys bereits bei den Behörden der Provinz Schensi angefragt, ob sie mit ihrer Unterstützung rechnen könne. Nach dem zähen chinesischen Widerstand im vergangenen Sommer und Herbst nahm Gladys an, daß die Japaner nicht in der besten Stimmung in Tsechow einmarschieren würden – und sie fürchtete für die Kinder.

Sie erhielt die Antwort aus Sian, daß man dort gern für die Kinder sorgen werde, wenn eine Möglichkeit bestände, sie ihnen zu bringen. Gladys beschloß, wenigstens die Hälfte der Kinder sofort zu schicken, und übertrug Tsin Pen Kuang, einem Christen der Gemeinde von Tsechow, die Leitung der Reise. Mit Geld und Lebensmitteln ausgestattet, machten sie sich auf den Weg zum Gelben Fluß, den sie überqueren und dann die Eisenbahn nach Sian nehmen wollten. Der Transport ging glatt vonstatten, und drei Wochen später hörten sie, daß alle gut angekommen waren. Sie ahnte nicht, unter welchen Umständen sie selbst einmal diese Reise nach Sian bewältigen würde! Tsin Pen Kuang hatte ihr mitgeteilt, daß er sofort zurückreisen werde, so daß er die restlichen hundert Kinder anschließend ebenfalls begleiten konnte. Gladys erwartete ungeduldig seine Ankunft, denn die Verhältnisse in der Mission waren immer schwieriger zu meistern. Sie erwartete ihn umsonst – erst Monate später erfuhr sie, daß die Japaner ihn gefangengenommen und wahrscheinlich erschossen hatten.

Eine Schüssel mit heißem Wasser neben sich, kniete sie gerade neben einem Verwundeten auf dem Boden des Missionshofes, als David Davis von der Reise an die Küste zurückkehrte. Sie hörte eine Stimme hinter sich und erkannte sie sofort; sie drehte sich um mit einem Lächeln des Willkommens – aber ihr Lächeln erstarb vor dem Ausdruck seines Gesichts.

Impulsiv platzte sie heraus: »Oh, David, warum mußten Sie gerade jetzt zurückkommen? Mitten in der Gefahr?«

Aber noch während sie sprach, kam ihr zum Bewußtsein, daß nichts auf der Welt ihn abhalten konnte, dorthin zu gehen, wohin seine Pflicht ihn rief. Nun er seine Familie und die letzten Europäer aus Tsechow in Sicherheit wußte, waren seine Gedanken nur noch bei der Mission. Im Hafen Chifu an der japanisch besetzten Ostküste hatte er um die Erlaubnis gebeten, nach Tsechow zurückzukehren, doch wurde ihm dies verweigert. Er ließ sich jedoch so leicht nicht abspeisen und beantragte eine Genehmigung für den Besuch einer benachbarten Stadt. Das wurde bewilligt. Davis war fest entschlossen, unter allen Umständen zu seiner Mission zurückzukehren, also reiste er mit seinem Paß zu der nahe gelegenen Stadt, für die sein Erlaubnisschein galt, und »verschwand«. Er kannte die chinesischen Menschen und wußte, daß er durchkommen würde, ohne zu verhungern, auch wenn seine Mittel nicht ausreichten. Die Hauptstraßen vermeidend, schlug sich Davis »schwarz« durch, über sechzehnhundert Kilometer weit, auf Umwegen über Land. Jeden Schritt dieser Strecke ging er zu Fuß! Und als er ankam, fand er seine Mission mit Flüchtlingen vollgepackt und mit verwundeten Soldaten belegt. Eine japanische Division kämpfte nicht weit von der Stadt, Verwirrung herrschte überall.

Sie fanden keine Zeit, mehr als ein paar Worte zu wechseln, denn Gladys hatte beschlossen, daß die übrigen hundert Kinder sofort in Sicherheit gebracht werden mußten. Es waren bereits Vorbereitungen getroffen, sie noch am selben Tag auf die Reise nach Yang Cheng zu schicken. Einige Missionshelferinnen, die den Transport begleiten sollten, hatten ihre Schützlinge bereits in langer Prozession aufgestellt; Gladys kontrollierte flüchtig, ob auch alle ihr Bettzeug aufgerollt bei sich trugen und ihre Eßstäbchen und Schüsseln nicht vergessen hatten. Vom Missionstor aus winkte sie ihnen nach – der langen, beweglichen Schlange singender, lärmender Kinder, die über die Ebene zog, den Bergen und der Sicherheit der Stadt Sian zu.

Am Abend hielt Gladys eine kurze Gebetsstunde in der Missionskapelle ab. Die Andacht war früh beendet, die Zuhörer zerstreuten sich, nur ein junger Soldat – zu den Gottesdiensten kamen häufig Soldaten – schien noch zu zögern; er blieb im Türrahmen stehen und spielte mit seiner Mütze. Gladys kannte sein junges, sympathisches Gesicht – er arbeitete im Stab des Generals.

»Sie haben es heute abend nicht eilig«, sagte sie lachend zu ihm, während sie an die Tür trat, um ihn hinauszulassen und die Kapelle zu schließen.

»Ich mußte warten, bis die anderen gegangen waren«, sagte er geheimnisvoll. »Ich bringe eine Botschaft vom General.« Er zog einen Briefumschlag aus der Brusttasche und übergab ihn Gladys. Sie runzelte die Stirn, riß den Brief auf und durchflog die Zeilen auf dem einfachen weißen Papier. Schreiber war der Adjutant:

»Die chinesischen Streitkräfte von Tsechow sind im Begriff, sich zurückzuziehen. Der General schlägt Ihnen vor, sich der Armee anzuschließen, die Sie an einen sicheren Ort beleiten wird. Wenn Sie diesem Ordonnanzoffizier folgen, wird er Ihnen ein Pferd zur Verfügung stellen und Sie zu einer Besprechung mit dem General führen.«

Gladys' Gesichtsausdruck wurde noch strenger. Irgendwie ärgerte sie dieser Brief. War es nicht anmaßend vom General anzunehmen, daß sie sich beim ersten Auftauchen der Gefahr mit einem Kopfsprung in die Sicherheit retten würde? Wie oft war sie während der vergangenen Jahre in Gefahr gewesen! Obgleich Davis von der Reise zurück war und offiziell wieder die Führung der Mission übernommen hatte, fühlte sie, daß ihre Pflichten in Tsechow noch nicht erfüllt seien. Sie ließ sich von dem jungen Offizier einen Bleistift geben und kritzelte auf die Rückseite des Briefes: »Chi Tao Tu Pu, Twai – Christen ziehen sich niemals zurück!« Sie wußte, daß dies eine recht ungewöhnliche Antwort war, mit der sie aber ihren Ärger ein wenig abreagierte.

»Bringen Sie das Ihrem General«, sagte sie.

Er zögerte, grüßte dann, machte auf dem Absatz kehrt und verschwand mit großen Schritten in der Dunkelheit.

Gladys lag auf ihrem Bett und dachte an den Brief. Also die Japaner kamen! Nun, sie hatte schon öfter unter ihrer

Besatzung leben müssen, warum sollte sie ihr diesmal ausweichen? Es gab noch so viel – so unendlich viel zu tun! Angekleidet – denn in diesen Tagen der Alarme und Entwarnungen wußte man nie, was die Nacht bringen mochte – fiel sie in tiefen Schlaf.

Am nächsten Nachmittag erschien der Ordonnanzoffizier wieder, einen bekümmerten Ausdruck in dem blassen, schmalen Gesicht. Gladys hatte soeben ihren Hirsebrei verzehrt und blickte, die leere Eßschale noch in der Hand, erstaunt den jungen Soldaten an.

»Warum kommen Sie wieder?« fragte sie.

Er war rot vor Erregung und stotterte fast: »Der General fordert Sie dringend auf, sich sofort in Sicherheit zu bringen. Er hat mich mit dieser Botschaft nochmals hergesandt. Die Armee lagert fünfundzwanzig Kilometer von hier in der Ebene. Ich bitte Sie, Ai-weh-deh, begleiten Sie mich.«

Seine offensichtliche Sorge verursachte ihr ein Gefühl des Unbehagens. Sie stellte ihre Schale auf den Tisch, legte die Eßstäbchen darüber und stand auf. »Ich danke Ihnen, daß Sie noch einmal gekommen sind, um mir das mitzuteilen«, antwortete sie ruhig. »Aber wie ich Ihnen schon sagte, werde ich mich nicht der Armee anschließen, ganz gleich, was geschieht. Meine Pflicht hält mich hier fest.« Sie ließ ihn stehen und ging aus dem Zimmer an ihre Arbeit.

Die chinesischen Schwerverwundeten wurden soeben auf Karren geladen, um aus der Stadt gefahren zu werden; diejenigen, die gehen konnten, humpelten hinterdrein. Für Verwundete hatten die Japaner keine Zeit, weder für ihre eigenen noch für fremde. Ihre eigenen Toten sammelten sie in großen Haufen und verbrannten sie; in Schansi war man überzeugt, daß sie selbst ihre Schwerverwundeten mit einer wohlgezielten Kugel schnell in den Schinto-Himmel beförderten, ehe sie sie schleunigst verbrannten. Eines nur war den Japanern wichtig: eine kleine Aschenurne für den heiligen Schrein ins Heimatland zu senden. Sie rissen die Türen aus den Häusern und die Balustraden von den Balkons, um ihre Scheiterhaufen zu nähren; diese ungemein praktische Behandlung der Leichen mußte auf die Chinesen in höchstem Maße abstoßend wirken, die doch den Toten höchste Verehrung darbrachten. In China schrieb man jedem Toten drei Seelen zu: Die eine wohnte in der Ahnentafel, eine im Grab, und die dritte wanderte hinaus in das Unbekannte. Mehr denn je waren die Chinesen nun überzeugt, daß sie gegen Barbaren kämpften.

Vom Morgen bis zum Abend dauerte die Evakuierung der Stadt Tsechow. Zu lange hatte die chinesische Verteidigung die Japaner aufgehalten, als daß von ihnen noch Gnade denjenigen gegenüber erwartet werden konnte, die ihnen verdächtig erschienen oder nicht angenehm waren. Am Abend war alles Leben in den Straßen erstorben. Gladys hatte nicht einmal Zeit gefunden, die Botschaft des Generals mit Davis zu besprechen. Sie wußte, daß er die Mission nur unter Zwang verlassen würde. Auch er hatte schon unter japanischer Besatzung gearbeitet und würde es wieder tun.

Nur während ihrer kurzen Mittagspause, als sie eilig eine Schale mit Teigschnüren und Gemüse hinunterschlangen, konnten sie ein paar Worte über die Lage der Mission wechseln, aber für eine längere Besprechung fehlte die Zeit. Ihr Gelände war mit Flüchtlingen vollgestopft, es mußten etwa tausend Menschen sein, die sich innerhalb des Missionsgeländes zusammendrängten, und David Davis versuchte, eine gewisse Lagerordnung einzuführen.

Tagelang hatten das Knattern von Handfeuerwaffen und Maschinengewehren und der dumpfe Donner der Artillerie das Wachen und Schlafen begleitet. An diesem Abend aber trat Stille ein.

Es war schon spät, viele schliefen; aber diese Stille war

auf eine beklemmende Weise bedeutungsvoll, beängstigend. Gladys öffnete ihr Fenster – die Fenster der Mission waren aus Glas, während sie in Yang Cheng nur mit Papier überzogen waren – und sah hinaus in den Hof. Die Dunkelheit selbst schien erstickend, voller Drohung. Gladys ärgerte sich über ihre eigene furchtsame Unruhe. »Warum hast du Angst vor der Stille?« fragte sie sich selbst. »Wahrscheinlich sind es wirklich die Japaner. Sie werden kommen; du weißt es schon lange. Nun also? Du hast schon früher mit ihnen leben müssen.« Aber innerlich spürte sie genau, daß sie Ahnungen zu übertönen versuchte, jenen sicheren Instinkt, der ihr schon oftmals geholfen hatte. Es war dieses Ahnungsvermögen, das sie so unsicher machte, so nervös wie ein Wild, das nächtlich an der Wasserstelle trinkt und den Tiger spürt. Sie legte sich wieder auf das Bett, in den Kleidern wie immer, und schloß die Augen. Ermüdet von der Krankenpflege und den organisatorischen Arbeiten des Tages ließ sie sich vom Schlaf übermannen. Erst als sie den Kies an ihr Fenster prasseln hörte, fuhr sie auf.

Sie rappelte sich aus der Benommenheit des Schlafes hoch und ging zur Tür. Der Docht des Öllämpchens brannte noch auf dem Tisch und streute eine kleine Helligkeit in den Raum. »Wer ist da?« rief sie mit scharfer Stimme. Die Antwort konnte sie nicht verstehen, erkannte aber die Stimme des Ordonnanzoffiziers. Sie öffnete die Tür: Draußen als dunkler Schatten gegen den helleren Himmel stand der junge Soldat. Er sprach erregt.

»Ich bin gekommen, um Sie nochmals zu bitten, sich unserem Rückzug anzuschließen, Ai-weh-deh!« sagte er schnell.

Weil sie im Grunde gegen ihre eigene Angst zu kämpfen hatte, klangen ihre Worte gereizt: »Ich habe Ihnen schon gesagt, daß ich nicht mit der Armee zurückgehe«, fuhr sie ihn an. »Warum müssen Sie mich jetzt mitten in der Nacht damit behelligen?«

Er machte keinen Versuch hereinzukommen, sondern blieb draußen stehen. »Ob Sie mit uns die Stadt verlassen oder nicht – verlassen müssen Sie sie doch«, drängte er, und seine Stimme hatte einen fast flehenden Ton. »Wir haben sichere Informationen.«

»Was für Informationen?«

»Die Japaner haben auf Ihren Kopf einen Preis ausgesetzt.«

»Einen Kopfpreis auf Gladys Aylward!« Sie versuchte zu lachen, aber der Laut blieb ihr in der Kehle stecken. »Wem sollte ich wohl wichtig sein! Schon der Gedanke ist unsinnig!«

Wortlos kramte der Ordonnanzoffizier in seiner Jakkentasche, zog ein Stück Papier heraus und reichte es Gladys. »Diese Zettel sind in allen Dörfern rund um Tsechow angebracht, morgen werden sie auch hier an den Türen kleben!«

Sie ging mit dem Zettel an ihre Lampe; die Schatten tanzten über dem kleinen Fetzen Papier. Überschrift: »Hundert Chinadollar Belohnung!« Dann hieß es weiter: »Hundert Chinadollar Belohnung zahlt die japanische Armee für Informationen, die zur Festnahme, tot oder lebendig, der untenstehenden drei Personen führen.«

Gladys' Augen kniffen sich zusammen, um in dem ungewissen Licht die Namen zu entziffern. Der erste war der Mandarin von Tsechow; der zweite der eines bekannten Geschäftsmannes, der für seine Zusammenarbeit mit den Nationalisten bekannt war. Die dritte Zeile lautete einfach: »Die kleine Frau, bekannt als Ai-weh-deh«!

Ihr erster Gedanke war, die ganze Sache als völlig unglaubhaft abzutun. Hundert Chinadollar! Ein kleines Vermögen! »Sie müssen den Verstand verloren haben!« rief sie aus. »Für mich hundert Dollar zu bieten!«

Die dunkle Gestalt im Türrahmen bewegte sich nicht. »Sie müssen die Stadt am frühen Morgen verlassen, Ai-weh-deh. Ich gehe jetzt. Sie müssen fort, sobald die Sonne aufgeht.«

Gladys wandte sich wieder zu ihm um, von Unschlüssigkeit hin und her gerissen und nicht in der Lage, dieses störende Summen der Angst in ihrem Gehirn zum Schweigen zu bringen.

»Ich danke Ihnen für die Nachricht«, sagte sie langsam. »Dann werde ich also wählen müssen. Aber ich weiß noch nicht, was ich tue.«

Er spürte die leichte Unsicherheit in ihrer Stimme. »Ich wünsche Ihnen alles Gute, Ai-weh-deh«, sagte er ernst. Dann war er verschwunden, und sie sah ihn niemals wieder.

Gladys schloß die Tür langsam hinter ihm, trat an den Tisch und betrachtete den kleinen Zettel noch einmal genau. Hundert Chinadollar! Für die meisten Bewohner von Tsechow eine ungeheure Summe. Ohne Bitterkeit sagte sie sich, daß es wohl sehr viele geben würde, die sie auch für die Hälfte gern verraten würden. Mit David Davis die schwierige Frage zu besprechen kam ihr gar nicht erst in den Sinn; seit Jahren war sie gewohnt, ihre Entscheidungen selbst zu treffen. Sie hatte David monatelang nicht gesehen. Dazu kam, daß sie, auf deren Kopf jetzt ein hoher Preis stand, ihn nicht in ihre Angelegenheiten verwickeln wollte. Die Luft im Zimmer schien ihr drückend – sie ging und öffnete ein Fenster. Dunkelheit hing draußen, dick und undurchdringlich; es war sehr still. »Ich kann doch nicht vor dem Feind davonlaufen!«

rief sie sich selbst zu – aber eine winzige Kurzwellenstation in ihrem Kopf begann dagegen kleine, hastige Worte zu senden: »Lauf! Lauf! Lauf um dein Leben!«

Die Japaner mußten von ihrer Informationsarbeit zugunsten der Nationalisten erfahren haben. Irgend jemand hatte sie verraten. Der Feind würde nicht zögern, die Rechnung zu begleichen, und daß sie eine Frau war, spielte keine Rolle. Und doch zögerte sie noch immer. So vieles in ihr wehrte sich dagegen, ihren Posten vor dem Feinde zu räumen: ihre Lebensgewohnheiten, ihr Herz und ihr Geist. Und doch: Wieviel Furchtbares hatte sie in den letzten Jahren gesehen! Die Japaner würden keinerlei Hemmungen haben, mit einer christlichen Spionin genauso zu verfahren. In ihrem Kopf wiederholte die klare, mechanische Stimme: »Wenn du bleibst, wirst du sterben. Du kennst ein Gebet – ein chinesisches Gebet – erinnere dich.«

Ja, sie kannte das Gebet, viele Male schon hatte sie es sich vorgesprochen: »Wenn ich sterben muß, laß mich ohne Furcht sterben, aber gib, o Gott, meinem Tod einen Sinn.« Die flüsternde Stimme gab keine Ruhe: »Siehst du einen Sinn darin, demütig wie ein Schaf auf das Messer zu warten, zu warten, bis die Japaner kommen und dich holen? Du bist Chinesin geworden, auch deinen Papieren nach. Du bist weit fort von deinem Geburtsland. Einen Schutz gibt es nicht mehr. Gott will nicht, daß du bleibst.«

Was sollte sie tun? Ein plötzliches Verlangen ließ sie nach ihrer Bibel greifen, sie lag auf dem Tisch neben dem Zettel. Sie schlug sie rasch auf und beugte sich vor, um aufs Geratewohl eine Zeile der chinesischen Schriftzeichen zu lesen. Diese Worte waren ihr noch nie vorher aufgefallen, und nun las sie sie laut in wachsender Ehrfurcht:

»Fliehe, fliehe in die Berge! Wohne an den tief verborgenen Stätten, denn der König von Babylon hat einen Plan wider dich gefaßt!«

»Der König von Babylon hat einen Plan wider dich gefaßt!« wiederholte sie laut in tiefem Staunen. Wenn sie wirklich auf ein Zeichen wartete – war es nicht dies? »Fliehe, fliehe!« Ja, nun wußte sie, daß sie sich beim ersten Tageslicht aufmachen mußte. Sie trat zu ihrem kleinen Holzkasten auf dem Brett in der Ecke und begann, alle ihre Papiere und Briefe herauszunehmen. Sie wollte sie, ehe sie ging, verbrennen. Nicht das geringste Belastungsmaterial durfte hier in der Mission verbleiben. Als es vor dem Fenster zu dämmern begann, war sie noch immer beschäftigt, hatte aber alles Nötige erledigt. Die Sonne war schon aufgegangen, als sie, in der Hand die Bibel und den Zettel, aus dem Hause trat. Draußen machte soeben einer der chinesischen Ältesten, ein guter Christ, den sie seit vielen Jahren kannte, seinen Morgenspaziergang. Fast scherzhaft hielt sie ihm das kleine viereckige Papier hin. Er nahm es, sah es nachdenklich durch und wandte sich ihr dann mit sehr ernstem Ausdruck wieder zu. »Um Gottes willen, und Sie sind noch hier?!« rief er erschrocken. »Sie hätten sofort fliehen müssen!«

»Ich gehe schon«, antwortete sie. »Ich will gerade den Pförtner bitten, mir ein Maultier bereitzuhalten.«

Als sie das Gelände bis zum Eingangstor durchschritt, fühlte sie die Sonne warm auf ihrem Rücken. Ihre Füße in den dünnen Schuhen wirbelten winzige Staubwölkchen auf. Mao, der Pförtner, schaute durch das kleine runde Fensterchen in der Außentür, als sie hereintrat.

»Mao«, sagte sie, »ich muß sofort gehen. Würden Sie mir bitte so schnell wie möglich ein Maultier satteln lassen?« Sein rundes Gesicht mit dem Doppelkinn wandte sich ihr langsam zu. Er sah wie ein Kürbis aus, hatte die gleiche hellgelbe Farbe und feuchte Bächlein als Augen. Meist war dieses humorige Gesicht in lauter lächelnde Falten verzogen, jetzt aber sah es ernst aus.

Sein enger, runder schwarzer Hut schien seine Stirn zusammenzudrücken.

»Sie müssen erst einmal einen Blick vor die Tür werfen«, sagte er. »Es wäre gefährlich, jetzt hinauszugehen.«

Gladys trat zu ihm und legte ihr Auge an das kleine Guckloch. Man sah einen Teil der Straße, die rechts um die Stadtmauer herumlief und auf das Haupttor zuführte. Ein Trupp japanischer Soldaten marschierte eben durch das Stadttor. Sie trat von dem Fensterchen zurück und mußte ihre ganze Kraft zusammennehmen, um die aufsteigende Panik zu besiegen, die ihr plötzlich die Kehle verengte.

Als sie sich umwandte, sah sie, daß aus irgendeinem unbekannten Grunde der Koch Mesang ihr gefolgt war. Er zeigte mit seinem drallen Finger auf sie. »Sie sollten schon fort sein! Sie sollten schon längst fort sein!« rief er laut.

Sie sah ihn wortlos an, zu bestürzt, um zu sprechen. Dann drehte sie sich um und begann den gleichen Weg zurückzugehen, quer durch das Lager, den sie eben gekommen war, und während sie ging, schwoll dieses Gefühl betäubender Angst wie das Geräusch eines Zuges, der sich nähert und dabei zugleich seine Geschwindigkeit erhöht, in ihr fast zu einem Donnern an. Ihre Füße bewegten sich schneller, sie fiel in Trab, dann plötzlich lief sie, so schnell sie konnte. Ihr Ziel war das hintere Tor, jenes Tor, durch das sie, seit die Mission bestand, die Toten hinaustrugen. Als sie durch den Hof rannte, an der Davisschen Wohnung vorbei, ließ der Gedanke an ihre Freunde sie innehalten. Impulsiv griff sie eine Handvoll Kies auf und schleuderte ihn gegen die Fensterscheiben. In der nächsten Sekunde war David am Fenster, in Hemdsärmeln, also wohl gerade beim Aufstehen. Sie sah nur seinen Kopf und die Schultern, als er zu ihr hinaussah.

Klar hörte sie seine Stimme: »Haben Sie Angst, Gladys? Warum fürchten Sie sich?«

Da plötzlich griff wieder die erstickende Angst nach ihr; ohne noch ein Wort zu erwidern, rannte sie auf das hintere

Tor zu. Es war offen, sie lief hindurch. Hier draußen war der Fremdenfriedhof, Brachland, unterbrochen von den Grabhügeln. Dahinter lag der flache, grasüberwachsene Graben, der die Stadt umgab, rechts aber erblickte sie ein grünes Weizenfeld, dessen Halme zwar noch nicht die volle Höhe hatten, aber doch hoch genug waren, um sie zu verbergen. Dieses ganze Bild war ihr schon innerlich gegenwärtig gewesen, während sie durch das Tor lief, zugleich aber wurde ihr bewußt, daß sie einen verhängnisvollen Fehler gemacht hatte. Wenn auch das vordere Tor näher am Stadteingang lag, so konnte doch der Fluchtweg vom hinteren Tor aus leicht eingesehen werden von jedem, der sich auf der großen Landstraße näherte. Auf dieser Straße marschierten in regelmäßigen Abständen einzelne Kompanien in die Stadt. Gladys war genau in ihr Blickfeld hineingelaufen. Eine solche Truppe hatte sie soeben durch das Guckloch des Pförtners im Stadttor gesehen – jetzt marschierte die nächste auf das Tor zu, höchstens hundert Meter von ihr entfernt. Sie kannte ihre Taktik, erst einmal zu schießen und dann vielleicht festzustellen, wen man erwischt hatte. Jeder, der vor ihnen davonlief, zog eine Salve auf sich! Wie ein Bauernjunge, der auf ein rennendes Kaninchen schießt, ließen sie ihre Kugeln mit fröhlichem Ehrgeiz auf ihr bewegliches Ziel los. Hatten ihre Schüsse es erreicht, machten sie sich selten die Mühe, nach der Leiche oder nach den Wunden ihres Opfers zu sehen. Aber sie konnte nun nicht mehr anhalten; sie war gezwungen zu fliehen, und dieses Wissen peitschte sie weiter.

Als sie über den Friedhof jagte, hörte sie Rufe der Soldaten hinter sich, dann das Knacken der Gewehre, das Pfeifen und Abprallen der Kugeln an den Steinen und Felsbrocken um sie her. Sie fühlte einen Schmerz in der Brust, Schweiß in den Augen, aber der Rand des Weizenfeldes war nur noch wenige Meter entfernt. Sie wollte eben zu einem letzten, entscheidenden Endspurt ansetzen, da stieß eine Faust sie in den Rücken. Anstatt zu laufen, lag sie plötzlich flach auf dem Gesicht, Staub und Sand im Mund. Sie spürte keinen Schmerz, nur ein tiefes Erstaunen. Sie wußte, daß sie von einer Kugel getroffen war. Ich sterbe, dachte sie. So also ist der Tod? Quer über ihre Schulterblätter flammte nun ein brennender Schmerz, der ihr unvermutet die nüchterne Denkfähigkeit zurückgab. Sie erkannte, daß es jetzt noch nicht ans Sterben ging, daß aber jede Sekunde den Tod bringen konnte, denn die Kugeln schlugen noch immer kleine Fontänen aus dem Staub und sprangen von den Felssteinen um sie herum ab: Die Japaner benutzten ihre ausgestreckte Gestalt zu Zielübungen. Mit einer instinktiven Bewegung griff sie nach den Tuchschlingen, die ihren dick wattierten Mantel von oben bis unten schlossen, und öffnete sie in fliegender Hast. Ihre Bibel war mit ihr zu Boden gefallen, Gladys fühlte, wie sie sich unter ihr in ihren Magen hineindrückte. Es gelang ihr, sich aus ihrem Mantel herauszuarbeiten und ihn wie eine abgestreifte Schlangenhaut hinter sich gleiten zu lassen; dann benutzte sie ihre Bibel wie einen Schlitten und rutschte auf ihr vorwärts, stieß sich mit den Zehen ab und zog sich mit den Händen an Gras und Erde nach vorn. Keuchend erreichte sie den flachen Graben und rollte hinein. Ihr Rücken brannte wie Feuer. Wild hämmerte ihr Herz, als sie hinter sich den Kugelschauer hörte, der den verlassenen Mantel zerfetzte: Die Soldaten hatten sich auf ihr Ziel eingeschossen. Das gab ihr neuen Auftrieb, neue Kraft. Gebückt lief sie mit kleinen, schnellen Schritten den Graben entlang, bis das Korn über ihrem Kopf zusammenschlug. Vorsichtig bog sie es auseinander, tauchte in die biegsamen Halme und robbte Schritt für Schritt rückwärts, mit den Händen die Halme wieder aufrichtend und zusammenbiegend, damit nicht die geknickten Weizenhalme ihre Fährte anzeigten.

Mitten im Getreide fühlte sie sich endlich sicherer. Daß

sie ihren Mantel verloren hatte, war unangenehm, denn darunter trug sie nur den dünnen Baumwollanzug und fror selbst in der Sonne. Der Schuß im Rücken verursachte stechenden Schmerz. Die Kugel mußte den gepolsterten Mantel durchschlagen haben und über das Schulterblatt hinweggestreift sein. Ihre prüfenden Finger entdeckten eine schmale, tiefeingeschnittene Schramme im Fleisch, die jedoch nur wenig blutete; sie brauchte sich also keine Sorgen zu machen. Die Augen wurden ihr schwer, und sie fühlte eine große Schwäche; es fiel ihr ein, daß sie in der vergangenen Nacht kaum geschlafen hatte. Die Vögel sangen in den Büschen am Rande des Feldes und auf der Stadtmauer – kein anderer Laut war sonst zu hören. Alles schien friedlich. Sie rollte sich zusammen und gähnte. Sie war müde, so müde, daß ihr Wille, ihr Unternehmungsgeist ausgelöscht war. Sie schloß die Augen.

Überrascht stellte sie fest, als sie mehrere Stunden später aufwachte, daß die Sonne hoch am Himmel stand. Es schien grotesk und tollkühn, in einer solchen Lage zu schlafen, und doch war sie froh, denn sie fühlte sich jetzt bedeutend wohler. Nicht einmal Angst spürte sie mehr. Beim Einbruch der Dunkelheit würden sich die Japaner hinter den Stadttoren einschließen; darum mußte sie warten, bis die Sonne unterging, bevor sie den Durchbruch in die Berge wagen konnte. Um ihre Zeit bis zur Dämmerung auszunutzen, kroch sie durch das Korn bis zum jenseitigen Rande des Feldes, und sobald die Schatten tief genug waren, um ihr Schutz zu bieten, verließ sie ihr grünes Versteck. Sie spähte nach den Stadtwällen und der Landstraße zurück: Nirgends war ein Mensch zu entdekken – sie lief, ohne innezuhalten, über das wellige Gelände, bis das Bergland sie aufnahm.

Zwei Tage brauchte sie, um die »Herberge zur Sechsten Glückseligkeit« zu erreichen, und als sie endlich ankam, wußte sie genau, was sie zu tun hatte. Denn während sie noch die felsigen Abhänge überquert hatte, das Gesicht vom Höhenwind gepeitscht, und die steilen Abstürze in die Täler hinuntergeklettert war, hatte sie alle Möglichkeiten geprüft, die ihr offenstanden. Sie mußte fort! Sie mußte diesen Teil von Schansi endgültig verlassen. Nach den schweren Kämpfen der letzten Monate würden die Japaner jedem Mißliebigen gegenüber rücksichtslos vorgehen. Auf die Nachricht hin, daß Gladys Aylward, alias Ai-weh-deh, sich noch in diesem Gebiet aufhielt, würden sie vielleicht Geiseln gefangennehmen, um ihre Auslieferung zu erzwingen. Sie dachte an Hsi-Lien, dessen Frau und Kinder sie lebendig verbrannt hatten. Konnte sie ihre Freunde, ihre Kinder einer solchen Gefahr aussetzen? Der Gedanke war unerträglich. Sie wollte die Kinder – alle Kinder – über die Berge nach Sian führen und dort Unterschlupf suchen. Ihr Entschluß stand fest, als sie die schmale Straße zur Herberge hinunterging.

Die Kinder jubelten, als sie Gladys wiedersahen, sie liefen im Hof zusammen, lachend, schwatzend, hüpfend. Die beiden Missionsgehilfinnen, denen sie anvertraut waren, erzählten, daß sie sich vom Mandarin Korn ausgebeten hätten, so daß alle munter und gut ernährt seien. Gladys hatte die ganze Schar wieder um sich, wie ein Beet von lauter braunen Köpfen, ihr Hof ein wogendes Feld von lächelnden, schmutzigen Kindern, die sie als ihre wirkliche, gottgegebene Mutter ansahen.

»Ai-weh-deh!« riefen sie. »Ai-weh-deh ist gekommen und bleibt wieder bei uns.«

»Heute abend«, sagte sie, »müßt ihr alle früh zu Bett gehen. Morgen wollen wir einen langen Ausflug über die Berge machen. Einen langen, langen Marsch!«

Sie brachen von neuem in Jubel aus. Ein langer Marsch irgendwohin war immer ein Abenteuer.

»Ihr müßt früh aufstehen und euer Bettzeug zu einer Rolle zusammenbinden und eure Eßschalen und Stäbchen mitnehmen. Nun auf, alle miteinander, und früh ins Bett! Denkt daran!«

Sie verschwanden, jedes in seinem Loch, seiner Ecke des Gebäudes, und Gladys mußte, als sie traurig das zerstörte Dach, den schiefhängenden Balkon betrachtete, feststellen, daß das Haus wirklich nur noch aus Löchern und baufälligen Winkeln bestand. Seufzend ging sie zum Tor – alle Häuser der kleinen Gasse, die zu ihrer Herberge führte, waren schwer beschädigt. Sie ging hinauf zum Osttor und bog in die Hauptstraße ein, und die Trauer um die zerstörte Stadt überwältigte sie fast. Die Stufen des Yamen versanken im Schutt. Im ersten Hof fiel ihr die frühere Pracht, all der Pomp und das altehrwürdige Zeremoniell ein, die seit Jahrtausenden diese Räume belebt und ihr besonders bei den ersten Begegnungen mit dem Mandarin einen tiefen Eindruck gemacht hatten.

Ein einziger Wachsoldat stand jetzt vor dem kleinen Zimmer. Er erkannte Gladys, lächelte breit, stieß die Tür auf und schrie begeistert: »Sie kommt!«

Als sie an ihm vorbeiging, dachte Gladys daran, daß in früheren Zeiten eine solche Formlosigkeit ihn den Kopf gekostet hätte.

Der Mandarin trat auf sie zu, um sie zu begrüßen. Er trug einen einfachen blauen chinesischen Anzug und eine schwarze Kappe. Voll Kummer dachte Gladys einen Augenblick an seine wunderbaren Gewänder in Rot und Gold. Sogar sein langer, spiegelblanker Zopf war jetzt zu einem kurzen, steifen Schwänzchen gestutzt; dies ging auf einen Befehl der Nationalisten zurück, dem alle chinesischen Männer zu folgen hatten, denn die Japaner waren genial im Erfinden von Foltermethoden bei Männern mit langem Zopf. Einen Mann mit Hilfe seines eigenen Zopfes zu erhängen, fanden sie über alle Maßen komisch.

»Ai-weh-deh«, sagte er freundlich, »wie gut ist es, Sie wiederzusehen!«

»Auch Ihnen wieder zu begegnen ist eine Freude!« antwortete sie und betrachtete ihn unwillkürlich. Er war älter geworden, tiefe Linien hatten sich um Augen und Mund eingegraben. Wie sie selbst, wie alle Menschen hier in Süd-Schansi, hatte er in den letzten Jahren unter dem Druck ständiger Angst und Unsicherheit gelebt. Wenn die Feinde kamen, war er aus der Stadt geflohen und hatte von einem Bergdorf aus, so gut es ging, seine Amtsgeschäfte weitergeführt. War die Stadt wieder frei, so kehrte er in ihre Ruinen zurück. Weder Kommunisten noch Japaner machten mit Mandarinen viel Federlesens: Er war in dauernder Lebensgefahr. Aber er lächelte Gladys zu und erkundigte sich nach ihrer Gesundheit sowie dem Befinden ihrer Eltern und war herzlich bemüht, ihr zu helfen. Ihren Bericht und ihren Entschluß, sich mit den Kindern durchzuschlagen, hörte er sehr ernst an. Sie spürte, wie stark ihn dieser Plan beunruhigte.

»Ich habe heute erfahren, daß die japanischen Armeen über die Bergpässe eindringen und bereits den Gelben Fluß, den Hoang-ho, erreicht haben, Sie müßten also das von ihnen besetzte Terrain überqueren. Das wäre außerordentlich gefährlich.«

»Wir haben vor, die bekannten Wege überhaupt nicht zu berühren«, erwiderte sie. »Wir gehen auf Saumpfaden, die die Japaner niemals finden werden.«

»Mit hundert Kindern?«

»Mit hundert Kindern«, gab sie entschlossen zurück. »Ich wage es nicht, auch nur ein einziges zurückzulassen in dieser gefährdeten Stadt.«

»Sie haben recht«, sagte er traurig. »Und Sie haben Geld und Lebensmittel genug für die Reise?«

»Keines von beiden.«

Er lächelte. Dann lachte er leise. »Sie haben wirklich eine Gabe, das Schlimmste im Frontalangriff zu nehmen, Ai-weh-deh. Und zwar mit einer Sicherheit und einer Ruhe, um die ich Sie all die Jahre hindurch beneidet habe, seit Sie nach Yang Cheng gekommen sind.«

»Ich habe Ihnen so oft gesagt, Mandarin: ›Gott wird sorgen.‹ Glauben Sie es nun endlich?«

»Lassen Sie wenigstens bei dieser Gelegenheit den Mandarin von Yang Cheng als seinen Beauftragten handeln. Ich kann Ihnen zwei Dhan Hirse zur Verfügung stellen, dazu zwei Mann als Träger für den ersten Teil der Reise. Sie werden mehrere Wochen brauchen, um Sian auf dem Wege zu erreichen, den Sie gewählt haben – Sie sind sich doch klar darüber?«

»Ich weiß. Morgen bei Tagesanbruch gehen wir.«

»Gott möge Ihnen helfen«, sagte er. »Möge Ihnen das Glück beschieden sein, das Sie verdienen.«

Sie verbeugten sich tief voreinander – ein paar alte Freunde, die Abschied voneinander nahmen. Und jeder hätte dem anderen gern mehr von seiner herzlichen Zuneigung gezeigt, mit etwas anderem als nur mit Worten. Aber das war unmöglich. Und unnötig.

Sie ging zur Herberge zurück. Die K'angs, einst das Lager der Maultiertreiber, waren vollgepackt mit Kindern. Von den Resten des Balkons aus blickte Gladys auf zu dem sternübersäten Himmel und den vertrauten Bergen. Sie ahnte, daß sie Yang Cheng, wenn nicht für immer, so doch für eine sehr lange Zeit verließ. Der Tag kam ihr in den Sinn, an dem sie hier angekommen war, so fröhlich ahnungslos und ohne die geringste Vorstellung von den Schicksalen, die hier auf sie warteten. Wie viele Schwierigkeiten, wieviel harte Arbeit – und doch wieviel Glück war in diese erfüllten und gesegneten Jahre zusammengedrängt –, nichts konnte die Fülle von Erinnerungen auslöschen oder herabsetzen. Sie versuchte, sich mit dem Gedanken zu trösten, daß in Sian nach ihrer Ankunft genug Arbeit auf sie wartete, aber es half nicht viel.

Wie mochte David durchkommen? Hätte sie gewußt, welchen Leidensweg er gehen würde, wäre sie wahrscheinlich sofort nach Tsechow umgekehrt, um ihm nach Kräften zu helfen. Aber sie ahnte nichts. Und noch viele

Jahre sollten vergehen, bis sie die Ereignisse um David Davis erfuhr.

Zwei Wochen nach ihrem Einmarsch in Tsechow nahmen ihn die Japaner unter der Anschuldigung der Spionage gefangen. Obgleich es genau ein Jahr und vier Monate vor der Kriegserklärung der Japaner an die Alliierten und David Davis daher formell neutral war, beeinflußte dies in keiner Weise ihr Verhalten ihm gegenüber. Sechzehnhundert Kilometer weit im Innern Chinas spielten theoretische Bedenken keine Rolle mehr in der japanischen Strategie. Aus irgendeinem für Europäer unverständlichen Grunde hatten sie sich in den Kopf gesetzt, von ihm das Geständnis der Spionage zu erzwingen. Ihre Methoden waren sehr einfach. Sie ließen ihn hungern, nahmen ihm den Schlaf und schlugen ihn unmenschlich.

Zwei seiner Neugetauften banden sie an Pfähle und folterten sie, um sie zu zwingen, die gewünschte Erklärung abzugeben: daß Davis gegen die Japaner konspiriert habe. Beide weigerten sich, ihn zu beschuldigen. Beide wurden getötet. Es waren einfache Leute; sie konnten nicht fassen, daß sie gefoltert wurden, um eine Unwahrheit zu gestehen, von der die Japaner wußten, daß es eine Unwahrheit sei. Sie starben im christlichen Glauben. Gegen Davis hatten die Japaner keinen Grund zum Verdacht, aber er war Europäer, und er war Christ, und beiden mißtrauten sie. Warum war er nach seiner Reise an die Küste zur Mission zurückgekehrt? Warum hatte er chinesischen Soldaten erlaubt, das Missionsgelände zu betreten? Warum hatte er für die Nationalisten Spionage getrieben? Warum? Warum? Warum? Tag und Nacht wurde er gezwungen, vor einer leeren Wand zu knien, und wenn er einschlief, wurde er jede Stunde durch Schläge geweckt. Drei Monate hielten diese Mißhandlungen an – sie beeinflußten nicht im geringsten seine Geisteskraft oder seinen festen Willen. Über Gladys waren sie genau informiert, aber sie war nicht in Reichweite. Sie hatten einen Brief gefunden, der von einem gewissen Mr. White vom ›Times‹-Magazin an sie gerichtet war; dieser Journalist hatte vor vielen Monaten den Gelben Fluß überquert und war auf der Suche nach interessantem Material nach Schansi heraufgekommen. Da er die Sprache kaum kannte und außerdem den Nationalisten verdächtig war, schickte man ihn schließlich zu Gladys. Er fragte sie aus, wer hier wen bekämpfte, was sonst Besonderes geschehen sei, ob die Japaner wirklich Grausamkeiten begingen. Gladys war ihm behilflich, so gut sie konnte. Ein paar Monate später schrieb er ihr einen Brief aus Chungking, in dem er ihr unter anderem dafür dankte, daß sie ihm authentische Einzelheiten über die japanischen Grausamkeiten vermittelt habe. Den Brief hatte er nach Tsechow adressiert. Er ahnte nicht, daß der Inhalt einem Todesurteil gleichkam. Gladys war, als der Brief eintraf, gerade bei einer kleinen christlichen Gemeinde außerhalb der Stadt, Davis auf der Reise nach Chifu. Der Brief wurde auf Davis' Schreibtisch gelegt und war dann wohl beim Staubwischen zwischen Schreibtisch und Wand gefallen. Weder Gladys noch David hatten ihn bemerkt, als sie später alle persönlichen Papiere vernichteten. Diesen Fehler machten die Japaner nicht, als sie das letzte Mal die Mission durchsuchten. Kaum hatten sie ihn Davis vor die Nase gehalten, so erkannte er, daß der Brief Gladys den Tod bringen würde, wenn sie sie je fingen. Er erklärte, daß er weder von einem Mr. White noch von diesem Brief etwas wisse – was der Wahrheit entsprach, denn als der Besuch stattfand, war er über tausend Kilometer entfernt an der Küste. Aber die Japaner wollten keine seiner Unschuldsbeteuerungen hören. Der Brief sei nur ein weiterer Beweis seiner Schuld, versicherten sie. Nach dreimonatigem, qualvollem Verhör wurde er in ein chinesisches Gefängnis bei Taijüan überführt.

Dort wurde der Versuch fortgesetzt, ihn durch unmenschliche Behandlung mürbe zu machen. Mit zwanzig anderen Gefangenen wurde er in einen Stahlkäfig von etwa zwei Metern im Quadrat gesperrt, der einen Betonboden und eine Betonwand hatte. Hier waren sie zu einer heißen, stinkenden Masse zusammengepfercht ohne auch nur die primitivsten hygienischen Einrichtungen. Tag und Nacht blendete eine elektrische Birne auf sie herab. Bei Tagesanbruch – sie erkannten den neuen Tag daran, daß der Posten ihnen einen Befehl zurief: »Knien!« – mußten sie mit dem Gesicht zur Wand niederknien und in dieser Lage stundenlang verharren; sowie sie sich rührten oder ein Wort sprachen, wurden sie barbarisch geschlagen. Dann kam der Befehl: »Aufstehen!« Mit gebeugten Köpfen, denn die Zelle war zu niedrig, als daß ein Mensch darin hätte stehen können, hatten sie unbeweglich geduckt dazustehen. Abends kam der nächste Befehl: »Hinlegen!«, und eng gedrängt, zum Teil mehr aufeinander- als nebeneinanderliegend, brachten sie die Nacht zu. Jeden zweiten oder dritten Tag wurden Schüsseln mit Kiolinang oder Mais und etwas Wasser hereingegeben, die Gefangenen stopften die Nahrung mit den Fingern in den Mund. In Abständen von einigen Tagen wurde Davis regelmäßig zum Verhör geführt. Man versprach ihm ab sofort bessere Behandlung und Unterbringung, falls er gestehen würde. Er weigerte sich. Er wußte, daß sie versuchten, ihn zum Irrsinn zu treiben, und er wußte auch, daß sie ihn, solange seine geistigen Kräfte standhielten, nicht zwingen konnten. Denn selbst im tiefsten körperlichen Elend blieb David Davis die Fähigkeit, sich seelisch zu erheben; und aus dieser Haltung kam ihm die sonst fast unverständliche Kraft, sich nicht in seinen Leiden zu verlieren. Wenn die Japaner auch nur entfernt das große Geheimnis des Christseins begriffen hätten, das eine unendliche Reihe von Märtyrern geschaffen hat seit jenem dunklen Tag, als Jesus Christus an ein Kreuz geschlagen wurde – sie hätten gewußt, daß alle ihre Mühen vergeblich waren. Das ganze Wesen dieses Mannes aus den Bergen von Wales ging von einem Kern aus, den keine körperliche Schändung zu zerstören vermochte. Sechs Monate hielten sie ihn in dieser Zelle, schmutzstarrend, von Läusen bedeckt, zu einem klebenden Knäuel vereint mit den anderen elenden und gequälten Geschöpfen Gottes. Er sah keine Sonne, keinen Mond und wußte nicht, wann die Nacht in den Tag überging oder der Tag in die Dunkelheit.

Schließlich mußten sich die Japaner geschlagen geben. Er wurde in eine andere Zelle eingewiesen, in der nur drei Gefangene untergebracht waren, die Behandlung wurde um ein geringes besser. Er benutzte die Zeit dazu, einen seiner Mitgefangenen zum Christentum zu bekehren. Zwei Jahre nach seiner Gefangennahme wurde er an die Küste geschickt, um als Zivilist repatriiert zu werden, ehe der Krieg gegen England und Amerika ausbrach. Und während er auf das letzte nach Europa abgehende Schiff wartete, erfuhr er, daß seine Frau mit den Kindern in einem nahegelegenen Lager untergebracht war.

Das Schiff fuhr ohne ihn nach England – David Davis blieb trotz der kaum überstandenen Strapazen in China bei den Seinen. Er traf sie wohlbehalten an, nur die kleine Roberta war an Keuchhusten erkrankt. Und hier sollte nun ein neuer, schwerer Schlag seine seelische Widerstandskraft auf die Probe stellen: Es kam eine Komplikation im Befinden des Kindes hinzu, die in tausend Fällen höchstens einmal auftritt, und innerhalb weniger Stunden starb seine kleine Tochter.

Den Rest des Krieges verbrachte er mit seiner Frau Jean und den beiden Söhnen in einem Internierungslager, und heute lebt David Davis bei Cardiff in einem kleinen Haus neben der Kirche inmitten seiner Gemeinde. Narben von seinen Begegnungen mit den Japanern zeichnen sein Gesicht – aber nicht seine Seele. Kein Rachegefühl, keine Regung des Hasses lebt in ihm.

15

Bei Sonnenaufgang waren die Kinder schon angezogen und tummelten sich laut und vergnügt im Hof, bewarfen einander mit ihrem Bettzeug, spielten »tag« – erwartungsvoll und gänzlich unbekümmert. Die älteren mußten Gladys helfen, die Kleinen herauszufischen und zu füttern. Etwa zwanzig Mädchen und sieben Jungen im Alter zwischen dreizehn und fünfzehn – auch Ninepence und Sualan zählten dazu – konnte sie schon zu ihrer Unterstützung brauchen, alle andern waren vier bis acht Jahre alt, ein undiszipliniertes, lachendes, weinendes, schreiendes kleines Völkchen. Vergeblich versuchte Gladys ihnen klarzumachen, daß sie ihre Kraft für den langen Tag, der vor ihnen lag, aufsparen müßten – ebensogut hätte sie einem Gebirgsbach das Strömen untersagen können. Schon trafen die zwei vom Mandarin gesandten Kulis ein, an jedem Ende ihrer Schulterstangen einen Korb voll Hirse. Gladys nahm Abschied von den beiden Missionshelferinnen und einigen Freunden, die sich eingefunden hatten, und nach einem letzten Blick auf die »Herberge zur Sechsten Glückseligkeit« mit ihrem zerbombten Dach zog die Schar mit viel Getöse ab. Die Kleineren stürmten voran, durch das Stadttor hinaus und wieder zu dem Trupp zurück und riefen, daß sie immer, immer so weiterlaufen könnten.

Sie folgten zunächst der Maultierstraße in südlicher Richtung. Gladys hatte eine Pfeife eingesteckt, die ihr vor Monaten ein japanischer Soldat gegeben hatte; mit dieser pfiff sie die allzu waghalsigen unter den Buben von halsbrecherischen Kunststücken auf den Felsen zurück. Zweimal hielt sie auch einen Generalappell und zählte, ob keines ihrer Schäfchen fehlte.

Am Ufer eines Flusses hielten sie an, um Hirse in dem eisernen Topf zu kochen, den Gladys trug: Jedem Kind füllte sie das dampfende Korn in seine Schüssel, der Reihe nach. Als das letzte Kind abgefertigt war, fand sich nicht mehr viel im Topf für sie selbst. Und das war das gleiche jeden Tag! Nach der Mahlzeit lebten die Kinder auf, begannen wieder in den Felsen herumzuklettern und machten aufregende Expeditionen als Voraustrupps, um weiter vorn der ganzen Gesellschaft aufzulauern und sie mit kindlichem Vergnügen plötzlich zu erschrecken, sie freundschaftlich mit einem Hagel von Kieselsteinen zu empfangen oder andern Unfug zu treiben. Gladys gab den Versuch, eine gewisse Ordnung aufrechtzuerhalten, bald auf, zumal im Laufe des Nachmittags diese kindlichen Privatunternehmungen immer seltener wurden. Bald hingen vier kleine Kerle an ihrem Mantel und jammerten, wie müde sie seien, und ob sie nun alle gleich wieder nach Yang Cheng zurückgingen? Gladys und die älteren Jungen nahmen sie abwechselnd auf den Rücken. Gladys selbst fühlte sich auch durchaus nicht sonderlich frisch nach ihrer Flucht von Tsechow nach Yang Cheng.

Es wurde bereits dunkel, als sie ein Bergdorf erreichten, das Gladys kannte und in dem sie für die Nacht irgendwie Unterkunft zu finden hoffte. Es ist aber nicht sehr wahrscheinlich – dachte sie besorgt –, daß ein Hausherr sich darum reißen wird, hundert lärmende schmutzige Kinder aufzunehmen! Von unerwarteter Seite kam Hilfe. Ein alter buddhistischer Priester in safrangelben Gewändern stand gerade auf den Stufen des Tempels, als die Rattenfängerin von Yang Cheng mit ihrer Schar vorüberzog.

»Wo wollen Sie denn hin?« rief er Gladys zu.

»Wir sind Flüchtlinge auf dem Weg nach Sian«, antwortete sie.

Er kam die Stufen herab – seine kleinen Augen waren in dem zerknitterten Gesicht voller Falten und Furchen kaum zu sehen. »Aber, Frau, was haben Sie denn mit all diesen Kindern vor?« Fast klang es ärgerlich.

»Ich suche gerade einen Platz, wo wir heute nacht schlafen können.«

»Dann könnt ihr im Tempel bleiben«, sagte er kurz. »Alle meine Priesterbrüder sind fort, Platz ist also genug da. Sagen Sie der kleinen Gesellschaft, sie soll hereinkommen. Wärmer als in den Bergen ist es auf jeden Fall.«

Die Kinder brauchte man nicht erst zu überreden. Das war ja ein Abenteuer, wie sie es sich gewünscht hatten! Im Tempel war es dunkel, überall sah man in düstere Winkel, in denen Steinfiguren des dicken, milden Buddha mit den halb geschlossenen Augen thronten. Gemalte Holztafeln gab es, welche die mannigfachen Qualen der buddhistischen Hölle darstellten – aber die Kinder waren viel zu müde, um sie anzuschauen. Alle umstanden erwartungsvoll den eisernen Topf; als Gladys die Hirse fertiggekocht hatte und als alles verteilt und vertilgt war, rollte sich jedes auf seiner Matte zusammen und schlief fest ein.

Gladys konnte nicht so schnell Ruhe finden, denn der Tempel wimmelte von Ratten, die in der Dunkelheit pfiffen und über die Schlafenden hinwegliefen. Außerdem aber begann ein leiser, schleichender Zweifel sie zu quälen – ein Zweifel, ob es nicht unüberlegt gewesen sei, diese Reise mit so vielen Kindern zu unternehmen. Überschätzte sie nicht doch ihre Fähigkeiten? Allein die Berge durchqueren – warum nicht? Aber mit hundert Kindern jeden Alters, das war etwas anderes. Schon der erste Tag brachte Schwierigkeiten genug, und doch waren jetzt alle Kinder noch frisch, und ihr Weg führte sie durch eine Gegend, die Gladys genau kannte. Die größeren Mädchen hielten sich tapfer, doch hatte Gladys wohl bemerkt, daß der Marsch ihnen schwerfiel. Sie waren das Wandern nicht gewöhnt; manche hatten noch eingebundene Füße gehabt. Waren diese nun auch schon seit mehreren Jahren von den Bandagen befreit, so konnte man sie doch nicht mit gesunden Gliedern vergleichen, die fähig waren, das Geröll der Bergpfade zu ertragen. Gladys hörte die großen Jungen sich unruhig herumwerfen; sie versuchten, die Ratten zu verscheuchen, aber bald waren sie zu müde dazu und schliefen ein. Gladys lag auf dem harten Boden; über ihr wurde gerade das unbewegliche steinerne Antlitz eines Buddha mystisch von einem Mondstrahl aufgehellt, der durch irgendeine Öffnung hoch oben im Dach des Raumes fiel. Je mehr sie über die nächste Zukunft nachdachte, desto beklommener wurde ihr zumute. Aber es gab nun keinen Rückzug mehr: Sie mußte weiter.

Mit ähnlichen Schwierigkeiten würden sie sich nun Tag um Tag herumschlagen müssen! Heute wachten die Kinder allerdings noch erfrischt auf und fingen ohne die geringste Ehrfurcht und mit schrillen, bewundernden Schreien an, den Tempel zu durchstreifen. Der Priester lächelte milde, ihn schien das Gelärm nicht zu stören. Er verbeugte sich, als Gladys ihm ihren Dank aussprach, und wünschte ihr eine gute Reise nach Sian.

Das nächste Abenddunkel überfiel sie fern jeder Behausung. Sie drängten sich im Schutz eines Halbkreises von Felsen zusammen, die den Wind abhielten. Die Nacht brachte dichten Nebel, und die Kinder rollten sich fröstelnd unter ihren feuchten gesteppten Wattedecken zusammen – am nächsten Tag dampften sie und trockneten erst allmählich, als die Sonne aufgegangen war.

Nachmittags trafen sie einen Mann, der ein Maultier ritt, er reiste in der gleichen Richtung wie sie. Wenn sie in sein Dorf kommen wollten, sagte er, so würde er sich freuen, sie alle bei sich aufzunehmen. Wie dankbar ging Gladys auf das freundliche Angebot ein! In seinem Hof streckten die Kinder sich aus und schaufelten mit ihren Stäbchen die Hirse in sich hinein, bis alle Bäuche voll waren; dazu tranken sie viele Schalen heißen Tee und fanden noch immer, daß alles ein herrliches Abenteuer sei. Und auch Gladys gab sich einem tiefen Gefühl der Erleichterung hin, daß nochmals ein Tag sicher hinter ihnen lag und der Gelbe Fluß um einen Tag näher herangerückt war. Sie nahm ihre Trinkschale zwischen beide Hände, genoß die kleine Wärme, die sie spendete, und plauderte mit den älteren Mädchen.

»Wie viele Tage brauchen wir denn noch, bis wir am Gelben Fluß sind, Ai-weh-deh?« fragte Sualan schüchtern.

Obwohl Gladys noch nie bis zum Hoang-ho gekommen war, konnte sie die Frage sofort beantworten. »Die Treiber auf der normalen Maultierstraße rechnen fünf Tage. Wir gehen mitten durch die Berge. Etwa zwölf, würde ich sagen.«

»Und treffen wir unterwegs auch bestimmt keinen japanischen Soldaten?« fragte Ninepence.

»Ich hoffe nicht«, antwortete Gladys.

Während ihrer Unterhaltung betrachtete sie die beiden Mädchen – das eine, das sie für neun Pence gekauft hatte, und das Sklavenmädchen aus dem Yamen. Beide waren reizende Geschöpfe mit reiner heller Haut und glänzendem, tief blauschwarzem Haar. Die staubigen wattierten Mäntel konnten ihrer zarten Schönheit keinen Abbruch tun. Wie bezaubernd würden sie in den traditionellen Gewändern Chinas aussehen, dachte Gladys mit leiser Trauer. Ob sie je solchen Luxus kennenlernen würden? Statt dessen kämpften sie sich hier durch die Berge, um ihr Leben zu retten. Ein handfester Zorn über die Dummheit aller Männer stieg in ihr auf – sie waren der Anlaß zu so viel Trübsal, auf ihr Konto kam auch diese Feuerprobe, der sie mit den Ihren ausgesetzt war. Sie gähnte. Merkwürdig, diese dauernde Müdigkeit, dachte sie; es kommt wohl von der übergroßen Verantwortung für alle diese Kinder. Sie wickelte sich in ihre Wattedecke und legte sich nieder, um zu schlafen.

Am Morgen mußten die beiden Hirseträger nach Yang Cheng zurückkehren, sie hatten die Grenze ihrer Provinz erreicht. Aber der fremde Mann, der schon einmal auf dieser beschwerlichen Reise wie ein Freund gehandelt hatte, half ihnen auch jetzt aus ihrer Not. Er gab ihnen einen anderen Kuli mit, der den Rest der Hirse tragen sollte. Es sah allerdings aus, als ob der ganze Vorrat kaum noch zwei Tage reichen würde, selbst wenn man ihn auf das knappste rationierte.

Die nächsten beiden Nächte verbrachten sie unter freiem Himmel. Zwei von den größeren Jungen, Teh und Liang, hatten in einem Dorf einen Topf Kalktünche bekommen, nun liefen sie voraus und markierten die Felsen am Weg eifrig mit weißen Spritzern, so daß die Nachfolgenden mit Leichtigkeit den Pfad durch die Berge finden konnten. Manchmal schrieben sie auch einen Text an die Felswände, zum Beispiel »Hier geht's durch! Nur weiter!« oder »Keine Angst, kleine Schafherde!« Jubel lösten dann jedesmal diese Botschaften aus, wenn sie den Kleineren vorgelesen wurden.

Die Gegend war Gladys unbekannt, doch zeigte ihr der Stand der Sonne, daß sie genau südwärts gingen. Sie wurden alle sehr von Durst gequält, denn die Hitze war groß, und nur in den Dörfern gab es Brunnen. Morgens, wenn der schwere Bergnebel sich als Tau niedergeschlagen hatte, sammelten sie jeden Tropfen, der an den Felsen hing, und befeuchteten ihre Zungen damit. Die Hirse war aufgezehrt, und der Träger kehrte zu seinem Dorf zurück. Nun hatten sie nichts mehr zu essen, und vor ihnen erstreckten sich unabsehbar die Berge, wild und abweisend und kaum bewohnt. Oft, wenn es über schwierige Felsstrecken ging, waren die Hänge so steil, daß sie eine menschliche Kette den Abhang hinunter bilden mußten, um die Kleineren von Hand zu Hand weiterzugeben. Sie weinten, wenn sie fielen, sie weinten, wenn sie müde wurden. Zwischendurch versuchte Gladys, sie mit einem Kirchenlied aufzumuntern; wenn es gerade über ebenes Gelände ging, marschierten alle tapfer im Takt dahin und sangen den Refrain mit. Gladys und die Älteren hatten längst das Bettzeug der Kleinen mit übernommen, und oft ließen sie eins der Fünf- bis Sechsjährigen auf eine kurze Strecke huckepack reiten. Selten gab es einen Augenblick, in dem nicht eine kleine Hand sich an Gladys' Jacke festhielt.

Sieben Nächte nach ihrem Aufbruch von Yang Cheng kampierten sie mitten in einer Hochgebirgsregion, die Gladys unbekannt war. Sie hatten einen Pfad gefunden, der südwärts führte. Es war noch nicht dunkel, doch waren sie alle zu erschöpft, um weiterzugehen. Die dünnen, hausgemachten Tuchschuhe, die sie alle trugen, waren samt und sonders zerschlissen und von den Füßen gefallen. Die Fußsohlen der großen Mädchen bluteten, eine steife, trockene Schmutzkruste bedeckte jeden dieser müden Wanderer. Der Hunger quälte sie sehr. Gladys hob den Kopf, um die Schar zu überblicken, die in Gruppen zusammengedrängt unter den Felsen lag. Was sie sah, machte ihr Sorge; wenn sie nicht sehr bald Nahrung und Hilfe erhielten – sie wagte den Gedanken nicht zu Ende zu denken. Auf einmal sah sie Teh und Liang, die sich wie immer als Pfadfinder nützlich machten, im Lauf zurückkommen. Sie riefen etwas, das sie nicht verstehen konnte, aber ihre Aufregung ließ sie eine Gefahr ahnen.

»Männer!« riefen sie. »Soldaten!«

Gladys schnürte die Angst einen Augenblick die Kehle zu. Sie führte die Trillerpfeife zum Munde, um das verabredete Signal zu geben, auf das die Kinder auseinanderlaufen und sich verstecken sollten – aber sie blies nicht. Wenn sie sich in diesem wilden Gebiet zerstreuten, würden viele von ihnen verlorengehen und in der Wildnis verhungern. Und dann, während noch die beiden großen Jungen keuchend auf sie zukletterten, sah sie die Soldaten weiter unten schon um einen Felsvorsprung herumkommen, und mit einem tiefen Seufzer der Erleichterung erkannte sie, daß es nationalistische Truppen waren. Auch die Kinder hatten sie entdeckt. Alle Müdigkeit war mit einem Schlage vergessen, und sie sprangen über die Felsen hinab, um die Ankommenden zu begrüßen. Gladys mit den Mädchen näherte sich langsamer, und da plötzlich im Gehen hörte sie den Laut, den sie mehr fürchtete als alles andere: das Brummen von Flugzeugen! Mit donnerndem Lärm, der von den Felsen das ganze Tal entlang zurückgeworfen wurde, schwangen sich zwei japanische Kampfflieger durch eine Schlucht zwischen den Bergen und rasten über ihre Köpfe hinweg. Obgleich sie noch hoch über ihnen flogen, jagte doch ihr Erscheinen, das vom Echo vervielfachte Brüllen ihrer Maschinen jedem einzelnen hier im Tal panischen Schrecken und sinnlose Angst ein.

Gladys warf sich in Deckung unter einen Felsvorsprung; daß die Mädchen das gleiche taten, hatte sie noch aus den Augenwinkeln heraus sehen können. Dort kauerte sie, aufs äußerste gespannt, und wartete auf das Feuer der Maschinengewehre. Aber es kam nichts. Sie kroch hervor, als sich die Flieger entfernten, richtete sich auf und erkannte gerade noch auf den Flügeln das Abzeichen der »Aufgehenden Sonne« – aber offenbar hatten die japanischen Flieger einen anderen Auftrag als die Beschießung nationalistischer Truppen oder einer Flüchtlingsschar in den Bergen. Gladys sah hinunter in das Tal. Die Kinder waren nicht umsonst auf richtiges Verhalten bei Fliegergefahr gedrillt worden – sie krabbelten von überall her aus ihren Verstecken, und die Soldaten, die sich genauso wahllos und eilig in Deckung gebracht hatten, waren bald von der Schar umringt, so daß überall Spaß und Lachen aufklang.

Die Kompanie, etwa fünfzig Mann, sollte als Verstärkung zu einer weiter nördlich operierenden Einheit von Nationalisten stoßen. Gladys fragte nach dem Zugführer und erklärte ihm ihre Lage. Nun gab es Hilfe für die hungrigen Kinder. Soldatenhände griffen tief in die Tornister hinein und brachten ganze Schätze von Süßigkeiten ans Licht, und ringsherum war nichts anderes mehr zu hören als die begeisterten Ahs und Ohs der glücklichen Kinder. Die Soldaten beschlossen, ihr Nachtlager gleich hier aufzuschlagen, und luden Gladys und ihre Bande ein, bei ihnen zu bleiben und ihre Mahlzeit zu teilen. Das war ein Fest! Lebensmittel kamen zum Vorschein, die man in Schansi seit Jahren nicht mehr gesehen hatte. Die Kinder saßen um die kleinen Feuer und stopften sich voll, bis sie zu platzen drohten. Sogar Gladys bekam zum erstenmal auf dieser Reise ihr volles Maß. Als die Truppe in der Morgendämmerung aufbrach, winkten die Kinder den Soldaten noch lange wehmütig nach.

Jeder neue Tag wuchs sich zu einem schwereren Alpdruck aus. Merkwürdigerweise kamen die kleineren Kinder erstaunlich gut durch; sie waren an karge Nahrung gewöhnt, und nachts glich ihr Schlaf, ganz gleich, wie hart der Boden war, fast einer tiefen Bewußtlosigkeit. Erfrischt wachten sie wieder auf, bereit zum Spielen und Umherspringen. Sie kletterten aus purem Übermut die Berge hinauf, verloren ihre Eßschalen und -stäbchen, weinten oft und beschwerten sich bitterlich – aber sie blieben gesund. Sualan, Ninepence, Lan Hsiang und die anderen Mädchen dagegen waren in einem bedauernswerten Zustand. Ihre Füße, deren Muskeln und Sehnen durch jahrelanges Einschnüren gelitten hatten, verursachten ihnen unerträgliche Schmerzen. Sie konnten immer nur ein paar hundert Meter weit humpeln und mußten dann eine Pause einlegen.

Aber trotzdem hielten alle durch, und langsam bewegte sich der Zug durch das Gebirge. Am zwölften Tage kamen sie aus den Bergen heraus in das Hügelland am Gelben Fluß. Wie immer bildeten die Stimmen der Kleinen um diese Tageszeit eine Symphonie des Jammers.

»Ai-weh-deh, meine Füße tun so weh!«

»Ai-weh-deh, ich habe Hunger!«

»Ai-weh-deh, wann halten wir endlich an und gehen schlafen?«

»Ai-weh-deh, trage mich doch!«

»Da unten«, sagte sie, »seht nur, da liegt das große Dorf Yuan Chu, und dahinter, weit dort hinten, seht, das ist der Gelbe Fluß! Schaut nur, wie er in der Sonne leuchtet!«

»Ach, das ist so weit weg, Ai-weh-deh, wir sind doch so hungrig!«

»In dem großen Dorf werden wir zu essen bekommen, und dann sind wir bald am Gelben Fluß! Und wenn wir den überquert haben, dann sind wir alle in Sicherheit. Jetzt wollen wir ein Lied singen, wenn wir ins Dorf einmarschieren!«

Konnte ein Häufchen schiffbrüchiger Matrosen, die von ihrem Wrack aus eine freundliche Küste sichten – konnten verdurstende Wüstenreisende, denen eine Oase winkt, sehnsüchtiger in die Ferne blicken als Gladys und ihre Kinder auf dieses schimmernde, riesige Band gelben Wassers? Die zwölf Tage, seit sie Yang Cheng verlassen hatten, waren lang und schwer gewesen; nun endlich war alles überstanden!

Die Straße, der sie von den Hügeln herab in das Dorf Yuan Chu folgten, trug Spuren schwerer Bombenangriffe. Als sie sich dem Ort näherten, konnten sie die Ruinen erkennen, den Schutt und die Trümmer in den Straßen, und – eine merkwürdige, unheimliche Ruhe über dem Ganzen. Kein Hund kam ihnen hechelnd entgegen. Kein Träger, kein Kuli bewegte sich durch die Straßen. Schon liefen Gladys' Kinder von Haus zu Haus, ihre hohen Stimmen hallten in den Höfen – aber niemand antwortete. Das Dorf war vollständig verlassen.

Schließlich berichteten Liang und Teh, die treuen Pfadfinder, die wieder der Schar vorausgegangen waren, daß sie einen alten Mann gefunden hätten. Gladys eilte zu ihm. Er saß gegen einen Baum gelehnt in der Sonne, auf dem Kopf einen spitzen Strohhut; einige wenige lange weiße Haare sproßten auf seinem Kinn. Dünne Beine streckten sich aus seinen blauen Baumwollhosen ins Freie. Er hatte geschlafen und war ärgerlich über die Störung.

»Alter Mann, sind wir hier in Yuan Chu?«

»Ja, das ist Yuan Chu.«

»Wo sind denn aber die Bewohner? Warum ist das Dorf verlassen?«

»Sie sind fortgelaufen. Die Japaner kommen, und da sind alle fortgelaufen.«

Ein dünnes Rinnsal von Speichel lief sein Kinn hinab durch die vereinzelten Haare. Er besaß keinen Zahn mehr, sein Gesicht war bis auf die Knochen eingesunken.

»Warum sind Sie nicht mitgegangen? Warum sind Sie hiergeblieben?«

»Ich kann nicht so schnell laufen. Ich schlafe lieber hier, bis die Japaner kommen. Wenn sie mich töten – wem macht's was aus? Meine Söhne sind alle fort. Meine Familie ist zerbrochen wie Weizenhalme im Wind. Ich werde auf die Japaner warten und sie anspucken, wenn sie kommen.«

»Wohin sind denn die Leute geflohen?«

»Über den Gelben Fluß, weg von den Japanern.«

»Dann müssen wir auch dorthin. Wo gibt es Boote?«

»Boote gab es einmal. Ich glaube, ihr kommt zu spät.« Mit trüben Augen betrachtete er die Kinder, die sich um ihn gesammelt hatten. »Woher kommen denn all die Kinder? Wohin wollen sie?«

»Wir sind Flüchtlinge auf dem Weg nach Sian«, sagte Gladys.

Seine Lippen kräuselten sich verächtlich, er sah zu ihr auf: »Sie haben wohl den Verstand verloren, sich mit all den Kindern zu behängen! Die Götter lassen die Weiber für eine Handvoll Kinder sorgen, aber nicht für eine Armee!«

Solche Argumente hatte Gladys in China schon oft zu hören bekommen. Sie machten ihr gar nichts aus.

»Wie weit ist es zum Fluß?«

»Drei Meilen. Folgt dem Weg zur Fähre, aber ein Boot findet ihr dort nicht. Die Japaner kommen, da läßt niemand sein Boot am Ufer liegen. Geh zurück in die Berge, Frau. Das ist die einzige sichere Zuflucht.«

»Wir gehen nach Sian«, antwortete Gladys einfach. Sie blies auf ihrer Pfeife, und alle Kinder liefen zu ihr. Tscheia war jetzt an der Reihe, getragen zu werden, also lud sie ihn sich auf den Rücken. »Wenn wir an den Fluß kommen, wollen wir gleich baden und unsere Kleider waschen«, sagte sie. »Und dann suchen wir uns ein Boot und fahren auf die andere Seite, wo wir sicher sind. Lebt wohl, alter Mann, und alles Gute!«

Er drehte nicht einmal mehr den Kopf nach ihnen um, als sie gingen, er ließ ihn vorwärts auf die Brust sinken und war eingeschlafen, ehe sie noch um die Straßenecke verschwunden waren.

Die lange, müde, hungrige Kinderschlange trottete den staubigen Weg zum Fluß hinunter. Das Ufer war mit Schilf bestanden, aber dazwischen gab es kleine sandige Buchten, wo die Kinder plätschern und über flachem Grund herumpaddeln konnten. Das letzte Stück rannten alle, aufgeregt und mit viel Geschrei. Der Fluß war über einen Kilometer breit, in der Mitte reißend und tief. Aber Boote – Boote waren nirgends zu sehen.

Sualan fragte ruhig: »Wo sind die Boote, Ai-weh-deh?«

»Ab und zu kommen bestimmt welche herüber«, antwortete sie. »Heute ist es vielleicht schon zu spät. Wir wollen die Nacht hier am Ufer verbringen, dann sind wir morgen früh gleich da, um ins Boot zu steigen.«

An einer etwas vertieften Stelle des Ufers kuschelten sie sich alle zusammen, um zu schlafen. Ein gelber Mond erhob sich über dem Fluß und ließ einen großen Silberfächer auf dem Wasser erstrahlen. Es war sehr schön, aber Gladys fehlte heute der Sinn für Schönheit.

Im Schilf raschelte gelegentlich ein Vogel, manchmal kräuselte ein Fisch mit seinem Maul das Wasser oder sprang hoch durch die Luft, und sein Aufplatschen brachte die ganze silberne Wasseroberfläche in Bewegung. Ja, es war schön und friedlich, aber Gladys war von Angst erfüllt. Wo waren die Boote? Wie konnte man sie erreichen? Hatte der alte Mann recht gehabt? War wirklich alles über den Fluß geflohen, um den Japanern zu entgehen? Saß sie mit den Ihren nun in der Falle, vor sich das breite Wasserband, das sie nicht überschreiten konnten? Schließlich fiel sie in einen tiefen, aber von quälenden Bildern durchzuckten Schlaf; sie träumte, daß Horden von kleinen, gelben Männern mit runden Stahlhelmen, mit einer riesigen Fahne, auf der in Rot und Weiß das Zeichen der aufgehenden Sonne leuchtete, immer näher, immer näher an sie heranmarschierten.

Als sie am Morgen aufwachte, spielten die Kinder schon am Fluß. Die Jüngsten schrien sofort: »Ai-weh-deh, wir haben Hunger! Wann bekommen wir denn etwas zu essen, Ai-weh-deh?«

»Bald«, rief sie, »bald!«

Sie holte die älteren Jungen zusammen. »Wir müssen unbedingt etwas zu essen bekommen. In Yuan Chu werden sie doch sicher ein paar Reste zurückgelassen haben. Ihr müßt einmal alle Häuser durchsuchen. Seht überall gründlich nach! Wir können nicht länger hungern.« Der größte Teil ihrer Schar spielte noch immer glücklich in den sandigen Buchten. Die Jungen zogen in das Dorf Yuan Chu, um etwas zu essen zu suchen. Gladys saß am Ufer und konnte nichts tun als zusehen, wie die Sonne am Himmel höher stieg. Sie blendete nun so stark über dem Wasser, daß sie die Augen schließen mußte. Sie fühlte sich elend und krank. Die Kinder staunten noch immer über den riesigen Strom, sie unternahmen Forschungsreisen im Schilf und gruben Löcher im Ufersand. Aber die Neugier würde ihre Mägen nicht lange mehr zum

Schweigen bringen. Wenn doch nur ein Boot käme! dachte sie. Wenn nur ein Boot käme!

Drei Stunden später kehrten die Jungen triumphierend zurück. Sie hatten die meisten Häuser von Yuan Chu durchstöbert, und jeder brachte einen kleinen Beitrag – ein paar Pfund muffige Hirse auf dem Grund eines faulenden Korbes, einige staubig aussehende flache, harte Teigklumpen, die sie unter großem Hallo irgendwo erbeutet hatten, und anderes mehr. Das alles wurde im großen Topf zusammen gekocht, das Feuer aus trockenem Schilf brannte gut, und das Resultat wurde dann sorgfältig über einen Wald schwankender Schüsselchen verteilt. Für Gladys, Sualan und die größeren Jungen gab es nicht viel, aber die Kleinen waren wenigstens satt.

Die Sonne stand hoch, und noch immer zeigte sich kein einziges Boot auf der weiten Wasserfläche. Die Jungen zogen noch einmal los, um etwas Eßbares zu finden, diesmal in den wenigen Häusern, die am Ufer verstreut lagen. Gladys saß still da und sah nach den Kindern, mit halbem Ohr schon auf das ferne Gewehrfeuer horchend, das den Feind ankündigen würde. Die Buben hatten wieder ein paar eßbare Bissen zusammengetragen, Gladys hob sie für den nächsten Tag auf.

Wieder rollten sich die Kinder am Flußufer zum Schlafen zusammen, ihr Gewimmer schnitt Gladys ins Herz:

»Ai-weh-deh, wir haben solchen Hunger!«

»Ai-weh-deh, wann gehen wir denn über den Fluß?«

»Wann gehen wir über den Fluß, Ai-weh-deh?«

Sie tröstete sie, so gut sie konnte, und eines nach dem anderen schlief endlich ein.

Kalt und weiß stieg der Mond über dem jenseitigen Ufer auf und betrachtete sie mit starrem Blick. Ein leichter, kalter Wind lispelte im Schilf. Fetzen grauweißen Nebels hingen über dem Wasser. Man hörte den Strom dahinfließen, leise, geheimnisvoll. Gladys lag auf dem Rücken und sah zu den Sternen hinauf. Irgendwie schien ihr nachts alles etwas leichter. Im Sonnenschein lastete die harte Wirklichkeit – diese ungeheure Wasserbarriere, der Hunger, das Wimmern der Kinder – als eine fast nicht mehr zu tragende Bürde auf ihrer Seele. Nachts aber waren die Grenzen zwischen Gegenwart und Zukunft verwischt, sie zerflossen in dem Frieden, der dem Schlaf vorausgeht. Einige Stunden des Vergessens waren ihr geschenkt, bevor der heiße Sonnenball sich über den Horizont erhob und der Kinderschwarm zum Wasser hinabrannte, um mit viel Geschrei und Wasserspritzen den neuen Tag zu begrüßen. Und dann, schließlich: Konnte morgen nicht schon alles anders sein? Morgen könnte doch vielleicht ein Boot kommen.

Sie aßen die letzten Krumen an diesem dritten Tag am Ufer des Gelben Flusses. Die Sonne stieg, und die Kinder hatten genug vom Herumtollen. Gladys erzählte ihnen Geschichten, und sie sangen Lieder; ihre Augen taten weh vom Starren über das gleißende Wasser auf der Suche nach einem Boot. Als die Sonne wieder unterging, krochen alle dicht zu ihr heran, so daß sie sie mit den Händen berühren konnte. Am Morgen des vierten Tages hockten auch die Kleinen trübsinnig umher.

Aber Sualans Glaube war nicht zu erschüttern.

»Ai-weh-deh«, sagte sie, »erinnerst du dich nicht, was du uns von Moses erzählt hast, wie er die Kinder Israel an die Wasser des Roten Meeres führte? Und wie Gott dem Wasser befahl, sich zu öffnen, und das Volk Israel sicher hinüberkam?«

»Doch, ich erinnere mich«, sagte Gladys weich.

»Warum teilt dann Gott die Wasser des Hoang-ho nicht für uns, damit wir hinüberkönnen?«

Gladys blickte müde in das hübsche, kindliche Gesicht, in die großen, verständnisvollen Augen. »Ich bin nicht Moses, Sualan«, sagte sie.

»Aber Gott ist immer Gott, Ai-weh-deh. Du hast

uns das hundertmal gesagt. Wenn Er Gott ist, kann Er den Hoang-ho für uns auftun.«

Einen Augenblick lang wußte sie nicht, was sie antworten sollte. Wie konnte sie einem hungrigen Kind am Ufer eines gewaltigen, reißenden Flusses sagen, daß Wunder nicht immer nach Wunsch eintreten? Daß sie vielleicht eines Wunders nicht wert waren? Wie es ausdrücken, daß niemand, und sei er einem sterblichen Feind gegenüber noch so tapfer, dieses gewaltige Wasser zu öffnen vermöge? Daß uns keine andere Kraft bleibe als die Kraft des Glaubens?

Sie sagte: »Du und ich, wir wollen beten, Sualan. Und vielleicht wird unser Gebet erhört.«

Der Offizier blickte etwas ironisch auf seine Patrouille zurück, die er hier auf dem »falschen« Ufer des Flusses anzuführen hatte und die ihm als unordentlicher Haufen in gemütlichem Tempo folgte. Es waren eher Jungen als Männer, Burschen, die man in den Dörfern des Hinterlandes zum Militär gepreßt hatte: Man hatte ihnen ein Gewehr in die Hand gedrückt, eine schlecht sitzende Uniform übergezogen. Die Fähigkeit, vom Lande, von der Bevölkerung sich zu nähren, hatten sie sich dann sehr schnell als wichtigsten Teil ihrer militärischen und persönlichen Ausbildung angeeignet. Es waren ihrer acht: unrasiert, mit kurzgeschorenen Köpfen.

Kämpfen würden sie schon! Sollten sie einer japanischen Patrouille begegnen, dann würden sie sich zu Boden werfen, wie sie es gelernt hatten, und mit ihren Gewehrsalven winzige Staubfontänen zwischen den Füßen der Feinde aufspritzen lassen. Sie würden die feindliche Patrouille schon eine Weile aufhalten – falls diese nicht mit einem Geschütz anrückte! Und falls nicht eines dieser scheußlichen Kampfflugzeuge aufstieg, das sie mit Bordwaffen aus diesem Leben beförderte. Bis zur Nacht konnten sie jedenfalls durchhalten; die Nacht war die

Rettung. Dann mußten sie ihren Kameraden auf dem gegenüberliegenden Ufer ein Signal geben, und das hochwillkommene Boot käme, mit Schilf getarnt, zu ihnen herübergerudert. Das Gesicht war dann gewahrt, wenn die Nacht kam. Genug Gesicht jedenfalls, um den Leutnant zufriedenzustellen, der, seine melonengelben Wangen zu einem Lächeln verziehend, gesagt hatte: »Nun, wenn es zum Schlimmsten kommt, könnt ihr ja immer noch schwimmen.« Der Herr Leutnant brachte bei allen Gelegenheiten gern eine strategische Erkenntnis an: daß weder Männer noch Land unersetzlich sind. »China ist groß«, pflegte er zu sagen. »Menschen und Land spielen gar keine Rolle, wir haben von beiden mehr als genug.«

Der junge Offizier sah über den strudelnden Fluß. Ja – dann konnte man immer noch schwimmen. Auch wenn dich die Kugel erwischt hat, ist es besser, dich rückwärts in das schwellende Wasser fallen zu lassen als in die Hände der schintoistischen Feinde. Das Wasser ist warm und allumfangend; der ölige Blutstrahl treibt an die Oberfläche und wird sogleich von der Strömung in Streifen geteilt und wieder verschlungen. Da stirbst du schnell; und wird dein Körper, ehe er das Meer erreicht, ans Ufer gezogen, dann darfst du sicher sein, daß dies jemand tut, der deine Uniform nötiger braucht als du ...

Er scheuchte eine Fliege von seiner schweißbedeckten Stirn. Schließlich war Krieg. China war immer ein Land der Spieler gewesen; jetzt war das Klappern der Figuren auf dem Schachbrett ersetzt durch tödlicheres Spielzeug: Man spielte mit dem Leben.

Seine schweifenden Gedanken wurden plötzlich unsanft in die Wirklichkeit zurückgerissen: Ein Geräusch! Ein sonderbares Geräusch! Noch fern dieser hohe Laut, schwankend und unsicher. Ein Flieger? Seine Männer mußten das gleiche gedacht haben, er sah, wie sie die Helme aus der Stirn schoben und wie ihre Augen den wolkenlosen Himmel angestrengt absuchten. In den letzten Tagen war es ungewöhnlich still über dem Gelben Fluß gewesen, während in den vorangegangenen Wochen alles, was sich bewegte, von den japanischen Fliegern beschossen worden war. Oft streiften sie mit ganzen Salven das schilfbestandene Ufer ab oder warfen eine schwere Bombe in den Fluß, so daß eine Riesenwand wütenden Wassers sich auftürmte – pfeifend und rauschend, eine Drohung für alles Lebendige.

Aber das – klang es nicht fast wie Gesang? Nur schwach, hoch und eintönig das helle Piepsen von Kinderstimmen. Er schüttelte den Kopf, wie um klarer hören und denken zu können. Der Fluß war an dieser Stelle einen Kilometer breit; vielleicht waren es Kinder in den Dörfern auf der anderen Seite, die Schulunterricht hatten. Aber trugen die Stimmen so weit? Er stieg auf eine kleine Anhöhe am Ufer, auf der Kuppe vorsichtig auf allen vieren kriechend. Um besser zu sehen, mußte er sich aber doch aufrichten, und jetzt entrang sich ihm ein Laut fassungslosen Erstaunens. Er griff nach seinem Fernglas und stellte scharf ein. Verblüffend genug war der Anblick, der sich ihm jetzt bot: In einem weiten Rund saß laut singend ein Kreis von Kindern! Nur ein paar kleinere vergnügten sich lachend und lärmend im flachen Wasser am Uferrand.

Er befahl seinen Leuten mit einer Handbewegung zurückzubleiben. »Wartet hier«, sagte er. »Es kann eine Falle sein. Paßt gut auf.«

Die Japaner hatten bei ihren Angriffen schon oft Flüchtlinge vor sich her getrieben. Und wo kamen diese Kinder her? Alle Flüchtlinge hatten schon vor Tagen dieses Gebiet verlassen, der Fluß war für Zivilisten gesperrt. Als er am Ufer entlangging, konnte er erkennen, daß es tatsächlich chinesische Kinder waren, denn als die Jüngsten ihn sahen, liefen sie auf ihn zu und jubelten und schrien vor Freude.

»Ai-weh-deh«, riefen sie, »hier kommt ein Soldat! Ein Soldat!«

Nun erst bemerkte der junge Offizier die kleine Frau, die auf der Erde gesessen war. Sie war mager, sie sah recht verhungert aus. Als er herankam, stand sie auf, und überrascht bemerkte er, daß es eine Fremde war.

»Sind Sie verrückt?« fragte er. »Wer sind Sie?«

»Wir sind Flüchtlinge und wollen nach Sian«, sagte sie einfach.

Sie sprach ausgezeichnet Chinesisch, wenn auch mit dem schweren Tonfall des Nordens; sie war klein und zierlich wie die Frauen seines Landes, ihr Haar so dunkel wie das der Chinesinnen – trotzdem sah er, daß sie eine Ausländerin war.

»Wo Sie jetzt herumsitzen, wird bald ein Schlachtfeld sein, wissen Sie das nicht?« sagte er.

»Ganz China ist ein Schlachtfeld«, gab sie müde zurück.

»Haben Sie die Verantwortung für diese Kinder?«

»Ja – wir müssen versuchen, über den Fluß zu kommen.«

Er sah sie genauer an. Sie war noch ziemlich jung. Ihr dunkles Haar war straff zurückgekämmt zu einem festen Knoten, ihre Kleidung alt und verschmutzt; dunkle Ringe lagen unter ihren Augen, und ihr Gesicht sah hohlwangig und ungesund aus.

»Sie sind Ausländerin?«

»Ja, ich bin Ausländerin.«

»Seltsamer Beruf für eine Ausländerin!«

Unter ihrem ruhigen, offenen Blick schien er zu fühlen, daß er nun etwas tun müsse. »Ich glaube, ich kann ein Boot für Sie bekommen«, sagte er. »Allerdings müßte man dreimal fahren, um euch alle hinüberzubringen, und gefährlich ist es auch. Wenn ein japanisches Flugzeug kommt und ihr seid gerade mitten auf dem Fluß – dann gute Nacht!«

»Es gibt keine andere Möglichkeit. Wir *müssen* über den Fluß.«

»Vermutlich werden Sie in dem Dorf auf der anderen Seite auch etwas zu essen bekommen. Die Leute verlassen nicht gern ihre Häuser, auch wenn die Japaner anrücken.«

»Ich verstehe«, sagte sie. »So war es bei uns in Yang Cheng auch.«

Er trat an das Ufer, steckte zwei Finger in den Mund und pfiff laut dreimal auf eine besonders durchdringende Weise. Von gegenüber kamen drei Pfiffe zur Antwort. Zwei kleine Gestalten weit drüben auf dem andern Ufer schoben ein Boot ins Wasser und begannen, es über den Fluß zu rudern.

»Ich kann Ihnen nicht genug danken«, sagte sie. »Ohne Ihre Hilfe wären wir hier alle umgekommen.«

Der Offizier bemerkte, daß sie schwankte, als eins der Kinder sie anstieß.

Er sah sie neugierig an. »Sie sind krank«, sagte er. »Sie müssen zum Arzt. Die nationalistischen Truppen auf der anderen Seite haben einen Arzt.«

»Kein Grund zur Sorge«, entgegnete sie. »Wenn ich erst einmal in Sian bin, geht es mir bestimmt besser.«

Mit frohem Geschrei füllten die Kinder das Boot, und die Soldaten ruderten es mit schnellen Schlägen zur anderen Seite. Das wiederholte sich ein paarmal, und als die letzte Gruppe bereit zum Abfahren war, half der Offizier der fremden Frau beim Einsteigen. Seine Kameraden waren nun auch nachgekommen, um bei dieser volkreichen Überfahrt behilflich zu sein. Als das Boot sich vom Ufer entfernte, kommandierte er seinen Männern: »Stillgestanden« und grüßte ernst. Über das Wasser klang sein Ruf zu ihr: »Viel Glück, Ausländerin!«

Er drehte sich um, und während er am Ufer entlang auf seinen Posten zurückkehrte, suchte er den Himmel ab und horchte auf das Dröhnen japanischer Flugzeuge. Aber alles blieb ruhig. – Seltsam war das mit dieser Fremden. Hätte er sie in der Nähe einer größeren Stadt angetroffen, so wäre ihm die Begegnung nicht so erstaunlich gewesen – aber über ein Schlachtfeld wandern mit einer ganzen Armee von zerlumpten chinesischen Kindern – das war wirklich sonderbar.

16

Sie kamen auf der anderen Seite in ein Dorf, das zwei bis drei Kilometer vom Strom entfernt lag – ein Dorf mit gastfreundlichen Menschen. Wenn auch schon Hunderte von Flüchtlingen hier durchgezogen waren, so ließen sie doch die Fremden an ihrer Mahlzeit teilnehmen. Der Dorfaldermann teilte jeder Familie ein paar Kinder zu, und als der erste Hunger gestillt war, schlüpften sie von Haus zu Haus, um zu sehen, wie es den anderen gehe.

Gladys hörte ihre schrillen Stimmen fragen:

»Was eßt ihr in eurem Haus?«

»Wir haben Bingsis, was habt ihr gegessen?«

»Wir – Mietiao!«

»Oh, bloß Mietiao! Der kann uns gestohlen bleiben!«

»Aber wir haben Reiskuchen dazubekommen! Stellt euch vor!«

Es ist nur gut, dachte Gladys in tödlicher Mattigkeit, daß sie sich keine Gedanken machen, woher die nächste Mahlzeit kommen soll...

Im Dorf blieben sie nur so lange, bis der letzte Bissen aufgegessen war, dann ging es gleich weiter. Wenn die Japaner sich dem Fluß näherten, wollte Gladys schon so weit wie möglich fort sein. Sie brachten die Nacht in den Feldern zu und setzten am nächsten Morgen ihren Weg zur Stadt Mien Chu fort.

Auch dieser Ort war schlimm von Bomben getroffen, sie erfuhren aber von einer Flüchtlingsorganisation, die in einem alten Tempel tätig war. Hier gab es große Kessel mit dampfendem Essen, und sie wurden freundlich aufgenommen. Dann aber kam die Polizei. Der Inspektor war ein dicker, geschäftiger, von seiner Wichtigkeit aufgeblasener Herr. Er stolzierte zu Gladys heran, und die Unterhaltung, die sich nun entspann, ist es wert, festgehalten zu werden.

»Wie ich höre«, begann er, »geben Sie an, heute den Gelben Fluß, den Hoang-ho, überquert zu haben.«

»Ja.«

»Dann sind Sie verhaftet. Sie können den Hoang-ho gar nicht überquert haben.«

»Verhaftet! Aber weshalb denn?«

»Sie sagen, Sie haben den Hoang-ho überquert.«

»Ja.«

»Und niemand war dabei, als Sie übersetzten?«

»Nein – nur die Kinder.«

»Es kommt niemand über den Fluß. Wie wollen Sie also herübergekommen sein!«

Gladys schüttelte verständnislos den Kopf. »Wir trafen einen Soldaten, der das Boot für uns herbeirief!«

»Es gibt drüben keinen Soldaten, der ein Boot rufen kann. Sie sind verhaftet!« Mit amtlicher Strenge kniff er den Mund zusammen. Hier war er entschieden dem interessantesten Verbrechen auf der Spur, das in seinem Gebiet seit Jahren vorgekommen war.

»Glauben Sie denn, daß ich drüben hätte stillsitzen und warten sollen, bis die Japaner kommen?« fragte sie hitzig. »Außerdem, wenn Sie mich festnehmen, müssen Sie sämtliche Kinder ebenfalls festnehmen.«

Eine kurze Wolke des Ärgers überflog sein glattes Beamtengesicht bei dieser Komplikation.

»Sie werden doch nicht behaupten, daß Sie für hundert Kinder verantwortlich sind?«

»Doch. Es ist ja auch sonst niemand da, der für sie sorgt.« Sie war müde; es war spät; und sie brauchte Ruhe. Sie bot ihre ganze Überredungskunst auf. »Dürfen wir nicht wenigstens heute nacht hierbleiben? Morgen früh gehe ich in den Yamen oder komme zur Polizeistation, sowie Ihr Dienst anfängt – dann können Sie mich ja verhaften.«

Der dicke kleine Polizist sah zweifelnd drein. »Ich muß Sie aber vor dem Friedensrichter verhören«, sagte er dann selbstgefällig.

»Nun, mit soviel Kindern kann ich Ihnen wohl kaum fortlaufen, nicht wahr? Ich komme gleich morgen früh in den Yamen, und Sie können mich alles fragen, was Sie wollen.«

Damit mußte er sich zunächst zufriedengeben. Markigen Schrittes ging er hinaus in die Abenddämmerung, und Gladys breitete todmüde ihr Bettzeug auf dem Boden aus. Den Japanern oder dem Amtsschimmel entkommen – dachte sie, ist offenbar gleich schwer.

Am Morgen ließ sie die Kinder auf dem Weg zur Polizeistation vor sich her marschieren. Ihr großes Gefolge wurde nicht eingelassen, und die Kinder blieben aufgeregt und ängstlich zurück, weil sie meinten, ihrer Ai-weh-deh drohe Gefahr. In dichtem Haufen drängelten sie sich vor der Tür des Yamen, und sobald Gladys im Gebäude verschwunden war, fingen einige an zu weinen.

Der Friedensrichter war ein wohlwollend aussehender Dorfaldermann, dem man anmerkte, daß er den eifrigen Polizisten nicht allzu ernst nahm. Der aber blieb starrköpfig bei seiner Anklage: »Sie behaupten noch immer, daß Sie den Hoang-ho überquert haben?«

»Ja.«

»Und ich sage Ihnen, das stimmt nicht.«

»Aber ich versichere, daß ich die Wahrheit sage«, ereiferte sich Gladys. »Wie könnten wir denn sonst von der Provinz Schansi in die Provinz Honan gekommen sein, wenn wir nicht über den Gelben Fluß gesetzt wären?«

»So. Und wie konnten Sie das – ohne Boot?«

»Wir wurden ja mit einem Boot übergesetzt! Ein Soldat rief es von der anderen Seite herüber!«

»Dann haben Sie ein Verbrechen begangen. Wollen Sie bitte dieses Dokument zur Kenntnis nehmen.«

Ein Unterbeamter, des Winks des Dicken gewärtig, reichte ihm eine bedeutend aussehende Rolle, die er Gladys übergab.

Sie durchlief das Schriftstück. Zwischen Siegeln und imposanten Stempeln las sie, daß auf Befehl des Nationalistischen Oberkommandos der Hoang-ho für allen Publikumsverkehr gesperrt sei. Niemand durfte ihn überqueren oder in irgendeiner Richtung befahren. Der Befehl war vor fünf Tagen erlassen worden.

»Also das war der Grund, warum kein Boot aufzutreiben war!« sagte Gladys.

»Sie geben jetzt also zu, daß Sie dieses Verbrechens schuldig sind?« donnerte sie der Polizist an.

»Natürlich bin ich über den Fluß gefahren!« gab Gladys zornig zurück. »Wir sind Flüchtlinge aus Schansi und wollen nach Sian. Ich bin mit hundert Kindern unterwegs. Sie nehmen doch wohl nicht an, daß ich auf der anderen Seite warte, bis der Feind uns erwischt, nicht wahr?«

Von draußen hörte man das ängstliche Gejammer der Kinder: »Laßt sie raus! Laßt sie raus!« riefen sie weinend. Und ein Dutzend kleiner Gesichter drängelten sich am Fenster, kleine Hände zogen sich am Rahmen hoch.

Der Friedensrichter hatte genug gehört. »Es liegt auf der Hand«, sagte er, »daß das Vergehen dieser Frau, wenn man es überhaupt so nennen will, von der geringfügigsten Art ist.« Er lächelte zu Gladys hinüber. »Wenn Sie Ihre Kinder für einen Augenblick zum Schweigen bringen würden, dann könnte ich Ihnen wohl helfen.«

Sie ging hinaus. Nach ein paar energischen Worten und unmißverständlichen Püffen trat etwas Ruhe ein. Aus dem Amtszimmer war, wie sie zurückkehrend feststellte, der Polizist inzwischen verschwunden.

»Jeden Morgen«, sagte der Richter, »verläßt ein Zug Mien Chu und fährt am Fluß entlang in Richtung Sian. Er fährt zwar nicht durch bis Sian, weil die Berge dazwischenliegen und die Linie ins Inland abbiegt, aber er kann Sie doch wenigstens ein gutes Stück Ihrer Reise mitnehmen.«

»Wir haben aber leider«, wandte Gladys schüchtern ein, »keine Fahrkarten und auch kein Geld dafür.«

Der Beamte zerstreute schnell ihre Bedenken: »Heutzutage sind alle Züge in Honan Flüchtlingszüge. Von niemandem werden Fahrkarten verlangt. Gehen Sie einfach morgen früh mit Ihren Kindern auf den Bahnhof und steigen Sie ein.«

Gladys dankte ihm und ging mit ihrer Horde zum Flüchtlingslager zurück. Nachmittags führte sie sie alle zu einem Teich am Rande der Stadt, wo sie versuchten, wenigstens den schlimmsten Schmutz von ihren Kleidern und Körpern abzuwaschen. Am Abend versammelten sich alle im Hof, und Gladys hielt ihnen einen kleinen Vortrag.

»Ihr wißt doch alle, was ein Zug ist, ein Eisenbahnzug, nicht wahr?« fragte sie zuerst.

Die Frage löste ein aufgeregtes Geschnatter aus. Nein, die meisten wußten doch nicht, was ein Zug ist. Was ist ein Zug? Sie hatten noch nie etwas von einem Zug gehört.

Gladys erklärte es ihnen und versuchte, seine Geräusche nachzumachen, was begeisterte Ohs und Ahs und große Vorfreude auslöste. Sualan, Ninepence, Teh, Liang und die großen Jungen zeigten sich dem kommenden Experiment gegenüber abgeklärt und überlegen. Natürlich hatten sie schon von Zügen gehört. Kein Grund zur Unruhe! Innerlich aber waren sie furchtbar aufgeregt.

»Morgen früh tretet ihr alle mit sauberen Händen und Gesichtern an. Mit schmutzigen Händen oder verschmiertem Gesicht wird niemand in den Zug gelassen.« Nach dieser kleinen Ansprache zerstreuten sich die Kinder wieder, um zu spielen und den anderen Flüchtlingen im Tempel möglichst lästig zu fallen, bis sie endlich in ihr

Bettzeug krabbelten, von wo aus es noch eifrige und endlose Gespräche über das unglaubliche Ereignis gab, das ihnen bevorstand. Und dann fielen sie ganz plötzlich in den brunnentiefen Schlaf, den die Natur den ganz Jungen und Unschuldigen schenkt.

Schon in der Morgendämmerung waren sie wieder auf, schnürten eifrig ihre Bettenbündel und beeilten sich, um an dem großen wassergefüllten Steinbassin im Hof die ersten zu sein und an Gesichtern und Händen mit eifrigem Bemühen die blaßgelbe Farbe zum Vorschein zu bringen, die von der allmächtigen Ai-weh-deh verlangt wurde. Dann traten sie an, um sich ihre Schüsseln mit dampfender Hirse füllen zu lassen, schoben emsig den dicken Brei mit flinken Stäbchen in ihre offenen Münder und hatten in erstaunlicher Gemeinschaftsarbeit bereits eine lange Schlange gebildet, ehe Gladys nur ihre eigenen Betten fertig zusammengebunden hatte.

Sie bedankte sich herzlich bei der Frau, die das Flüchtlingslager leitete, und mit Lachen und Jubel und Schwatzen ging es zum Bahnhof von Mien Chu. Die Station bestand nur aus einem Betonstreifen neben den Gleisen; wenn je ein Dach vorhanden gewesen war, so hatten es die Bomben längst weggefegt – aber schon diesen Bahnsteig fanden die Kinder sehr verheißungsvoll.

Gladys war es gelungen, sie in drei zappeligen Reihen aufzubauen. Die Spannung war atemraubend, und richtig, schon nach einigen Minuten hörte man, noch ganz fern, das Rattern des Zuges! Hundert Kinder machten lange Hälse, wenn auch mit vor geheimer Angst klopfenden Herzen. Das waren ja schreckliche Geräusche! Solch ein wütendes Pfeifen, solch fürchterliches Rumpeln und Rasseln! Viele schwarze Augenpaare blickten hilfesuchend auf Gladys und wieder zurück auf die Kurve, hinter der das fauchende Ungetüm erscheinen mußte. Wußte Ai-weh-deh denn auch wirklich Bescheid in dieser »Zug«-Angelegenheit? Denn schon aus der Entfernung klang es wie das Brüllen des obersten Drachengroßvaters. Wenn er sie nun alle verschlingen würde? Und der Lärm wurde immer schlimmer, obgleich noch gar nichts zu sehen war. Die Bremsen quietschten, die Puffer stießen aufeinander, und nun kam um die Ecke, qualmend und prustend, häßlich, schwarz, eisern und furchterregend das Untier! Ein einziger lauter Schreckensschrei entrang sich der Kinderschar, die Reihen lösten sich auf, die Panik war ansteckend. Bündel, Schüsseln und Eßstäbchen flogen zu Boden, ihre Besitzer flohen in alle Windrichtungen. Der Zug hatte noch nicht angehalten, und schon sah man kein einziges Kind mehr auf dem Bahnsteig. Die hölzernen Personenwagen kamen rasselnd zum Stehen. Die Maschine begnügte sich nun mit einem schweren, dampfenden Ächzen, und Gladys versuchte, ihre Schützlinge wieder zu sammeln.

Die älteren Jungen und Mädchen schämten sich bereits ein wenig ihrer sinnlosen Angst, halfen die kleineren einfangen und beteuerten schmollend, sie seien nur fortgelaufen, um die anderen am Fortlaufen zu hindern. Ein Häufchen von Achtjährigen wurde kurz vor dem Flüchtlingslager eingeholt, sie waren den langen Weg dorthin zurückgerannt. Unter Kisten und Ballen zog man Kinder hervor, in unvorstellbaren Schlupfwinkeln und Verstekken fand man sie wieder. Grüppchen nach Grüppchen konnte Gladys wieder auf den Bahnsteig zurückführen, und es war nur ein Glück, daß es dem Zug nicht im geringsten wichtig zu sein schien, heute noch irgendwo anders hinzukommen. Die Wagen waren nichts weiter als große Holzkästen mit einem Dach darauf. Sitze gab es nicht, viele andere Flüchtlinge mit ihren Bündeln und Schüsseln kauerten und standen schon in den Wagen.

Es gelang Gladys, alle ihre Kinder in einem langen Waggon unterzubringen, und als der Zug sich nach endlosem Stehen schwerfällig holpernd in Bewegung setzte, fingen sie schon an, das Abenteuer zu genießen. Es gab dann nur noch einmal einen Augenblick lang einen großen Schrecken. Nach einiger Zeit holte nämlich ein älterer Herr, der nicht weit von Gladys entfernt hockte und ganz von ihren Kindern umgeben war, einen Kerzenstummel aus seiner Tasche und zündete ihn mit großer Sorgfalt an. Natürlich gaben ein paar kleine Jungen nicht eher Ruhe, bis das Licht schnell wieder ausgeblasen war. In diesem Moment fuhr der Zug in einen Tunnel ein. Unheimliche Schwärze umfing die Kinder plötzlich, und ohrenbetäubendes Angstgeschrei ließ den Waggon erzittern. Dem alten Mann gelang es zum Glück bald, seine Kerze wieder zu entzünden, und nachdem nun der Zweck seines Handelns so klar zutage getreten war, wagte kein kleiner Naseweis mehr auch nur den leisesten Atemzug in der Richtung des rettenden Stümpfleins.

Vier Tage lang blieben sie in dem Zug, der langsam und in kurzen Etappen vorwärtsholperte. Manchmal hielt er ein paar Stunden, dann stiegen die Passagiere aus und lockerten die steifen Glieder. Von Zeit zu Zeit waren neben den Schienen Kisten und Bretter zu einem Imbißstand zusammengenagelt, an dem Hirsebrei und Tee für Flüchtlinge bereitgehalten wurde. Gladys brachte den größten Teil der Zeit im Halbschlaf zu; sie fühlte sich zwar nicht wirklich krank, aber es war ihr, als hätte sich eine ungeheure Müdigkeit im Innersten ihrer Knochen festgesetzt. Fast drei Wochen waren sie nun unterwegs, vom Regen durchnäßt, vom Wind getrocknet. Sie hatte selten ruhig geschlafen und selten genug gegessen. Konnte sie da erwarten – fragte sie sich –, daß sie sich so wohl fühlte wie früher?

In dem kleinen Dorf Tien Sha hielt der Zug; hier war für sie die Reise zu Ende, die wellige Ebene hörte auf, und Berge stiegen steil vor ihnen zum Himmel. Schon wand sich der dünne Strom der Flüchtlinge die schmalen felsigen Pässe hinauf – alte Männer, junge Frauen, Väter, Mütter, Familien, mit ihren Bündeln beladen; alle flohen westwärts, fort von der japanischen Kriegsfurie. Sie erbettelten sich im Dorf ihre Nahrung, aber Gladys konnte den Blick kaum von den Bergen wenden: Sie erschreckten sie. Sie mochte nicht weitergehen, sie wollte bleiben, wo sie war, und ausruhen. Aber das war unmöglich, sie wußte es, denn ihre einzige Hoffnung war Mrs. Tschiang Kai-scheks Flüchtlingsheim in Sian. Die Stadt war noch immer viele Tagereisen entfernt, aber Gladys mußte unbedingt soviel Kraft aufbringen, um noch bis dorthin zu gelangen. Aber diese Berge! Diese hohen, grausamen Zacken! Jetzt ging die Sonne hinter ihnen unter, und jedes Tal und jeder Gipfel war in ihr purpurnes Glühen getaucht. Zu jeder anderen Zeit hätte sie den herrlichen Anblick genossen – aber heute hatte sie nur eine Empfindung: die Welt ertrinke in Blut.

Zuerst führte der Pfad aufwärts. Sie waren nun fast alle barfuß, und die scharfen Steine zerschnitten ihnen die Fußsohlen. Wenn sie von den ersten Höhen zurückblickten, sahen sie den Staub über der Ebene hängen, und der rote Sonnenball starrte wie ein Dämonenauge durch diese trüben Schleier. Vier Stunden lang arbeiteten sie sich aufwärts, die jungen Burschen voraus, die älteren Mädchen langsam folgend. Von einer hohen Bergschulter aus sahen sie zum letztenmal die Ebene, dann senkte sich der gewundene Weg, und die Gipfel schlossen das wandernde Häuflein Menschen ein.

Am späten Nachmittag kamen Liang und Teh, die beiden unentbehrlichen Pfadfinder, zurück und berichteten von einem Dorf, das sie versteckt in einem engen Tal entdeckt hatten. Als Gladys und die Mädchen es erreichten, tranken die Kinder dort schon gierig viele Schüsselchen voll Mentang, das mehlige Wasser, das übrigbleibt, wenn man Hirse kocht, und die Dorfbewohner verteilten Reiskuchen und andere Reste ihrer Mahlzeiten. Gladys trank etwas Tee und fühlte sich sogleich frischer. Die Leute waren freundlich. Sie würde mit den Kindern noch zwei Tage brauchen, um über die Berge hinweg Tangkuan zu erreichen, sagten sie, und unterwegs würden sie noch in einigen anderen Dörfern etwas zu essen bekommen. Zunächst aber erhob sich vor ihnen eine hohe Gipfelkette gen Himmel. Gladys zwang sich aufzustehen. Sie überlegte, daß sie in dem nächsten Tal übernachten könnten, wenn sie diese Bergkette hinter sich gebracht hätten. Noch eine Stunde Anstieg, und schon hingen wieder die Fünfjährigen an ihrem Mantel, wie immer um diese Zeit. Ein paar vierzehnjährige Jungen erboten sich, die kleineren abwechselnd zu tragen. Auch Gladys nahm eines der müden Kinder auf den Rücken. Die großen Mädchen konnten nicht mehr helfen; sie waren völlig erschöpft und brauchten ihre ganze Kraft, um nicht zurückzubleiben. Die ganze Gesellschaft kam jetzt nur noch sehr langsam vorwärts. Die Sonne war untergegangen, ehe sie noch die Höhe erreicht hatten, und Gladys erkannte, daß sie nicht vor Einbruch der Nacht hinüberkommen würden. Es gab nur eine Möglichkeit: eine geschützte Stelle zu finden und dort die Nacht zuzubringen. Schnell kroch die Dunkelheit aus den Tälern heran und hüllte sie ein. Eine überhängende Felspartie versprach ein wenig Schutz, und sie drängten sich alle eng zusammen, um sich gegenseitig zu wärmen. Die kleineren waren so müde, daß sie – kaum waren sie in ihre gesteppten Wattedecken eingewickelt – sofort in Schlaf sanken. Es wurde schnell kalt, Gladys fühlte die Schauer durch ihren ganzen Körper laufen, aber dann nahm der bleierne Schlaf äußerster Erschöpfung sie auf.

Sobald es hell wurde, packten sie ihre Betten zusammen und machten sich auf den Weg, die Jungen wieder als Vortrupp. Als die Sonne aufging, hatten sie den Höhensattel hinter sich – vor sich unzählbare kahle Gipfel, hintereinander in unendlicher Folge nach allen Richtungen das Blickfeld füllend, einschüchternd und trostlos. Ein flüchtiger Gedanke schnürte ihr für einen Augenblick die

Kehle zu: Wenn sie je hier den Weg verfehlten, müßten sie in dieser einsamen Öde wandern, bis der Tod sie erlöste. Den ganzen Tag kämpften sie sich in dieser Bergwelt vorwärts. Und dann am Nachmittag, als sie alle auf verstreuten Felsbrocken eine der nun sehr häufigen Rastpausen machten, brach plötzlich Gladys' Widerstandskraft zusammen. Wie sie da auf ihrem Felsblock zusammengesunken saß, bot sie einen erbarmungswürdigen Anblick. Der Schweiß hatte den Bergstaub in hellen Streifen von ihrem Gesicht gespült, und ihre Augen blickten weit aufgerissen und angsterfüllt auf die Kinder rings im Kreise: Die Acht- und Neunjährigen sahen noch halbwegs kräftig aus, aber die Kleineren hockten mit jämmerlichem Gesichtsausdruck um ihre Ai-weh-deh herum, zu matt schon, als daß sie noch viel nach Essen und Trinken fragten oder danach drängten, getragen zu werden. Die Mädchen hatten sich auf den felsigen Boden geworfen; an der Haltung jeder einzelnen konnte man die tiefe Erschöpfung und Niedergeschlagenheit erkennen, die sie ganz ausfüllten. Selbst Lian und Teh saßen mit stumpfen Gesichtern da, das Kinn in die Hände gestützt, vom Tragen der Kleinsten übermüdet.

Plötzlich fühlte Gladys etwas Nasses ihre Wange herabfließen. Sie versuchte, die Tränen mit dem Finger wegzutupfen, aber sie kamen nur noch schneller, immer noch dichter und schneller, und bald schluchzte sie laut und überließ sich ihrem Kummer und fand keinen Halt mehr; sie schluchzte, weil sie ihre Tränen nicht aufhalten konnte, schluchzte vor Schwäche und Erschöpfung, schluchzte um alle die Kinder, um China, um die Welt in grenzenlosem Schmerz. Sie fand weder den Mut noch die Fähigkeit weiterzugehen, sie war überzeugt, daß es mit ihnen allen zu Ende war, daß sie hier in diesen Bergen den Tod finden würden. Sie hatte alle diese Menschenleben auf dem Gewissen, sie hatte versagt – und sie weinte über ihre große Schuld. Die Kinder schluchzten mit, und die kleinen Jungen, die auf dem Pfad ein Stück vorausgegangen waren, kamen zurück, guckten mit offenen Mündern und begannen dann, angesteckt von dieser Epidemie des Kummers, ebenfalls zu jammern. Eine ganze Weile scholl von den Felsenwänden nichts als das Echo all dieses Jammers zurück. Als es vorbei war, wischte sich Gladys das Gesicht mit dem Jackenärmel und schnüffelte erleichtert auf. Die Tränen hatten ihr Gemüt befreit, hatten die öde Verzweiflung fortgespült, ein wenig auch von der schmerzenden Müdigkeit mitgenommen, die Kraft und Willen lähmte. Langsam, sehr langsam kehrte etwas von ihrer alten Spannkraft zurück. Sie lächelte matt zu Sualan hinüber, die zu ihr herankroch.

»Einmal ordentlich ausweinen, das tut gut!« sagte sie tapfer. »So, also, das genügt, hört ihr? Wir wollen jetzt ein schönes Lied singen, und während wir das singen, marschieren wir den Weg abwärts bis zu dem großen Felsvorsprung da unten. Kommt, auf mit euch, und nicht mehr geheult! Jetzt wollen wir einmal ausprobieren, wer am lautesten singen kann! Eins ... zwei ... drei ...«

Diese starren Gipfel mochten in ihren langen Jahren zwischen Wind und Regen manches Seltsame schon gesehen haben; ob sie aber je etwas so Ungewöhnliches, Rührendes und Heldenhaftes erlebt hatten wie diesen Zug von Kindern, in dessen Mitte eine kleine Frau mit tränenverschmiertem Gesicht ging und dabei mit heller Stimme und verzweifelter Entschlossenheit ein Kirchenlied anstimmte, während sie ihre Schützlinge anführte, vorwärts ins Gelobte Land?

Kurz vor Sonnenuntergang kamen sie zu einem Dorf, und hilfsbereite Menschen durchstöberten ihre Häuser nach Eßbarem für die vielen Kinder. Der Dorfälteste schüttelte den Kopf, wobei sein dünner Ziegenbart, wie es Gladys schien, mißbilligend hin und her pendelte, aber er sagte gutmütig: »Sie haben viele Mäuler zu stopfen – wer könnte da nein sagen!« Und alle freuten sich auf die kommende Nacht: Sie durften in einer leeren Vorratshöhle am Rande des Dorfes schlafen, mit gefülltem Magen und unter festem Dach.

Der dritte Tag brachte die gleichen Schwierigkeiten wie die vorigen. Unendlich schleppten sich die Stunden dahin, und als es Abend wurde, hatten sie weder ein freundliches Dorf noch etwas zu essen gefunden. Müde und hungrig rollten sie sich zwischen den Felsen zum Schlafen ein. Bald aber ging ein dichter, lang anhaltender Regen nieder. Die jüngeren schliefen ruhig weiter, Gladys und die Burschen aber gingen umher und sammelten in den Schüsseln so viel Wasser, wie sie auffangen konnten. Als die durchnäßten kleinen Menschlein dann morgens erwachten, konnte Gladys ihnen wenigstens mit einer Tasse heißem Tee ein wenig innere Wärme geben.

Der nächste Tag führte sie nun endlich aus den Bergen hinaus in die Ebene. Bis Tungkuan waren es zwar noch viele Kilometer, aber sie erreichten es vor der Dunkelheit. Die Stadt war heftig bombardiert worden, und die meisten Häuser waren zerstört. Aber auch hier gab es eine Flüchtlingsorganisation, die im Hof einer größeren Ruine arbeitete. Zwei Frauen herrschten dort über die dampfenden Töpfe, die von den Kindern schnell mit freudigem Hallo umzingelt wurden. Ein paar – es waren immer dieselben, die ihre Eßschüsseln und Stäbchen verloren – klammerten sich an Gladys und jammerten ihr ihren Weltschmerz vor, bis sie, selbst todmüde, auch für sie gesorgt hatte und befriedigt feststellen konnte, daß es für alle reichen würde. Wie gewöhnlich aber blieb ihr auch diesmal nicht viel mehr übrig, als den Topf auszukratzen. Es machte ihr nichts aus; sie war zu müde zum Essen. Von den Frauen hörte sie, daß es zwar eine Eisenbahnlinie von Tungkuan nach Huasan gab, aber daß keine Züge mehr verkehrten, denn die Schienen liefen an einem Fluß entlang, dessen anderes Ufer die Japaner besetzt hielten. Sie mußten also von hier aus zu Fuß weiter. Sinnloserweise löste die Nachricht bei ihr eine Wut aus, die im Grunde gar nicht zu ihrem Wesen paßte; sie hatte immer die Fähigkeit besessen, alle Dinge sozusagen im Weiterschreiten auf sich zu nehmen, ohne Kraft und Zeit an nutzlose Ausbrüche zu verlieren. Als bald darauf zwei Männer in den Hof kamen und allerlei Fragen an sie stellten – woher sie kämen, was sie noch vorhätten und so weiter –, erhielten sie nur kurze und wenig freundliche Antworten. Schließlich fuhr sie gereizt auf: »O laßt mich doch zufrieden, ich bin müde!«

»Wir wollen Ihnen helfen«, erklärten sie. »Die Frauen hier haben uns von Ihnen erzählt.«

»Wie könnten Sie mir helfen?«

»Ab und zu geht hier doch ein Zug nach Huasan weiter. Er besteht zwar nur aus Kohlenwagen, könnte Sie aber doch ein gutes Stück näher an Sian heranbringen. Um Mitternacht fährt er ab und passiert noch bei Dunkelheit die japanischen Stellungen am anderen Ufer. Freilich ist es schon öfters vorgekommen, daß er beschossen wurde.«

»Und Sie meinen, er wird uns mitnehmen?« fragte Gladys eifrig; ihr Herz lebte wieder auf bei diesem Gedanken. »Wann fährt er denn wieder?«

»Heute nacht, in wenigen Stunden.«

Sie blickte um sich auf die Reihen von kleinen Gestalten, die, eingewickelt wie Kokons, in festem Schlaf lagen. Und wenn ein Erdbeben käme – man würde sie nicht wachbekommen.

»Wie weit ist es bis zum Bahnhof?«

»Gleich hier hinter der nächsten Ecke die Straße hinab, keine hundert Meter weit.«

Ihre Hoffnungen stiegen wieder. »Ob wir die Kinder wohl zu den Kohlenwagen tragen könnten »Glauben Sie, daß das geht?«

O sicher – die beiden wollten nach Kräften helfen. Aufgeregt rief Gladys die älteren Kinder zusammen, Liang,

Teh, Sualan, Ninepence und Thimothy. Sie erklärte ihnen, was sie vorhatte. Sie sollten sich sofort schlafen legen – wenn es soweit wäre, würden sie alle geweckt. Dann wollten sie eine Kette bis zur Station hinunter bilden und so die Kleineren wie Feuereimer von einem zum anderen weiterreichen. Ja, genauso, wie sie es schon einmal auf den Steilhängen, in den Bergen, gemacht hätten.

Die Männer lächelten, als sie ihnen diesen Plan darlegte. Sie wollten gern wiederkommen und ihr Bescheid sagen, wenn der Zug in Sicht sei. Sie legte sich hin und versuchte einzuschlafen. Stern an Stern kam nun am dunkler werdenden Himmel hervor. Das leise, ruhige Atmen der Kinder war um sie, eine sanfte, warme und leichte Bewegung, und noch im glücklichen Lauschen gingen ihre Gedanken in den Schlaf über.

Ein Rütteln an ihrer Schulter ließ sie auffahren: Die Männer waren wieder da, der Zug würde in kurzer Zeit abfahren, es war keine Zeit zu verlieren. Sie machte die Runde und weckte die größeren Kinder. Alle bemühten sich, nur im Flüsterton zu sprechen, um die anderen Flüchtlinge nicht zu stören, aber ihren Stimmen hörte man die Aufregung an. Draußen stellten sie sich in einer Reihe auf, die beiden Männer gingen zum Zug, um das Verladen der kleinen, bewegungslosen Körper in die Kohlenwaggons zu überwachen. Als sie das erste Kind aufhob, den kleinen fünfjährigen San, fühlte sie, wie leicht und wie warm er war. Er murmelte etwas im Schlaf, als sie ihn an Sualan weitergab und Sualan ihn zu Liang hinüberreichte. Gladys wußte, daß die Kinder wie Tiere im Winterschlaf waren, durch keine Macht der Erde zu wecken, und selbst wenn eines bei dieser Prozedur fallen gelassen würde – es hätte sich auf dem Boden wieder eingeringelt und weitergeschlafen. Eines nach dem andern wurde so zum Zug hinunterbefördert, dann rollte Gladys alle Betten zusammen, und auch diese wanderten durch die Kette der Hände bis hinein in den Zug.

Endlich ging sie selbst zum Bahnhof. Die Maschine keuchte gedämpft irgendwo im Dunkeln. Die schlafenden Bündel lagen oben zwischen den großen Kohlenbrocken, und die Männer hatten vorsichtshalber Kohle um sie herum aufgebaut, damit sie nicht herunterrollten. Gladys kommandierte je zwei ältere Kinder für jeden Waggon ab; sie sollten auf die Kleinen achtgeben, wenn sie aus dem Schlaf erwachten.

Dann kletterte Gladys selbst hinein. Erst riß sie sich noch das Knie an einem eisernen Haken blutig, dann aber fühlte sie die krümelige Oberfläche der Kohle unter ihren Händen. Sechs Kleine waren auf ihrem Wagen verstaut; sie schienen alle ziemlich sicher zu liegen. Einer der Männer rief von unten herauf, er werde jetzt dem Lokführer sagen, daß alle verfrachtet seien. Gleich darauf schlugen die Puffer rasselnd aneinander, und der Zug fuhr mit Rütteln und Schütteln an.

»Lebt wohl, Frau! Gute Reise!« rief der zweite Mann aus der Dunkelheit des Bahnsteigs herauf.

»Leb wohl, Freund!« rief sie zurück. »Dank für eure Hilfe! Und Gott segne euch!«

Der Zug fuhr nun schneller, der Wind strich ihr kühl über das Gesicht – nicht so kalt wie in den Bergen, sondern wohltuend und milde. Die Sterne glitten vorbei, eine langsam sich drehende Lichterlandschaft. Gladys streckte sich aus, den Kopf auf einem Kohlenbrocken. Der Schmutz störte sie nicht, aber wer hätte gedacht, daß diese schwarzen Haufen, die vor Millionen Jahren im Schoß der Erde wuchsen, heute eine so gute, wenn auch harte Lagerstatt abgeben würden! Welches Jahr hatten wir? 1940? April 1940, und sie ratterte auf einem alten Kohlenwagen durch China. Sie ahnte nichts vom Durchbruch der Deutschen in Frankreich, nichts davon, daß ihre Landsleute zurückgetrieben wurden zur Niederlage und zum Ruhm von Dünkirchen. Sie wußte nicht, daß in diesem Augenblick Schiffe auf allen Ozeanen versenkt und von Minen zersplittert wurden. Von den heulenden Sirenen wußte sie nichts, die den Menschen hinter den verdunkelten Fenstern den Herzschlag stocken ließen. Sie hatte keine Vorstellung davon, wie in Amerika und in der ganzen Welt, soweit sie nicht von Diktatoren beherrscht war, der Ruf nach Freiheit die Menschen einte. Alle positiven Kräfte sammelten sich aus dem inneren Zwang heraus, den schon die alten Mandschu-Weisen lange vor Christus erkannt hatten: »Die Veranlagung des Menschen ist gut – das Gute wohnt ihm so natürlich inne wie dem Wasser das Verlangen, abwärts zu fließen.«

Nichts von alledem war Gladys bewußt – nur das Gefühl der Zufriedenheit erfüllte sie, daß sie hier auf den Kohlen unter den wandernden Sternen liegen durfte und der Zug unter ihr dem fernen Ziel Sian entgegenrumpelte. Und schon war sie eingeschlafen.

Als Gladys erwachte, dämmerte es. Die Kinder waren längst munter, und sie hörte ihre begeisterten Zurufe aus allen Wagen den ganzen Zug entlang.

Der kleine San, der ganz in ihrer Nähe geschlafen hatte, guckte Lufu an, der sich eben die Augen rieb, und rief lachend: »Lufu, du bist ja über Nacht ganz schwarz geworden!«

Und Lufu schrie vergnügt und in den höchsten Tönen zurück: »Und du bist noch viel schwärzer! Und Ai-wehdeh ist in der Nacht auch schwarz geworden! Ist das lustig!«

Aus jedem Wagen ertönte das gleiche übermütige Gelächter, und Gladys lachte mit.

Die Japaner hatten diesmal den Zug nicht beschossen, oder wenn sie doch geschossen hatten, so war Gladys jedenfalls nicht davon aufgewacht. Sie fühlte sich für den Augenblick erfrischt, konnte sich aber über die lähmende Schwäche, die sie immer mehr ergriff, nicht hinwegtäuschen. Der gelbe Staub Honans lag nun schon hinter ihnen, und sie fuhren durch eine sanft gewellte Landschaft mit Obstgärten, die in voller Blüte standen. Ab und zu tauchte ein geschwungenes Pagodendach hinter mächtigen grünen Bäumen auf, die Kinder jubelten und begrüßten jeden neuen freundlichen Anblick. Ein solches Land hatten sie noch nie im Leben gesehen.

Am frühen Nachmittag kamen sie nach Huasan, wo sie ihren Zug verließen. Huasan war eines der großen Heiligtümer Chinas – der Tempel mit dem Schrein war bombardiert, aber der reichgeschmückte alte Bau war noch immer so schön, daß Gladys bezaubert stehenblieb, während ihre schwatzende und auf Neues begierige Schar langsam weiterzog. Auch am Berghang lagen viele kleinere Tempel und Pagoden, ihre Dächer zeichneten sich mit ihrer geschweiften Linie heiter gegen die Bäume ab. Plätschernde Flüßchen mit malerischen kleinen Brücken wanden sich durch das Land; Pilger trugen gelbe Räucherkerzen und Wachsstöckchen in hellem Rot, die vor den heiligen Stätten verbrannt werden sollten. Sanfttönende Glocken läuteten den ganzen Tag über, und viele Gebete stiegen zu Buddha auf.

In einem der zahlreichen Tempel war die Flüchtlingsstation der Nationalisten eingerichtet. Gladys und die Kinder durften sich sattessen, und sie konnte endlich wieder einmal ruhig schlafen. Merkwürdigerweise fühlte sie sich in dieser weichen Landschaft mit ihrer lieblichen, milden Luft nicht wohl; dieses Klima war ihr fremd. Sie war ein Bergmensch geworden, und es verlangte sie nach der scharfen, klaren Luft Schansis, seinem Schnee und seinen Winden. Gutmütig nahm sie die Arznei, die ihr die Kinder brachten, und Liang und Ninepence ließen nicht locker, bis sie sie ausgetrunken hatte. Buddhistische Priester, denen sie erzählt hatten, daß Ai-weh-deh krank sei und ein Kräftigungsmittel brauche, hatten eine Kräutermischung zusammengestellt; sie sollten sie in Wasser kochen und, abgekühlt, Ai-weh-deh zu trinken geben. Der Sud schmeckte bitter, tat ihr aber gut.

Wie viele Tage sie eigentlich in Huasan verbrachten, hätte sie nicht angeben können. Sie wußte nur, daß sie im März von Yang Cheng abmarschiert waren, und jetzt war es Ende April. Abgesehen von dem täglichen Quantum aufgeschlagener Knie, Schnittwunden und Kopfbeulen, die die normalen Begleiter jedes Kinderlebens sind, waren sie alle gesund. Die Züge nach Sian verkehrten in regelmäßigen Abständen. Sie solle sich jetzt keine Sorgen machen, sagte die Leiterin des Flüchtlingslagers. Ein paar Ruhetage täten Gladys gut, und dann könnten sie mit dem nächsten passenden Zuge weiterfahren. Die freundliche junge Frau war eine der jungen Chinesinnen, die im Geiste der Gruppe »Neues Leben« arbeiteten, einer nationalen Frauenbewegung, die unter der Führung von Mrs. Tschiang Kai-schek ganz China eroberte.

Eines Morgens half sie Gladys, die Kinder in den Zug hineinbugsieren; auch für Lebensmittel war gesorgt, da die Reise mehrere Tage dauern würde. Chinesische Züge verkehrten damals mit einer für europäische Begriffe völlig unfaßbaren Willkürlichkeit. Sie fuhren oder hielten, ganz wie es ihnen die Laune eingab. Die Kinder spielten, schrien und zankten wie immer, die Landschaft zog lieblich in der Aprilsonne an ihnen vorbei. Manchmal hielten sie stundenlang irgendwo, dann schuckelte man wieder Tag und Nacht ohne Unterbrechung weiter. Aber einmal um die Mittagszeit fiel Gladys eine ungewöhnliche Lebhaftigkeit unter den anderen Flüchtlingen auf. Sie rappelte sich aus ihrem Hindämmern auf und erblickte jetzt einen Bahnhof inmitten vieler kleiner Vorstadthäuser und dahinter die Wälle und Pagoden einer Stadt. Der Zug hielt, die Kinder sprangen schon alle auf der Plattform herum, und sie mußte nun wohl folgen. Sian! Vor dem Bahnhof stellte sie ihre Schar zur gewohnten Riesenschlange auf.

»Wenn wir durch die Tore von Sian marschieren, wollen wir einen Choral singen!« kündigte sie an.

Ein alter Chinese, der ihre Worte gehört hatte, hob den Kopf und sah sie aus winzigen, tränenden Augen an. »Nach Sian kommen Sie niemals hinein. Die Tore sind geschlossen. Es ist streng verboten, noch mehr Flüchtlinge in die Stadt einzulassen!«

Sie glaubte ihm nicht – sie konnte ihm nicht glauben. Die stummen Gesichter der Kinder waren verständnislos ihr zugewandt. All die langen Wochen hatte sie sie mit diesem Ziel, mit dem Bild der rettenden Stadt Sian, aufrechterhalten.

»Wohin sollen wir denn gehen?« rief sie verzweifelt. »Wo sollen wir hin?«

Der alte Mann zeigte über seine Schulter. »Da unter dem Stadtwall ist ein Flüchtlingslager. Dort bekommt ihr etwas zu essen.«

Das war der Erfolg dieser Reise. Das war der ganze niederschmetternde Erfolg dieser Reise! Wie kalter Hohn senkte sich die Nachricht auf Gladys' Gemüt.

Sie führte die Kinder in das Lager und überließ sie den Helferinnen vom Bund »Neues Leben«.

Sie selbst ging allein, zwischen Hoffen und Verzweifeln hin und her gerissen, die Straße zur Stadt hinauf. Die Mauern waren hoch und mit Wachttürmen bewehrt. Sian war weit größer als Yang Cheng. Über den Wällen konnte sie die hohen, mit grünen Ziegeln freundlich gedeckten Dächer der Pagoden sehen. Aber die massiven Holztore waren geschlossen und verriegelt. Ein Posten oben auf der Mauer rief: »Frau! Gehen Sie fort da! Die Stadt ist mit Flüchtlingen überfüllt. Es kommt niemand in die Stadt... gehen Sie fort, Frau!« Sie lehnte ihr Gesicht gegen das harte, rauhe Holz des Tores und weinte. Diese lange, lange Reise! Und nun dies! Dies!

Langsam ging sie wieder zurück zu den Kindern und wußte nicht, was sie ihnen sagen sollte. Die Kinder aber hatten neue Nachrichten für sie. Vertreterinnen der Bewegung »Neues Leben« hatten schon mit ihnen gesprochen und ihnen erklärt, daß sie in Sian nicht bleiben konnten, denn zur Zeit sei die Stadt für Flüchtlinge unwiderruflich geschlossen. Wahrscheinlich würde in einigen Tagen die Vorschrift gelockert, auf jeden Fall aber hatte man mit Fufeng, einer nahen kleineren Stadt, Verbindung aufgenommen, wo die Kinder so lange versorgt werden sollten. Dort gab es, wie sie Gladys eifrig berichteten, ein Waisenhaus und eine Schule. Alle Kinder, die Tsin Pen Kuang aus Tsechow gebracht hatte, waren schon dort untergebracht.

»Wie kommen wir denn dorthin?« fragte Gladys. »Wir sind nun schon einen ganzen Monat unterwegs.«

»Mit dem Zug«, sagten sie. »Morgen setzen wir uns in den Zug nach Fufeng. Es sind nur wenige Tage bis dorthin.«

»Tage!« wiederholte Gladys matt. »Wenige Tage!«

»Vielleicht sind wir in zwei Tagen schon da, wenn der Zug ein bißchen schnell fährt.«

»Schon gut.«

Zu viel war über sie hinweggegangen, als daß sie noch Kraft zum Widerstand gehabt hätte. An die Reise nach Fufeng konnte sie sich später nicht mehr erinnern, nur an freundliche junge Frauen mit einem Imbiß auf dem Bahnsteig und an Mädchen der Gruppe »Neues Leben«, die sie mitfühlend anlächelten und dann die Kinder mit einem ermunternden: »So, nun wollen wir alle vergnügt sein!« zum Marsch in das Lager zusammentrommelten.

Die Tore der altehrwürdigen Stadt Fufeng standen offen. Die Straßen waren vollgestopft mit Maultieren, Karren, Händlern und Bettlern. Es war heiß hier, feucht, sehr schmutzig; es stank in der Aprilsonne – Gladys wurde von plötzlicher Sehnsucht nach der Höhenluft, den kühnen, winddurchbrausten Bergen Yang Chengs ergriffen. Ein riesiger verlassener Konfuziustempel beherbergte die Waisen des »Neuen Lebens«; die Kinder wurden einer energischen »Generalüberholung« unterzogen, an deren Schluß sie mit neuen Schuhen, richtig gewaschen und gefüttert ganz verändert aussahen und es sich wonnevoll auf ihren neuen Schlafplätzen bequem machten. Vom Essen waren sie nicht sehr begeistert, denn in der Provinz Schensi – wenn auch der Name so sehr dem ihrer Heimat Schansi ähnelte – ißt man Brot und nicht Hirse.

Gladys erhielt ein eigenes kleines Zimmer im Tempel; aber ihre Tür stand nie still, denn die Kinder strömten herein und wieder hinaus, um ihre neuen Kleider zu zeigen oder Trost zu suchen für ein aufgeschlagenes Knie oder nur um »Mutter« das Neueste zu berichten. Ein Gang zum Flußufer blieb noch in ihrer Erinnerung haften – sie hatte in dem klaren, strömenden Wasser ihre Kleider gewaschen und sich dabei inständig bemüht, alle Läuse zu töten. Danach hatte sie sich in die Sonne gesetzt, um zu warten, bis die Kleider getrocknet waren.

Und sofort stand wieder die Frage vor ihr, die sie seit Tagen quälte: Was sollte sie nun beginnen? Die Kinder waren abgeliefert, für sie war gesorgt – aber Gladys' eigene Welt war zusammengebrochen. Um leben zu können, mußte sie sich nach neuer Arbeit umsehen.

So suchte sie die beiden chinesischen Frauen auf, die in Fufeng eine kleine christliche Mission leiteten und sich bei dem Gedanken, in Gladys noch eine Hilfe zu bekommen, sehr erfreut zeigten. Da sie gerade am selben Nachmittag ein nahes Dorf besuchen wollten, fragten sie, ob Gladys Lust habe, sie in das Haus der christlichen Familie Wei, in dem sie erwartet wurden, zu begleiten und dort vielleicht eine kleine Predigt zu halten?

Nichts – meinte Gladys – würde ihr mehr Freude machen. In der heißen Nachmittagssonne auf der staubigen Landstraße zeigte sich, daß mit ihren Füßen etwas nicht in Ordnung war, es war irgendwie schwierig, sie immer gleichmäßig und geradeaus aufzusetzen. Als die drei Frauen glücklich das Haus erreicht hatten, wurden sie von Frau Wei zu einer Schüssel Reis gebeten, und auch Gladys setzte sich an den Tisch, dankbar für die kleine Stärkung. Wie merkwürdig – sie konnte den Reis nicht in den Mund hineinbekommen, ihre Hände waren nicht imstande, die altgewohnte Bewegung auszuführen. Was war das nur? – sie hatte Appetit auf den Reis und konnte ihn nicht essen. Warum sehen die beiden anderen sie so sonderbar an? Sie hatte auch Kopfschmerzen. Ja, jetzt merkte sie es erst: heftige Kopfschmerzen hatte sie. Die Frauen schlugen ihr vor, eine Weile zu ruhen, ehe sie ihre Predigt halte. Gut, sie würde sich ein wenig hinlegen, es kam wohl von der Hitze, daß ihr so seltsam zumute war. Das werde sicher bald vorübergehen, redeten ihr die anderen zu, während sie sie zu einem kleinen, abseits gelegenen Zimmer führten, die letzten Wochen waren sehr anstrengend gewesen, natürlich war sie noch müde. Sie sollte nur richtig ausruhen, in ein oder zwei Stunden sei immer noch Zeit für die Predigt.

Sie streckte sich leise stöhnend auf dem harten Bett aus, ihre Bibel neben sich. Ich werde aus dem Johannisevangelium predigen, dachte sie. Also aus dem Johannisevangelium – was nehme ich da für ein Thema?

Die Geschichte der Frau von Samaria:

»Wer von diesem Wasser trinkt, den wird wieder dürsten. Wer aber von dem Wasser trinken wird, das ich ihm gebe, den wird ewiglich nicht dürsten; sondern das Wasser, das ich ihm geben werde, das wird in ihm ein Brunnen des Wassers werden, das in das ewige Leben quillt.«

Der Gedanke riß ab – vor ihren Augen bewegte sich eine züngelnde Lohe aus grellen Farben: Rot, Lila, Gelb! Und wie entsetzlich heiß es war! Sie wollte sich an den schmerzenden Kopf greifen – aber die Hand ließ sich nicht heben. Weiter... das Evangelium Johannis...

»Ihr wisset nicht, was ihr anbetet; wir aber wissen, was wir anbeten.«

Eine rostige Trockenheit quälte sie in der Kehle. Bestimmt würde gleich jemand von der Familie Wei kommen, um ihr Wasser zu bringen – Das Evangelium –

»Am Anfang war das Wort, und das Wort war bei Gott, und Gott war das Wort. Dasselbe war im Anfang bei Gott. Alle Dinge sind durch dasselbe gemacht, und ohne dasselbe ist nichts gemacht, was gemacht ist. In ihm war das Leben, und das Leben war das Licht der Menschen. Und das Licht scheint in der Finsternis, und die Finsternis hat's nicht begriffen.«

Die unheimlichen Lichtgarben verblichen vor ihren Augen, eine Sekunde lang wurde ihr klar und wohl zumut – dann fiel sie, fiel in schwarze Dunkelheit. Als die anderen Frauen sie holen wollten, lag Gladys in wilden Fieberphantasien.

Wahrscheinlich hatten die beiden chinesischen Bauern auf Veranlassung der Familie Wei die Kranke in ihren Ochsenkarren gelegt und nach Hsing Ping mitgenommen, um sie bei der Skandinavisch-Amerikanischen Mission abzuliefern. Nach den Bombenangriffen auf Sian bat der Oberarzt (der jetzt seine Praxis in Croydon in Surrey ausübt) einen Freund, die Fremde in seinem Wagen mit hinauszunehmen zu seinem Privathaus auf dem Lande. Ganz ohne Zweifel verdankt sie diesem Arzt ihr Leben, ihm und dem Pflegepersonal des Englischen Baptistenkrankenhauses in Sian.

Das Befinden der kleinen Frau besserte sich zwar langsam; da aber die Bombenangriffe sich wiederholten, transportierte man sie zur Mission nach Hsing Ping zurück. Sie war noch immer schwer krank, aber ein Ehepaar, Mr. und Mrs. Fisher von der China-Inlandmission am Fuß des heiligen Berges T'ai Pei, nahm sich ihrer an und pflegte sie, bis ihr Gesundheitszustand einigermaßen befriedigend war. Doch die letzten schweren Jahre hatten Spuren hinterlassen, die nicht so schnell zu verwischen waren. Häufige Ohnmachten und vorübergehende geistige Störungen blieben.

Gladys wollte nun aber auf keinen Fall länger von fremder Wohltätigkeit leben. Sie verließ die freundlichen Fisher und ging nach Sian zurück, um sich ihren Lebensunterhalt dort selbst zu verdienen und für ihre fünf Adoptivkinder zu sorgen. Endlich wohnten sie alle wieder beisammen: ihre fünf Kinder hatten Fufeng verlassen und besuchten in Sian die Schule. Sie waren froh, bei ihr sein zu dürfen, die ihre Hilfe jetzt dringend nötig hatte; häufig vermißten sie ihre »Mutter« beim Nachhausekommen und machten sich auf die Suche, bis sie sie irgendwo in der Stadt auf dem Pflaster sitzend fanden, unfähig anzugeben, wer sie war oder wo sie wohnte. Die Kinder nahmen sie dann sanft beim Arm und führten sie nach Hause. Erst im Laufe der Monate wurden diese Anfälle seltener.

In Sian fand sie bald Freunde und konnte etwas Geld verdienen. Auch eine Überweisung von ihren Eltern gelangte trotz der Kriegswirren in ihre Hände. Sie arbeitete für die Bewegung »Neues Leben«, außerdem gab sie einigen Polizisten und Yamen-Beamten englischen Unterricht. Als zwei christliche Männer aus Schansi sich in der Stadt niederließen, richtete sie mit ihnen in einer unbenutzten Fabrik eine Kirche für Flüchtlinge ein, so daß diesen Menschen aus dem Norden das Christentum in ihrer eigenen Sprache nahegebracht werden konnte. Am Schluß der Gottesdienste stellten sie eine Sammelbüchse auf, aus deren schmalen Erträgen sie ein äußerst bescheidenes Leben fristen konnten.

Eines Tages kam Linnan nach Sian, um sie zu besuchen, und sie freute sich von Herzen, ihn wiederzusehen. Er versuchte auf jede Weise, sie zu einer Heirat zu überreden: Er malte Gladys ihr gemeinsames Leben in Chungking aus, wo er eine gute Stellung hatte. Irgendwie aber mußte sich ihre Beziehung zueinander, fern von ihrem Bergland, verändert haben. Die innere Fröhlichkeit, die ihnen ihr tägliches Beisammensein einst geschenkt hatte, wollte sich nicht mehr einfinden. Und all die praktischen Bedenken, die einer Mischehe entgegenstehen, traten immer stärker in den Vordergrund. Sie hatte mit anderen Europäern in Sian diese Frage besprochen. »Aber die Kinder!« sagten sie. »Die Kinder! Wenn Sie heiraten, werden Kinder kommen – wohin sollen sie gehören? Zu China oder zu England? Oder zu keinem von beiden?«

Aber das war es nicht allein. Ihr Gefühl ihm gegenüber schien ihr verändert – distanzierter, ruhiger. Hätte der Krieg sie nicht aus Schansi vertrieben, wäre sie längst Linnans Frau geworden, das war sicher, und ihr Leben wäre anders verlaufen. »Warte noch«, hatte sie damals zu ihm gesagt, »wir wollen nicht heiraten, solange dieser sinnlose Krieg wütet, der uns zwingt, unsere Aufgaben und Schicksale getrennt auf uns zu nehmen.« Er hatte gewartet, und nun war es zu spät. An die Stelle jenes inneren Glücks war nun eine fast ermüdende Beflissenheit getreten, es in jedem Fall Gott, ihren Kindern und dem Mann, den sie liebte, recht zu machen.

Irgendwann in den Bergen zwischen Yang Cheng und dem Gelben Fluß, irgendwo auf den Ebenen zwischen dem Gelben Fluß und der alten Hauptstadt Sian, irgendwann in den Strudeln ihrer Fieberdelirien war ihre glückliche Sicherheit verlorengegangen, die sie nun mit dieser unruhigen Bemühung zu ersetzen versuchte. Unter Tränen bemühte sie sich, Linnan dies alles verständlich zu machen – Linnan, der in seiner verzweifelten Liebe alle ihre Einwände beiseite zu schieben und zu zerreden suchte. Er tröstete sie und sich mit der Hoffnung, daß alles anders würde, wenn sie erst wirklich gesund wäre. In Chungking, sagte er, sei er ein angesehener Mann in hoher Stellung, sie würden ein schönes Haus haben und glücklich sein, und die Kinder könnten zur Schule gehen. Aber es war vergeblich, der bunte Vogel war fortgeflogen, vielleicht konnte er in dem Wald tiefer Not, der ganz China bedeckte, nicht leben. Es galt so viel Arbeit zu tun für den Herrn, ihren Gott, und sie, die kleine Frau, seine Jüngerin, hatte ihr Teil an dieser Arbeit zu erfüllen.

Auf dem Bahnhof vor den Mauern von Sian sagte sie ihm Lebewohl, und als sie durch die schmalen Straßen heimwärts ging, drückte ihr das Gefühl schmerzlicher Einsamkeit fast das Herz ab. Noch lange Zeit ließ sie der nagende Zweifel nicht zur Ruhe kommen, ob sie an diesem Mann, der die einzige Liebe ihres Lebens gewesen war, richtig gehandelt habe oder nicht. Der Krieg wurde sein Schicksal, und sie sah ihn niemals wieder.

Die Japaner rückten näher an Sian heran. Es mußte in nächster Zeit mit einem Angriff gerechnet werden, und Gladys beschloß deshalb, mit ihren Kindern weiter nach Westen zu gehen. Der Feind hat Sian zwar nicht eingenommen, doch Gladys lebte von nun an mit den Kindern in Baocchi in der westlichen Provinz Kansu. Der Ort wurde eines der großen Widerstandszentren der Nationalisten, die den größten Teil ihrer Hochschulen, Fabriken und Organisationen in den Westen verlegten.

Ihre fünf waren meist in der Schule, Ninepence heiratete bald nach Beendigung ihrer Ausbildung, und Gladys blieb viel allein. Da hörte sie, daß eine amerikanische methodistische Mission im westlichen Kansu, fast an der Grenze Tibets, Tausende von Flüchtlingen aus dem Norden betreue und darum eine Missionarin suche, die den Schansi-Dialekt sprach. Gladys bewarb sich in einem chinesisch geschriebenen Brief um diesen Posten. Nie hat sie den Blick sprachlosen Erstaunens vergessen, mit dem sie der amerikanische Missionar, Dr. Olin Stockwell, bei ihrem ersten Zusammentreffen begrüßte: Er hatte eine *chi-*

nesische Predigerin erwartet! Sie übernahm dort die verschiedensten Aufgaben, und Dr. Olin Stockwell und seine Frau wurden ihre guten Freunde.

Die Kommunisten nahmen später die Provinz Kansu ein und hielten Dr. Stockwell zwei Jahre gefangen. In seinem Buch ›Gedanken aus einer Gefängniszelle‹ schreibt er:

»Oft denke ich an die winzig kleine Missionarin aus England, die ein Jahr draußen in Westchina mit uns lebte. Sie verließ uns, um in eine Aussätzigenkolonie zu gehen, da sie fand, daß die Kranken dort ihre Hilfe und das Evangelium nötiger brauchten. Ein Christ, den sie auf dieser Station antraf, arbeitete mit ihr zusammen. Sie predigte und diente mit solcher Begeisterung, daß sie der ganzen großen Gruppe Aussätziger neue Hoffnung zu geben vermochte. Ehe sie kam, waren sie streitsüchtig und mißgünstig, und es gab oft Schlägereien; viele von ihnen hatten allen Lebensmut verloren. Aber Gladys Aylward erzählte ihnen von einem Gott, der sie liebt. Der Ton in dieser Kolonie wandelte sich – Weihnachten zum Beispiel wurde ihnen zu einem sinnvollen, glücklichen Erlebnis. Am Karfreitag schloß ich mich dem dort ansässigen chinesischen Pfarrer an, um im Lager den Passionsgottesdienst zu halten; zum Schluß teilten wir das Heilige Abendmahl aus. Wir reichten Brot und Wein diesen Ärmsten, von denen einige durch die entsetzliche Krankheit so verstümmelt waren, daß sie am Altar nicht niederknien konnten, und deren zerstörte Hände oft kaum imstande waren, die Gabe in Empfang zu nehmen. Doch ihre Augen glänzten in neuer Freude und Hoffnung. Gott hatte diese kleine Missionarin zu ihrem Barnabas erwählt.«

Auch in das Land hinaus unternahm sie einsame Reisen. Hier hatten vor ihr schon Missionare gearbeitet, sie führte nur ein Werk fort, das andere begonnen hatten. Wichtig war diese Aufgabe trotzdem; denn sie und die anderen Christen, wie die Stockwells, wußten, daß in kurzer Zeit die Kommunisten dieses Gebiet überfluten würden. Sie wollten darauf hinarbeiten, daß das Christentum hier starke Wurzeln faßte, ehe sie gezwungen wurden, ihren Posten zu verlassen.

Gladys war noch immer leidend. Bei den Schlägen der Japaner damals im Frauenhof von Tsechow hatte sie innere Verletzungen erlitten, deren Folgen sich im Laufe der Jahre immer bedenklicher auswirkten. Die europäischen Ärzte, die sie konsultierte, rieten ihr dringend, nach England zurückzukehren, denn die einzige Möglichkeit einer Besserung liege in den Händen eines guten Chirurgen. Aber das war ganz unmöglich. Woher sollte sie das Geld nehmen? Ihre größte Hoffnung war vielmehr, eines Tages wieder in Yang Cheng leben zu können.

In dieser Zeit wurde sie mit einer Dienstreise in die Provinz Schensi betraut, durch die sie schon einmal auf der Flucht mit ihren Kindern gekommen war; eine methodistische Missionsstation sollte dort einer Gruppe von Amerikanern übergeben werden, die aus Nord-Schansi vertrieben worden waren und hier im Westen ihre Arbeit fortsetzen wollten. Als sie mit einem dieser Herren plaudernd die Straße zur Mission hinaufging, begegnete ihnen eine Flüchtlingsfrau aus Schansi, die Gladys kannte. Die Frau rief ihr im Schansi-Dialekt einen Gruß zu, und Gladys antwortete in der gleichen Mundart. Der Amerikaner sah sie interessiert an.

»Sie sind in diesem Teil von China gewesen?« fragte er.

»Ja«, sagte Gladys, »ich war in Schansi tätig.«

»Ach, Sie haben wohl nicht zufällig von der Missionarin gehört, die Ai-weh-deh genannt wurde – die sich vor Jahren hinter den japanischen Linien durchgeschlagen hat? Haben Sie sie wohl dort einmal kennengelernt? Muß ja eine Prachtfrau gewesen sein. Überall erzählen sich die Leute noch Geschichten von ihr.«

»Doch, ich habe sie gekannt«, sagte Gladys ruhig. »Das war ich.«

Der Amerikaner riß vor Erstaunen die Augen auf. »Ist

das möglich!« rief er. »Kein Scherz? Ai-weh-deh – es ist mir eine Ehre, Sie kennenzulernen.«

Sie unterhielten sich noch lange, und er fragte, wann sie das letztemal zu Hause gewesen sei. Sie verstand nicht ganz, was er meinte.

»In England«, setzte er erklärend hinzu.

Sie lächelte. »Wie kann jemand, der nicht weiß, woher das Essen für den nächsten Tag kommen wird, daran denken, eine Reise nach England zu machen?«

Er zog die Augenbrauen hoch. »Wie lange sind Sie denn schon in China?«

»Siebzehn Jahre!«

»Donnerwetter!« rief er aus. »Da möchten Sie aber sicher endlich nach Hause, nicht wahr?«

»Ach ja, es wäre wohl schön, sie alle einmal wiederzusehen«, erwiderte sie nachdenklich. »Aber es ist wirklich nicht möglich.«

Die Unterhaltung wandte sich anderen Dingen zu, und sie hatte das kleine Intermezzo bald vergessen – nicht aber der Amerikaner. Er kehrte kurz darauf zu seiner Frau nach Schanghai zurück, die dort eine Stiftung zur Rückführung deutscher Waisen und Missionare in ihre Heimat verwaltete. Viele von ihnen, gute, tapfere Leute, waren dem Hungertode nahe gewesen, doch sie waren alle auf den Weg nach Hause gebracht, und von dem Fonds waren noch einige hundert Dollar übrig. Nun war ihm klar, wie die Restsumme gut zu verwenden war, und er sagte sehr ernst zu seiner Frau: »Hör zu, Liebe, ich weiß, wem du mit deinen Dollars helfen könntest.«

»Nun?« fragte sie.

»Weder einer Waise noch einem Deutschen, sondern einer kleinen Frau, einem mageren Vögelchen mit Namen Gladys Aylward. Ich fände es eine glänzende Idee, diesem Menschenkind mit dem Geld einen Heimaturlaub zu verschaffen. Es geht ihr gesundheitlich gar nicht gut, das weiß ich von ihren Freunden. Jetzt laß dir erst einmal ein bißchen von ihr erzählen ...«

Gladys selbst erfuhr von dieser großzügigen amerikanischen Gabe durch einen chinesischen Aldermann; der lustige, freundliche Alte kam herauf in das Bergdorf, in dem sie wohnte. Er schlenderte die Dorfstraße entlang, und als er sie vor der Tür der Mission stehen sah, winkte er ihr mit einem Brief zu und rief: »Ich soll Sie suchen. Sie dürfen zurück nach England.«

Verständnislos sah sie ihn an. »Was meinen Sie?« sagte sie.

Sein Gesicht verzog sich zu einem breiten Grinsen. »Sie brauchen bloß noch nach Schanghai zu fahren, und dann wird Ihr Fahrgeld bis nach England bezahlt, und dann gehen Sie heim. Ja, warum weinen Sie denn, Frau? Freut Sie denn die Nachricht gar nicht?«

Ganz so schnell ging es natürlich nicht. Noch drei Jahre körperlicher Leiden, drei Jahre Arbeit, Unschlüssigkeit und Heimweh vergingen, ehe Gladys Aylward endlich auf dem Wege nach England war.

Es fiel ihr nicht leicht, von China fortzugehen; alles, was sie liebte, war in China. England war fremd und fern. Und obgleich ihre fünf vor dem Gesetz adoptierten Kinder jetzt junge Männer und Frauen waren, die ihren eigenen Weg gingen, konnte sie sich doch nur schwer zu der Fahrt entschließen. Alle die Kinder, die sie von Yang Cheng durch die Berge geführt hatte, betrachteten sie noch immer als ihre Mutter – sie tun es heute noch –, sie holten sich immer wieder bei ihr Rat und Hilfe und besuchten sie, ganz gleich, in welchem Teil Chinas sie gerade lebte. Als sie bei den Stockwells wohnte, gab es oft eine ganze Prozession junger Menschen, die zu ihrer »Mutter Ai-weh-deh« wollten. Erst nach langem Schwanken und Überlegen kam sie zur Überzeugung, daß Gott es bestimmt hatte: Sie sollte zurück nach England. Und darum wollte sie nun auch gehen.

Als ich die erste Notiz über Gladys Aylwards Rückkunft las – einige wenige Zeilen, die nichts weiter besagten, als daß sie zwanzig Jahre Missionarin in China gewesen war –, veröffentlichte ich gerade eine Serie wahrer Geschichten in dramatisierter Form, die die BBC unter dem Titel ›Die Unbesiegten‹ als Hörspielreihe sendete. In der Erwartung, daß Miß Gladys Aylward mir etwas zum Thema Passendes erzählen könnte, besuchte ich sie in ihrem Heim in Edmonton. Ich brachte mein Anliegen vor, aber Gladys schüttelte sehr ernsthaft den Kopf und meinte, daß ihr ganz gewiß nichts widerfahren sei, was man für ein Hörspiel verwenden könnte.

»Aber sicherlich haben Sie doch«, wandte ich ein, »in diesen zwanzig Jahren China vieles Interessante gesehen und erlebt?«

»Oh, das schon«, erwiderte Gladys, »aber es wird die Leute kaum interessieren. Etwas Aufregendes ist eigentlich nicht passiert.«

Mindestens eine Viertelstunde verging, bis sie wenigstens zugab, einmal »einige Kinder über die Berge mitgenommen zu haben«.

Ich bohrte weiter. Die lakonischen Antworten Gladys' werde ich nie vergessen.

»Über die Berge? Wo war denn das?«

»In Schansi in Nordchina; wir gingen von Yang Cheng über die Berge nach Sian.«

»So? Und wie lange brauchten Sie dazu?«

»Oh, einen Monat ungefähr.«

»Hatten Sie genug Geld bei sich?«

»O nein, Geld hatten wir überhaupt nicht.«

»So? Wovon lebten Sie denn? Wie bekamen Sie etwas zu essen?«

»Der Mandarin gab uns zwei Körbe voll Hirse mit, aber die hatten wir bald aufgegessen.«

»So. Wie viele Kinder waren es denn?«

»Beinahe hundert.«

Ich merkte, daß ich ziemlich oft und töricht »So« sagte. Es war auch alles sehr unklar – klar war nur das eine: daß ich hier fast zufällig in die weitaus packendste Geschichte hineingestolpert war, die mir je begegnet ist.

Gladys Aylwards Haltung hatte nichts von falscher Bescheidenheit. Es war ihr einfach noch nicht eingefallen, daß ihre eigenen Erlebnisse es wert waren, festgehalten zu werden. Mir dagegen schienen die Geschichten, die sie mir nach und nach erzählte, zu den großartigsten der Welt zu gehören, weil sie direkt aus den Seiten des Neuen Testaments aufzusteigen schienen.

Seitdem hat sie nun schon mehrere Jahre in England

zugebracht, ist viel im Lande umhergereist und hat in Kirchen, Schulen und Missionssälen Vorträge und Predigten gehalten. Sie ist einer großen Zahl chinesischer Studenten aus Singapur und Hongkong, die zum Studium nach England kamen, eine zweite Mutter geworden, und ihr Wort war von entscheidendem Einfluß bei der Gründung eines chinesischen Wohnheims in Liverpool, das besonders den Seeleuten eine Heimat geben sollte. Wie immer, lebt sie auch heute noch sehr einfach, von der Hand in den Mund.

Gladys ist eine der markantesten Frauen unserer Generation. Was gibt diesem ganz schlicht und einfach gebliebenen Menschen den Aufschwung zum Besonderen, zum Außergewöhnlichen? Es kann nur ihre starke Fähigkeit zur inneren Erhebung sein, ihre in Gott ruhende Entschlußkraft, die auch vor dem Tod nicht zurückschreckt, die kein Widerstand, keine Folter, Gehirnwäsche oder Strapaze in einer menschlichen Seele auslöschen kann, weil sie die natürliche Frucht eines starken Glaubens ist: etwas wahrhaft Außergewöhnliches in unserem glaubensschwachen Zeitalter.

Ich danke Miß Aylward dafür, daß sie mir ihre Geschichte erzählt hat und mir gestattete, sie niederzuschreiben. Daß es mir gelungen sein möge, dem großen Charakter der kleinen Frau gerecht zu werden, kann ich nur hoffen.

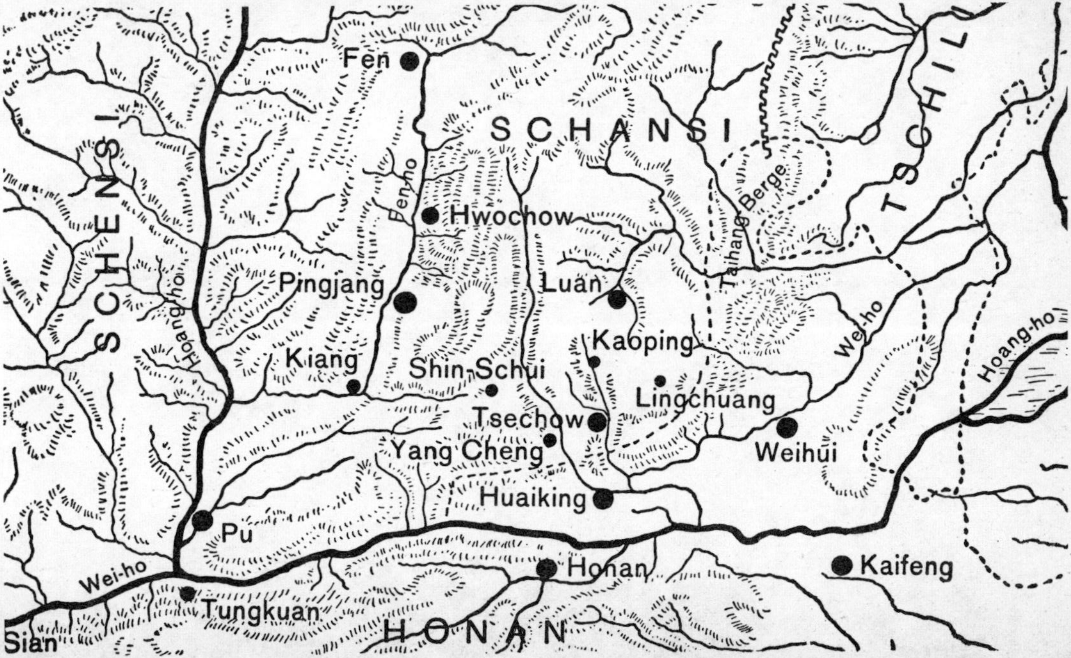
SCHANSI
TSCHILI
SCHENSI
HONAN
Fen
Fen-ho
Hwochow
Pingjang
Kiang
Shin-Schui
Luan
Kaoping
Lingchuang
Tsechow
Yang Cheng
Huaiking
Weihui
Taihang Berge
Wei-ho
Hoang-ho
Kaifeng
Honan
Tungkuan
Pu
Sian

Amei-Angelika Müller im dtv

Foto: Studio Kleiber

Pfarrers Kinder, Müllers Vieh
Memoiren einer unvollkommenen Pfarrfrau

Sie ist ein Morgenmuffel, Kochen ist nicht ihre Stärke, und auch sonst entspricht sie nicht dem Ideal einer Pfarrfrau. Sie wollte auch alles andere werden, nur das nicht. Doch sie lernte einen Theologiestudenten kennen – und lieben.
dtv 1759 / dtv großdruck 25011

In seinem Garten freudevoll...
Durchs Gartenjahr mit Wilhelm Busch

Jeder glaubt Wilhelm Busch zu kennen, doch eine Seite des berühmten Zeichners, Dichters und Philosophen ist weniger bekannt: Er war ein großer Naturfreund und Hobbygärtner. Amei-Angelika Müller hat diesen »anderen« Wilhelm Busch aufgespürt in seinen Briefen, Gedichten und Zeichnungen, in denen er von Gärtners Freud und Leid erzählt, das menschliche Leben mit dem Ablauf der Jahreszeiten vergleicht und Tiere und Pflanzen beobachtet.
dtv 10883

Ich und du, Müllers Kuh
Die unvollkommene Pfarrfrau in der Stadt

Nach sieben Jahren in der ländlichen Pfarrei folgt Amei-Angelika Müller ihrem Mann auf eine Pfarrstelle in der Stadt. Neue Erlebnisse und Erfahrungen warten auf die »unvollkommene Pfarrfrau«, von denen sie mit viel Selbstironie und gekonnter Situationskomik erzählt.
dtv 10968

Sieben auf einen Streich

Eine herzerfrischend fröhliche, witzige und humorvolle Familiegeschichte: Sieben Geschwister nebst Anhang, insgesamt siebzehn Personen, darunter nicht weniger als drei Pfarrer, versammeln sich zu einem Familientreffen im Harz. Vergnügliche Einblicke in eine ganz und gar unmögliche Familie...
dtv 11204

Veilchen im Winter

Was macht eine junge Frau, die sich von ihrem skibegeisterten Ehemann zum gemeinsamen Winterurlaub überreden läßt, obwohl sie selbst völlig unsportlich ist und den Winter zutiefst verabscheut? Sie würde nach wenigen Tagen enttäuscht und zornig abreisen – wäre da nicht eine gleichgesinnte Seele in Gestalt eines kleinen Jungen.
dtv 11309

Una Troy im dtv

Mutter macht Geschichten

Eine jung gebliebene Witwe, die es satt hat, sich von ihren drei erwachsenen Kindern bevormunden zu lassen, entschwindet eines Tages. dtv 1286 / großdruck 25003

Die Pforte zum Himmelreich

Zwei recht unkonventionelle Ordensschwestern im Kampf mit der Äbtissin des Klosters. dtv 10405 / großdruck 25052

Ein Sack voll Gold

Eine heitere Familien- und Liebesgeschichte vor dem Hintergrund eines konservativen irischen Dorfes. dtv 10619 / großdruck 25002

Trau schau wem

Als Ellen O'Sullivan den armseligen Hof ihrer Eltern für viel Geld verkaufen kann, wollen ihre Geschwister ihr plötzlich vorschreiben, wie sie ihr Leben einrichten soll... dtv 10867

Kitty zeigt die Krallen

Eine seit zweiundzwanzig Jahren glücklich verheiratete Frau nimmt den Kampf mit einer attraktiven Nebenbuhlerin auf. dtv 10898

Stechginster

Acht Ruhe suchende Weihnachtsurlauber in einem romantischen Gästehaus werden von sechs fanatischen Jugendlichen in einen ungewöhnlichen Kriminalfall verwickelt. dtv 10989

Das Schloß, das keiner wollte

Ein adeliger Verwandter hinterläßt einer eher bescheiden lebenden Lehrerfamilie ein Schloß. dtv 11057

Eine nette kleine Familie

Die allseits beliebte Lehrerin Miss Meade will Ordnung in die Verhältnisse einer »netten kleinen Familie« bringen, die durch die Ankunft eines fünften Kindes in ihren Grundfesten erschüttert wird ... dtv 11150

Läuft doch prima, Frau Doktor

Ann Morgan ist nicht nur Ärztin aus Leidenschaft, sondern auch verantwortlich für ihre beiden jüngeren Geschwister, die ihr diese Aufgabe in keiner Weise erleichtern. dtv 11214

Die Leute im bunten Wagen

Eleanor Moore und ihre Großnichte Rose stellen den Park ihres Herrensitzes »fahrendem Volk« als Winterquartier zur Verfügung. dtv 11350